Dieter Kreutzkamp

Auf dem
Dach Afrikas

Dieter Kreutzkamp

Auf dem Dach Afrikas

Eine Expedition nach Äthiopien,
Sudan, Kenia, Tansania und Namibia

Mit 32 Seiten Farbbildteil,
53 Schwarz-Weiß-Fotos
und 2 Karten

MALIK NATIONAL GEOGRAPHIC

Mehr über unsere Autoren und Bücher:
www.malik.de

Bibliografische Information der Deutschen Nationalbibliothek
Die Deutsche Nationalbibliothek verzeichnet diese Publikation in der
Deutschen Nationalbibliografie; detaillierte bibliografische Daten
sind im Internet über http://dnb.d-nb.de abrufbar.

MALIK NATIONAL GEOGRAPHIC

Originalausgabe
Juli 2013
© Piper Verlag GmbH, München 2013
Umschlaggestaltung: Dorkenwald Grafik-Design, München
Umschlagfotos: Dieter Kreutzkamp, mauritius images/John Warburton-Lee
(vorne); Dmitry Pichugin/fotolia.com (hinten links); Johan Swanepoel/
fotolia.com (hinten rechts)
Innenteilfotos und Autorenfoto: Dieter Kreutzkamp
Redaktion: Boris Heczko, Berlin
Karten: Eckehard Radehose, Schliersee
Satz: Fotosatz Amann, Aichstetten
Papier: Naturoffset ECF
Druck und Bindung: CPI – Clausen & Bosse, Leck
Printed in Germany   ISBN 978-3-492-40458-7

Für Bettina und Phillip

Nur im Vorwärtsgehen
gelangt man ans Ende der Reise.

Sprichwort der Ovambo

Inhalt

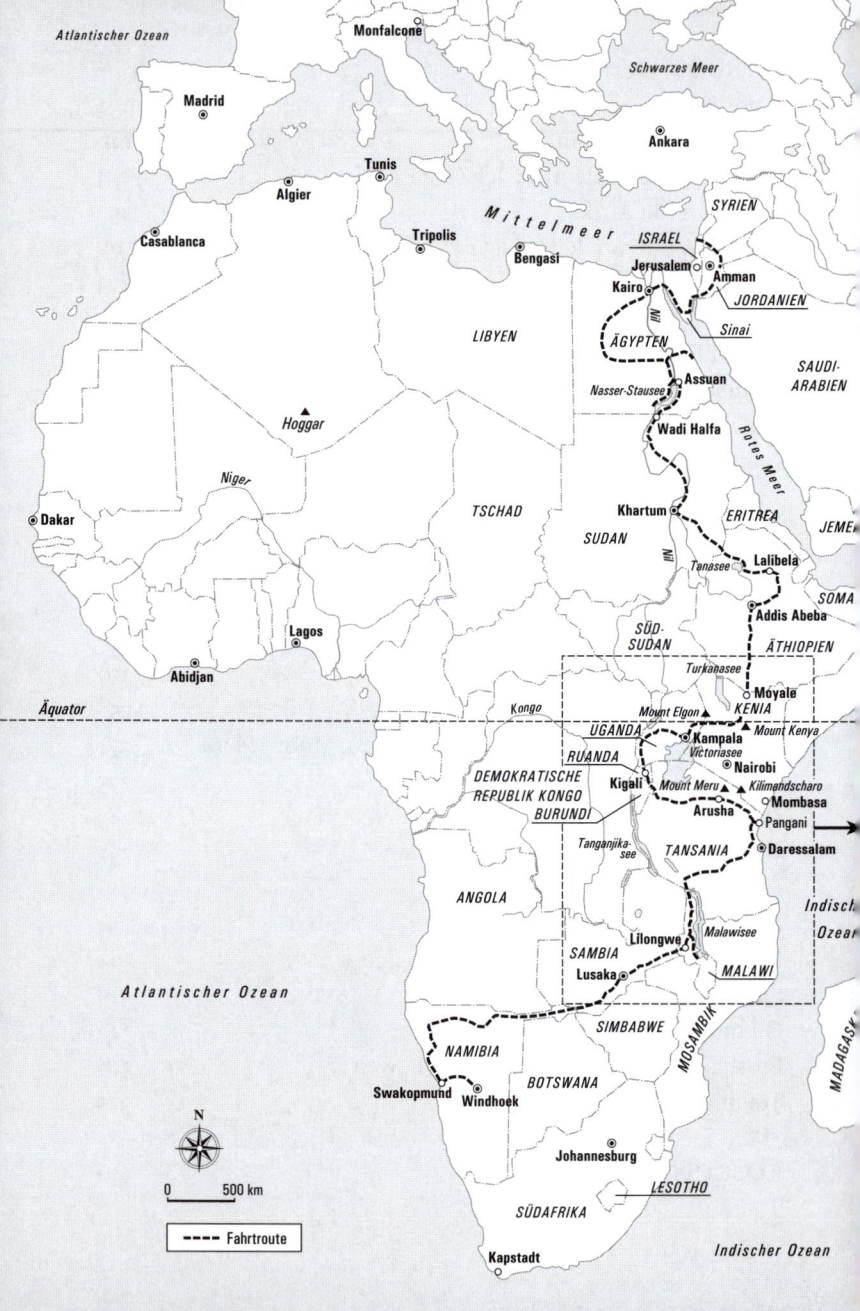

1 PROLOG: BUSCHTROMMELN

Die nasse Piste glänzte im Morgenlicht. Riesige Schlammlöcher grinsten mich an, als wollten sie mir zuflüstern: »Dein Auto schlucken wir als Nächstes!«

Zwei Monate zuvor waren wir von Nigeria in Richtung Ostafrika gestartet. Seitdem hatte der Regen Afrika fest im Griff, wusch die Pisten aus und ließ zurück, was man mit Galgenhumor als löchrigen Schweizer Käse beschreiben kann. Kamerun hatten wir durchquert, dann die Zentralafrikanische Republik erreicht. Der Kongo verweigerte uns die Einreise, und so schlugen wir uns in Richtung Südsudan und Ostafrika durch. Und je atemberaubender die Schlammschlacht wurde, umso spektakulärer waren die Fotos, die ich von unserem Auto aus in schier aussichtslosen Situationen schoss. Auch an diesem Tag ...

Dumpfer Trommelschlag hatte uns am Abend zuvor in den Schlaf gelullt. Am nächsten Morgen weckten uns dieselben Trommeln noch vor Sonnenaufgang. Juliana sah aus dem Auto und rieb sich die Augen: »*Talking drums ...*«, murmelte sie. »Vielleicht erzählen die Buschtrommeln den Menschen hier die Geschichte von einem lädierten VW-Bulli und zwei Verrückten, die sich während der Regenzeit auf eigene Faust durch Afrika schlagen?«

Auf Gräsern und Blättern funkelten Regentropfen wie Brillanten, als die Sonne sich tropenschnell von der anderen Seite der Erde her durch das Gewirr der Büsche und Bäume zwängte, sich in Pfützen und Schlammlöchern spiegelte und dann, als hätte jemand das Licht ausgeknipst, von einer schwarzen Wolke verschluckt wurde. Sintflutartiger Regen verwandelte den zentralafrikanischen Urwald in einen dampfenden Hexenkessel.

Später ist man immer schlauer, was man hier und da hätte besser machen können. Aber dieses Loch in der Mitte der Piste hatte die Größe eines Tümpels, und so riss ich instinktiv das Lenkrad nach links. Das Auto schlitterte ins Wasserloch, sackte zur Seite, drohte umzustürzen. Ich sprang raus, rammte einen Ast gegen das Fahrzeug, um es vor dem Umkippen zu bewahren. »Hanglage mit Blick auf See!«, kommentierte Juliana trocken die Situation unseres hilflos über dem Wasser schaukelnden Bullis.

In diesem Moment tauchten wie aus dem Nichts drei Männer auf, stützten wortlos unser Auto, während ich behutsam aufs Gaspedal trat. Die auf den Reifen montierten Ketten krallten sich in den Schlamm und schaufelten mich frei! Unsere Retter grüßten und verschwanden im Busch.

»Als hätten die drei heute Nacht die News der Buschtrommel gehört«, sagte Juliana und lächelte erleichtert.

Auch dies blieb eins der vielen afrikanischen Geheimnisse. Damals ...

Das geschah in jenem Jahr, als in Angola der Bürgerkrieg tobte, Mosambik unabhängig wurde, die RAF Deutschland terrorisierte und die Kapitulation Saigons den Vietnamkrieg beendete. Auf der Rückseite meines Fotos »Hanglage mit Blick auf See« steht: *24. November 1975*.

Die Bilder Afrikas, die Eindrücke, Farben und Düfte, die Begegnungen mit Menschen und Tieren bewegen mich seitdem. Ich weiß nicht genau, warum, aber ich spürte: Nach all den Jahrzehnten war jetzt die Zeit reif für eine weitere Afrikadurchquerung.

Afrika ist ein ambivalenter Kontinent; schwierig, schön, gefährlich, geheimnisvoll. Der Geburtsort der Menschheit. Ein Kontinent voller Magie, Farben und Widersprüche. Voller Armut und Krankheiten – und doch voller Freundlichkeit, Fröhlichkeit, Herzlichkeit und Gastfreundschaft, ganz gleich ob im Norden, Westen, in der Mitte, im Osten oder im Süden. Er ist zerrissen von Kriegen, Armut und Stammeskonflikten, es gibt mehr Gefahren als anderswo, auch durch Überfälle und Entführungen. Er ist unberechenbar und besitzt doch eine eigene, besondere Stille, Vielfalt und Schönheit der Landschaft: Da sind die nicht enden wollende Sahara im Norden und die sich daran anschließende Sahelzone, in deren Süden sich die Urwälder Zentralafrikas und des Kongo erstrecken. Dann die Savannen mit den letzten großen geschlossenen Tierparadiesen auf Erden. Majestätische Ströme wie Nil und Niger durchziehen den Kontinent, dessen Große Seen im Osten mit weiteren Superlativen aufwarten: Tanganjika- und Victoriasee gehören zu den tiefsten und größten Binnenseen dieser Welt. Korallenriffe säumen Afrikas tropische Küsten, über denen sich im Osten das Dach Afrikas, das wilde Hochland Äthiopiens, und die Berge Kenias, Tansanias und Ugandas erheben.

Die sonnengebleichten Savannen sind die Heimat von Tierarten, die man auf unserem Globus nirgendwo sonst findet, deren Lebensraum allerdings durch die zunehmende Besiedlung immer enger wird. Auch die Lebensräume unserer nächsten Verwandten, der Schimpansen und Gorillas, schrumpfen. Denn dies ist ein Kontinent mit schwindelerregenden Geburtenraten, dem weltweit größten Bevölkerungswachstum, aber gleichzeitig der höchsten Kindersterblichkeit und der niedrigsten Lebenserwartung.

Afrika ist eine »harte Nuss« für Globetrotter. Die meisten Overlander zieht es nach Südamerika, wo das Reisen sicherer und unproblematischer ist. Ähnliches gilt für die Rallye Dakar: Dem Namen zum Trotz wird das Rennen aus Sicherheitsgründen seit einigen Jahren in Südamerika ausgetragen.

Würde ich den Kontinent von damals wiedererkennen?

Wollte ich wirklich wieder Staub fressen, im Schlamm wühlen, unter dem Auto liegen und reparieren?

Warum also Afrika?

Vielleicht, um die Bilder meiner Erinnerung auf ihre Aktualität abzuklopfen. Aber auf die Frage gab es mehr als nur eine Antwort ...

Ich mag den Kick des Abenteuers, und unverändert treibt mich die Neugier nach dem Unbekannten hinter der nächsten Ecke voran. Ich hatte Lust auf eine erneute Begegnung mit dem »Schwarzen Kontinent«, trotz seiner von Bürgerkriegen, ethnischen Konflikten, religiösem Fundamentalismus und Naturkatastrophen gebeutelten Regionen. Ich wollte sehen, wohin sich Afrika seit unserer ersten Durchquerung Mitte der siebziger Jahre entwickelt hatte.

Und ich freute mich auf Wanderungen im Äthiopischen Hochland und Trekkingtouren zu den Gipfeln erloschener Vulkane am Rande des Rift Valley, des Ostafrikanischen Grabens. Hier spürt man noch den Pulsschlag der tief unten kochenden Erde, hier, wo immer mal wieder Vulkane zum Leben erwachen oder man ungläubig vor glühenden Lavaseen steht. Der Kilimandscharo stand genauso auf unserem Reiseprogramm wie die Mondberge des Ruwenzori in Uganda, und vielleicht würden wir mit etwas Glück eins der berühmten Veilchen der Usambaraberge entdecken ... Doch vor allem wollten wir die spektakulären, aber kaum bekannten Berge Mount Kenya, Mount Elgon und Mount Meru besteigen.

Der Großteil Afrikas hat eine Höhe von 500 bis 1000 Metern. Äthiopien ist am gebirgigsten; mehr als die Hälfte seiner Fläche ist 1200 Meter hoch. Drei Viertel aller afrikanischen Gipfel mit über 3500 Metern befinden sich hier.

Betrachtet man die gesamte kontinentale Landmasse, entdeckt man zwar relativ wenige Berge. Doch die höchsten thronen über Ostafrika; in Tansania, Kenia, Uganda und im Grenzgebiet zum Kongo, allen voran Kilimandscharo, das Ruwenzorigebirge und Mount Kenya. So wie die Gipfel des Pamir, Tibets und des Himalaja über den asiatischen Kontinent ragen, so formen das Äthiopische Hochland und die Berge am Rift Valley das Dach Afrikas. Unser Ziel ...

Aber ich suchte mehr als das Afrikaklischee: der Kilimandscharo als Aushängeschild für einen ganzen Kontinent; die Bilder von Millionen Gnus, die durch die Serengeti galoppieren; der Massai mit dem roten Schuka-Umhang, den Speer lässig in der Hand, wie das Relikt vergangener Zeiten auf einer langen Erdstraße, die sich im staubigen Nichts am Horizont verliert. Es gibt mehr als diese Afrikabilder ...

Afrika ist vielseitig, vielschichtig, dreimal so groß wie Europa und umfasst ein Fünftel der Landfläche der Erde. Seine ethnische Vielfalt mit über tausend gesprochenen Sprachen stellt das heutige Europa locker in den Schatten.

Ich war neugierig auch auf die anderen, nicht marketingkonformen Bilder; etwa Eindrücke vom krisengeschüttelten Sudan und von Uganda, das nach Jahrzehnten schwerer Unruhen wieder seinen Platz in der Völkergemeinschaft des Kontinents einnimmt. Zwar hatten wir bereits große Teile Afrikas bereist, doch einige Länder jenseits des touristischen Mainstreams wie Ruanda oder Malawi waren uns noch unbekannt.

Dem wollte ich abhelfen. Und so reifte in mir der Wunsch, erneut nach Afrika aufzubrechen.

3 AFRIKAFIEBER

Vierzig Jahre vor diesem Aufbruch hatten wir erstmals die Nord-sahara durchquert: Marokko, Algerien, Tunesien. Über den italienischen Stiefel ging's zurück nach Hause. Aber nun waren wir auf den Geschmack gekommen. Im Jahr darauf fuhren wir auf dem Hippie-Trail mit unserem VW-Bus nach Indien. Bald danach brachen wir zu einer abenteuerlichen Weltumrundung auf; 66 000 Kilometer fuhren wir mit einem alten VW-Bulli von Europa über Marokko und Mauretanien in den Senegal. Es folgten Mali, Elfenbeinküste, Togo und Benin, das damals Dahomey hieß. Dann Ghana und Kamerun. Die Durchquerung Afrikas sollte den Auftakt zu einer Weltreise durch alle Kontinente bilden, an deren Ende mein Traumland Alaska stand. Sechs Monate hatten wir für den »Schwarzen Kontinent« eingeplant … doch wir blieben anderthalb Jahre.

Es war ein gutartiges Fieber, das uns befallen hatte: das Afrika-fieber! Wir reisten langsamer, intensiver als geplant und gerieten prompt in die Regenzeit.

Sie bescherte uns spektakuläre Fotos von unserem Auto, das im Schlamm förmlich absoff. Zunächst hatten wir die Pisten in Ost-kamerun für besonders schlimm gehalten, doch in der Zentral-afrikanischen Republik wurden wir eines Besseren belehrt. Wenn wir auf der Obopiste in Richtung Südsudan ausnahmsweise einmal 30 Kilometer in zehn Stunden schafften, klopften wir uns aner-kennend auf die Schultern. Der unberechenbare und gefährliche Machthaber Idi Amin ließ uns nicht nach Uganda einreisen. Mit den letzten Tropfen Benzin erreichten wir Juba, die Hauptstadt des Süd-sudan, wo wir eine Woche lang an der Zapfsäule der Tankstelle cam-pierten, bis endlich der ersehnte Sprit von Norden her eintraf.

Dann Ostafrika; unsere Kilimandscharo-Gipfelbesteigung, Tierparadiese. Als wir Monate später Südafrika erreichten, hatte uns das Afrikafieber fest im Griff. Die Bilder von der mauretanischen Wüste gingen mir ebenso wenig aus dem Kopf wie die von den Urwäldern im Innern. Südafrika ist zwar ohne Zweifel landschaftlich reizvoll, und die Menschen nahmen uns freundlich auf. Aber in mancherlei Hinsicht glichen seine Städte und die Lebensformen jenen in Europa. Und in Australien, dem Ziel, das wir damals als Nächstes angepeilt hatten, würde es nicht viel anders aussehen. Ich vermisste schon da das tagtägliche Abenteuer des Vorwärtskommens, das Sichdurchschlagen. Jeder Tag war wie das Kapitel eines spannenden Abenteuerromans gewesen. Trotz aller Kassandrarufe hatte uns der Kontinent mit heiler Haut von der Mittelmeerküste bis zum Kap der Guten Hoffnung ziehen lassen. Es waren wohl diese Erinnerungen, die uns damals in Südafrika alle Pläne über den Haufen werfen ließen. Statt wie geplant samt Bulli mit dem Schiff zum nächsten Kontinent weiterzureisen, durchquerten wir Afrika erneut: Südwestafrika, Rhodesien, Simbabwe, Sambia, Tansania, Kenia, Äthiopien, Sudan, Ägypten – dann weiter auf dem Landweg nach Indien ...

Afrika hatte uns damals gelehrt, den Weg als Ziel zu sehen. Offen zu sein für Unvorhergesehenes. Davon hatte es mehr als genug gegeben; wenn man uns nicht in ein Land einreisen ließ oder für unser Auto partout kein Durchkommen war. Wir kamen dennoch weiter ... Das Ergebnis war, dass Juliana und ich am Stück fast acht Jahre um die Welt reisten. Und nach Alaska kamen wir auch noch!

Afrika hat mich seitdem nicht losgelassen; mehrfach bereisten wir später den Süden und Südwesten des Kontinents. Ich schrieb in Zeitungsartikeln und Büchern Liebeserklärungen an das nach der Unabhängigkeit verwandelte Namibia. Ein andermal durchquerten wir die Sahara bis tief hinein ins Ahaggargebirge.

Es war genau in diesem Jahr unseres Aufbruchs, dass ich nachrechnete und feststellte: Seit vier Jahrzehnten reisen wir beide um die Welt! Handfesten Abenteuern sind wir dabei nie aus dem Weg gegangen. Es war wieder an der Zeit, alten und neuen Träumen zu folgen.

Aber würde Juliana mitmachen wollen? Nach all den Schlammabenteuern, die wir dort erlebt hatten, den Autoproblemen, den politischen Querelen, Gefahren und Unwägbarkeiten?

Dass eine Afrikadurchquerung kein Picknick ist, wissen wir beide.

Aber nach langem, intensivem Zusammenleben in dick und dünn kennt man sich sehr gut. Und durch dick und dünn waren wir reichlich gewatet.

Unsere erste gemeinsame Reise während der Flitterwochen hatte uns 1969 »nur« an den Bodensee geführt. Skandinavien und die Nordsahara folgten, dann der lange Weg über Afghanistan nach Indien und zurück. Das war 1972.

Danach hielt mich nichts mehr. Ich wollte aussteigen und meinen Traum leben. Aber nicht ohne sie! Nach kurzer Bedenkzeit hatte sie genickt, obwohl sie ahnte, auf was sie sich einließ. Sie nennt mich den »Motor« und sich die »Bremse«, die – um bei dem Bild zu bleiben – beim Autofahren überlebenswichtig sein kann.

Ich brachte meine Träume in unser gemeinsames Leben ein, aber sie lebte diese Träume mit mir. Auch in Extremsituationen, und das seit mehr als vierzig Jahren.

Wir beide tranken aus dem Kelch des Abenteuers, ich jedoch begieriger und mit größeren Schlucken. Doch wenn die Pferde mit mir durchgingen, brachte Juliana mich auf den Boden der Tatsachen zurück.

Nach der Geburt unserer Tochter Bettina war klar, dass wir ihr die Welt zeigen müssten. Mit zweieinhalb umrundete sie mit uns Australien, reiste auf dem Kutschbock eines von zwei Pferden gezoge-

Juliana ist seit gut 40 Jahren in der Welt »zu Hause«. Hier scherzt sie mit
Kindern am Malawisee.

nen Planwagens durch Neuseeland. Wir lebten mit ihr auf Fidschi
und zwischen Vulkanen in Guatemala. Und während sie in der Mitte
Alaskas bei 40 Grad minus mit Schlittenhunden kuschelte, schlug
ich mich mit meinem Huskyteam über Tausende Kilometer quer
durch Alaska zum Beringmeer.

Die Welt ist unser Zuhause.

Es ist nicht lange her, da durchquerten wir zwei Sommer lang
Europa mit einer Harley. Jüngst paddelte ich hundert Tage lang im
Kajak auf dem Pazifik 2600 Kilometer von Alaska bis zum kanadischen Vancouver. Zumeist allein. Zeitweise begleitete mich Juliana.

Aber sie kennt mein Afrikafieber …

Es dauerte nicht lange, bis sie erneut nickte. Sie wirkte nicht so
euphorisch wie ich, eher zurückhaltend, die Risiken stärker ab-

wägend. Aber so ist sie nun mal – und das ist gut so. Doch auch in ihren Reiseschuhen brannte es, und sie verspürte wieder Lust auf Afrika.

36 Jahre nach unserer 66 000 Kilometer langen Afrikadurchquerung wollten wir noch einmal alles auf eine Karte setzen.

Während in Zentralalaska die Schneemarke auf über einen Meter stieg, gab jemand bei einer Versteigerung im fernen Deutschland mir den Zuschlag für einen ausgemusterten Lkw des Bundes. Das war der Auftakt des Miteinanders mit unserem Allrad-Expeditionsfahrzeug.

Wir lebten damals am Yukon River, aber da die Kommunikation mit unseren Globetrotterfreunden daheim gut funktionierte, ließ ich mir den Floh ins Ohr setzen und tat, was einige von ihnen auch getan hatten: Ich kaufte einen beim Katastrophenschutz ausgemusterten Großraumkrankenwagen. Dann warf ich die Krankenbetten samt übriger Einrichtung hinaus, schuf einen Durchstieg vom Fahrerhaus zum Aufbau und stellte die hintere Zwillingsbereifung auf Einzelbereifung um. Außerdem montierte ich natürlich deutlich größere Reifen. Alle hatten von der »schnellen Hinterachse« geschwärmt, die es ermöglichte, sogar rasante 90 Stundenkilometer (!) zu schaffen oder so richtig mit Schwung auf der A 7 die Kasseler Berge hochzubrettern!

In der Theorie mag sich das einfach anhören – die praktische Umsetzung war es nicht.

Damals glaubte ich den Experten und ahnte nicht im Geringsten, dass der Ausbau und die technische Optimierung, die schon bald nach der Ersteigerung begannen, auch zwanzig Jahre später noch nicht beendet sein würden.

Ich rede nicht vom technischen Zustand. Der war makellos. Eher von der Modernisierung, dem Umbau für unsere Zwecke. Meine Familie hat mir nie verraten, ob sie nach dem Kauf dachte, bei mir sei eine Schraube locker. Was bei unserem Lkw definitiv nicht der

Unser rollendes Zuhause: eine ausgetüftelte Elektroversorgung und Komfort auf 10 m² Wohnfläche

Fall war: Jeder Ölwechsel, jede Wartung, jede ausgewechselte Schraube war akribisch in den Unterlagen dokumentiert.

Unser Siebeneinhalbtonner hatte am Tag des Verkaufs garantierte 13 000 Kilometer zurückgelegt. Technisch gesehen ein »Youngtimer« in den besten Jahren.

In seinen Papieren allerdings steht als Baujahr: 1967.

Wäre es nach mir gegangen, hätte ich damals drinnen einen eisernen Holzofen, Bett, Tisch und Stühle montiert. Ein rustikales rollendes Zuhause – das entsprach unserem Lebensstil.

Anregungen dieser Art hatte ich reichlich gehabt, vor allem in den USA. Doch die originellsten Wohnmobile – außen sogar mit Holz-schindeln verkleidet – traf ich in Neuseeland.

Aber anders als in Deutschland gibt's dort keinen TÜV ... und das änderte für uns manches!

Wir unterbrachen unseren Alaskaaufenthalt, flogen zu unserem Lkw, rüsteten ihn um, ließen ihn mit Echtholz ausbauen, sägten, schraubten und pinselten einen ganzen Sommer lang, bis unser Fahrzeug nicht nur chic, sondern vor allem wüstentauglich war.

Wie fast alle unsere Autos trägt es einen Namen. Als unsere kleine Tochter Bettina das erste Mal sein donnerndes Anlassgeräusch hörte, taufte sie ihn Thunder. Dabei blieb es.

Die Begeisterung beim Kauf wich bald zunehmender Skepsis: Was machst du, wenn du allein in der Wüste einen 1,20 Meter hohen Reifen wechseln musst? Den Härtetest bestanden wir unmittelbar danach in der Zentralsahara. Im Ahaggargebirge fuhr ich in den einzigen in der Wüste liegenden Nagel …

Ein paar Monate später flogen wir zu unserem Blockhaus am Yukon River zurück.

Zwei Jahrzehnte vergingen, in denen Thunder gepflegt, gehätschelt und weiter verbessert wurde. Er bekam Dieseltanks mit insgesamt 400 Litern Kapazität und mehrere große Staukästen. Irgendwann spendierten wir ihm eine Servolenkung. Doch meist stand er geschützt in der Garage, während wir Abenteuern in aller Welt nachgingen.

Bis das Afrikafieber erneut ausbrach …

6 AUFBRUCH

Nur Reisen ist Leben,
wie umgekehrt das Leben Reisen ist.

Jean Paul

Der Abend war kalt mit Temperaturen um den Gefrierpunkt. Eisiger Hochnebel lag wie eine Glocke über Norddeutschland. Irgendwo bellte ein Hund. Die Straßenlaternen brannten.

An diesem Novemberabend schien alles prächtig zusammenzulaufen; bei unseren Vorbereitungen hatten wir eine Punktlandung hingelegt. Doch die Aufbruchsturbulenzen ließen das Gefühl von Euphorie noch nicht aufkommen. In diesem Moment war alles von den Aktivitäten der vorausgegangenen Monate überlagert.

Dann der Abschied von Bettina und ihrem Mann Philip, der übrigen Familie, den Nachbarn. Ein Moment der Wehmut. Endlich Aufbruch!

»Den grzimekschen Bildern entgegen!«, rief ich Juliana zu. Der frühere Frankfurter Zoodirektor und Tierfilmer Bernhard Grzimek hatte eine ganze Fernsehgeneration mit seinen Afrikafilmen fasziniert, sehr stark auch mich. Zusammen mit seinem in der Serengeti tödlich verunglückten Sohn Michael war er einer der Wegbereiter des ostafrikanischen Nationalparkgedankens gewesen. Ihre Bilder im Film *Serengeti darf nicht sterben* prägten mich und sind bis heute eine der Triebfedern für meine Reiselust auf Afrika.

Im Frühjahr hatten wir mit den technischen Reisevorbereitungen begonnen. Darauf folgten Tage, Wochen und Monate des »Schraubens«. Innen hatten wir Thunder einen großen Kompressorkühlschrank spendiert. Dass dafür vieles umgebaut werden musste, ist klar. Des Weiteren neue Wasserfilteranlagen, Wasserpumpen ... und, und, und ...

Die Herkulesaufgabe aber war die Umsetzung der Idee, eine leistungsfähige Staukastenklimaanlage im hinteren Camperaufbau zu installieren, die es schaffen würde, sowohl während der Fahrt über Lichtmaschine als auch im Stand über Batterie oder über ein 230-Volt-Stromnetz zu kühlen.

Zum technischen Facelift gehörte auch der Tempomat; eine große Erleichterung bei langen Fahrstrecken, denn in Thunders Geburtsjahr 1967 baute man zwar sehr vieles gut und funktional, aber die Sitze und das Fahrerhaus waren zu kurz und nach heutigen Standards alles andere als ergonomisch.

Es waren mehr als tausend Arbeitsstunden, die wir und andere in diesem Sommer des Aufbruchs in unseren Lkw investierten.

Natürlich stellt sich bei solchem Aufwand die Frage: Lohnt sich das bei einem Oldtimer von 1967?

Ja!

Thunder hatte in seinem Leben gerade mal 70 000 Kilometer zurückgelegt. »Rundschnauzer« oder »Kurzhauber« wie er rollen heute noch bei vielen deutschen Feuerwehren und sind im Rettungseinsatz in aller Welt anzutreffen. Mit unterschiedlich starken Motoren ausgestattet, fahren sie noch immer unter extremen Bedingungen in Afrika, Asien und vor allem Südamerika. Diese »Arbeitsesel« gelten als unverwüstlich und sind von so genialer Simplizität, dass fast jeder Dorfschmied in Afrika sie reparieren kann.

Ich hoffte, meine Rechnung würde aufgehen ...

Doch zwischendurch schien es, als würde Thunders komplexe technische Ausstattung uns »verschlingen« – mit der Folge, dass für unsere Reise die Kraft und vielleicht auch das nötige Kleingeld fehlen würden.

Nächtelang konservierten und strichen wir wieder mal den Aufbau, dann bekam das Fahrerhaus innen ein Facelift.

Am 12. November waren wir fast am Ende unserer Kräfte. Die letzten Nächte hatten wir bei Temperaturen um den Gefrierpunkt in einer ungeheizten Bauernscheune gearbeitet, die monatelang einer Baustelle geglichen hatte.

Dann, wie durch den Wink eines Zauberstabs, löste sich innerhalb der letzten 48 Stunden der Knoten. Alles verschwand in Thunder.

Während Bettina für uns auf dem Computer Dateien mit wichtigen Daten anlegte und die tausend kleinen Dinge eines großen Aufbruchs organisierte, bewältigte ihr Philip mit uns bis tief in den Morgen des letzten Tages das unbeherrschbar erscheinende Chaos. Mit Erfolg!

Trotz der Absicht, das Dach Afrikas zu erkunden und einige Berge am Rift Valley zu besteigen, waren die Details unserer Reiseroute lange völlig offen. Die Anreise durch die Mitte Afrikas, also Algerien, Niger und Tschad, schloss ich wegen des Sicherheitsrisikos aus. Verschleppungen von Touristen und Lösegeldforderungen scheinen sich dort zu einem einträglichen Geschäft entwickelt zu haben.

Blieb noch die Westroute: Abgesehen von der problematischen Anreise über Mauretanien und Mali hätten dort Sierra Leone, Liberia und Nigeria durchquert werden müssen – also weitere Problemregionen. Mir war bekannt, dass einige wenige Traveller auf dieser Strecke heil durchgekommen waren, doch ich sah Julianas Gesicht an, was sie von einem Westafrikaabenteuer zum jetzigen Zeitpunkt hielt... Außerdem war die Westroute der denkbar längste Umweg hin zu den Bergen Ostafrikas.

Also die Ostroute!

Doch die Umwälzungen in der arabischen Welt schienen unsere Pläne zu durchkreuzen. Auf die Revolution in Tunesien folgte der Umsturz in Ägypten, wo man Mubarak entmachtete. Dann Libyen,

Der Moment des Aufbruchs: In einer kalten Novembernacht beginnt die
Reise, die viele Monate später im südlichen Afrika enden soll.

wo Gaddafi gegen das eigene Volk kämpfte, und zum Schluss Syrien,
wo der Despot Assad sein Volk niederknüppeln ließ.

Da kein verantwortbares Durchkommen nach Nordafrika erkennbar war, verwarfen wir unsere Pläne, auf dem Landweg nach Süden
zu fahren, und holten bei einer Hamburger Agentur die Preise für
eine Verschiffung unseres Lkw nach Südafrika ein. Aber das war wie
ein Schönheitsfehler in meiner Planung und in meinen Reiseträu-
men. Das war unzünftig!

Als wir doch ernsthaft die Fahrt durchs umkämpfte Syrien erwogen, stieß ich auf eine interessante Alternative: Die Grimaldi Lines
verkehrt zwischen dem italienischen Fährhafen Monfalcone und
Ashdod in Israel. Der Preis für die Überfahrt war okay, kurzfristig
buchten wir die Passage. Von Israel würden wir auf dem Landweg
entweder direkt nach Ägypten oder Jordanien kommen.

Wegen der angespannten politischen Lage im Nahen Osten hatte ich zuvor nie in Erwägung gezogen, Israel zu besuchen, schon gar nicht mit eigenem Auto. Und kaum jemand schien das Land per Wohnmobil bereist zu haben, jedenfalls nicht in unserem Umfeld. Israel, wie kein zweites Land im Fokus der Weltpolitik, war zwar wie eine Festung gesichert, aber jederzeit angreifbar – was kaum meinem Wunsch nach unbeschwerter Reisefreiheit entsprach. Dass dennoch zwei offizielle Grenzübergänge zwischen Israel und arabischen Staaten, Jordanien und Ägypten, bestehen, hatte mich überrascht. Ich wurde neugierig.

»Reisen ist tödlich für Vorurteile«, hat Mark Twain gesagt.

Mein brandneues großes Lkw-Horn dröhnt, als wir aufbrechen. Winken! Draußen flackern Blitzlichter auf.

In diesem Moment schiebt sich der Vollmond durch die dünne Hochnebelschicht. Ich nehme das als gutes Zeichen. 100 Kilometer weiter südlich ist die Spannung von uns abgefallen.

Solche Augenblicke sind besondere Momente; man hat das Gefühl, alles Erdenkliche für die Reise getan zu haben. Jetzt ist der Kopf frei für Neues.

Reiseführer und Karten von einem Meter Breite stapelten sich in unserem Truck. Bei unserer ersten Afrikadurchquerung war nur ein maschinengetippter 43-seitiger persönlicher Erfahrungsbericht mit dem Titel *Afrika – Druck für Selbstfahrer – im VW-Kombi 27 000 km in sechs Monaten, 18 Staaten* von einem Bernd Tesch dabei gewesen. Und heute? Allein unser Kenia-Reiseführer zählte 858 Seiten, der Tansania-Band 936 Seiten.

Auf besondere Weise vertraut waren uns die Michelin-Straßenkarten, die heute so aussehen wie vor Jahrzehnten und immer noch durch Genauigkeit und Aktualität hervorstechen. Das war's aber schon mit den Gemeinsamkeiten: Ansonsten ist die oft bis ins

Kleinste gehende Informationsflut fast unübersichtlich geworden, gerade bei der beliebtesten Reisedestination Ostafrika. Vom Informationstsunami des Internets gar nicht zu reden.

Nebelfetzen wischten über die Windschutzscheibe, raubten mir die Sicht. Bei Temperaturen unter null Grad hatte sich auf den Gräsern am Rand der Autobahn frostiger Raureif gebildet. Thunders Reifen sangen. Weit nach Mitternacht verließen wir die Autobahn und übernachteten an einem See. Unser Atem stand als helle Fahne im Camper. Es war bitterkalt – was uns nicht störte: Südlich der Alpen würde es damit vorbei sein.

Mit einem Kribbeln im Bauch rollten wir Kilometer für Kilometer Israel entgegen ...

Gut eine Woche vor unserem Aufbruch hatte die Hamas vom Gaza-streifen Raketen auf Ashdod abgefeuert. Es war das erste Mal, dass ich in den Medien bewusst von der südlich von Tel Aviv gelegenen Hafenstadt gehört hatte.

Bis auf das Tuten von Schleppkähnen und das Rasseln großer Arbeitsmaschinen ist bei unserer Ankunft alles friedlich. Bewegungslos recken riesige Kräne ihre langen rot-weiß gestrichenen Arme in den grauen Himmel über Israel, den ich mir so ganz anders vorgestellt hatte.

Juliana steht neben mir, die Anorakkapuze tief ins Gesicht gezogen; es schüttet wie aus Eimern.

Behutsam manövriert das bullige Lotsenschiff die 178 Meter lange *Fides* mit 2400 neuen Autos an Deck zum Schiffsanleger. An Bord zehn Passagiere: Jürgen, früher Oberarzt einer Poliklinik in Mecklenburg-Vorpommern, bis er und seine Frau sich nach der Wende in Schleswig-Holstein als Kinderärzte niederließen. Mit Beginn des Ruhestands verkauften sie ihr Haus, legten sich ein Wohnmobil zu und pendeln seit Jahren zwischen Deutschland und Israel, wo sie sechs Monate in ihrem Camper überwintern.

Benjamin, der Israeli mit deutschem Pass, arbeitet in Pforzheim als Diamantenhändler. Sein neuer Mercedes SL 600 AMG parkt gleich neben Thunder. Ein hübsches Duo. Seinen Porsche, sagt Benjamin, habe er zu Hause gelassen. Mit seiner Freundin will er Verwandte in Jerusalem besuchen, vor allem aber dem deutschen Winter entfliehen.

Hans, glatzköpfiger Weißbart mit einem wie aus Stein gehauenen Gesicht, Vater von fünf erwachsenen Kindern aus Sachsen, reist mit der Urne seiner verstorbenen Frau im Gepäck. In Israel will er sie bestatten. Er hofft hier auf eine Aufenthaltsgenehmigung, um den Rest seines Lebens in einem Kibbuz verbringen zu können.

Thomas, Franzose aus Paris, ist der Jüngste. Gerade hat er seinen Job in New York beendet. Vor dem Neuanfang will Thomas einige Wochen »meditativen Urlaub« in Israel verbringen.

Birgit und Walter: beide Anfang fünfzig. Wir entdecken schnell unseren gemeinsamen Nenner. Um den Traum einer Afrikadurchquerung zu verwirklichen, haben sie ihr Geschäft aufgelöst, einen geländegängigen Land Rover gekauft und ihn für die Pisten Afrikas startklar gemacht. Sie möchten bis Ostafrika reisen. Ab Ägypten werden sie sich einer organisierten Gruppe von Wüstenfahrern aus Deutschland anschließen, mit der sie sich bis Nairobi durchschlagen wollen.

Die sechs Tage an Bord der *Fides* bringen nach den hektischen Vorbereitungen daheim wieder etwas Struktur in unser Leben: 7:30 Uhr Frühstück, 11 Uhr Mittagessen, 18 Uhr Abendessen. Das ist gewöhnungsbedürftig für uns! Erscheint jemand unpünktlich, wird der freundliche philippinische Schiffssteward sichtlich nervös. Das einzig wahre Problem aber ist das Essen: Die Pasta des italienischen Schiffskochs ist so exzellent, dass jeder um seine Figur bangt.

Ich nutze die Zeit, um die Eckpunkte unserer nächsten Etappen abzustecken. Laut ursprünglichem Plan werden wir die Wüste Negev in Richtung Süden durchfahren und bei Taba den für uns einzig möglichen Grenzübergang nach Ägypten passieren. Dass diese Möglichkeit besteht, hatten uns die israelische wie auch die ägyptische Botschaft in Berlin bestätigt. Allerdings verunsichert uns jetzt Walter; er behauptet, dass es für Geländefahrzeuge via Taba für die ägyptische Sinaihalbinsel kein Einreisepermit gebe. Beim Nachschlagen in den Informationen unseres Automobilklubs finde ich das bestätigt.

Also Plan B: Der sieht den Umweg über Jordanien vor, was zwar reizvoll, aber erheblich teurer wäre, da wir uns dann von der Hafenstadt Akaba nach Nuweiba in Ägypten übers Rote Meer verschiffen lassen müssten.

In diesem Moment bittet uns der Schiffssteward, in die Offiziersmesse zu kommen: »Einreise- und Zollformalitäten erledigen!«

Warum Walter und Birgit vor zwei Jahren in Syrien gewesen seien, will der israelische Zöllner wissen und mustert sie scharf. »For vacation«, sagt Walter. »Urlaub …??!« Heiterkeit bei den Einreisebeamten, angesichts des syrischen Volksaufstandes. Kurzes Kreuzverhör. Walter soll belegen, dass er wirklich nach Ostafrika reisen will. Er gerät ins Schwitzen. Als er zwanzig Minuten später mit einem Arm voller »Beweisstücke«, Karten und Reiseführer, vom Autodeck zurückkommt, geben sich die Offiziellen zufrieden: Einreisestempel knallen in Pässe.

Juliana und ich erhalten unsere Aufenthaltsgenehmigung innerhalb von Minuten. Wir sind nun offiziell in Israel.

Thunder aber noch lange nicht …!

Der nächste Morgen, der erste Fehler: Dankend lehnen wir das Angebot eines Hafenagenten ab, der uns bei den Formalitäten helfen will. Im Nachhinein erscheint seine Honorarforderung von 50 Euro pro Auto wie Peanuts.

Nach langem Herumirren auf dem Hafengelände erreichen wir endlich das Gebäude der Schifffahrtsagentur. Auf 100 Euro Handlinggebühr pro Auto waren wir vorbereitet. Walter, Jürgen und ich zahlen, man händigt uns die Papiere aus. Das war's wohl, denke ich, nur noch schnell durch den Zoll.

»Halt«, sagt ein Offizieller, als wir zu den Autos zurückgehen wollen. »Nur die auf den Dokumenten vermerkten Fahrer dürfen ins Zollgebiet zurück, die Frauen nicht!«

9:30 Uhr: Birgit und Juliana bleiben draußen. »In ein bis zwei Stunden werden wir mit den Autos bei euch sein«, sage ich. Irrtum! Neun Stunden werden vergehen, bis wir unsere Frauen wieder in den Armen halten, durchgefroren, hungrig und durstig. *Die Mühlen der israelischen Bürokratie haben zu mahlen begonnen ...*, notiere ich abends im Tagebuch.

Der einzige verantwortliche Zollbeamte fürs Hafengelände diskutiert heftig mit Benjamin, dessen Luxuscabrio offensichtlich Einreiseprobleme hat. Wir warten: Dreist schiebt sich ein kecker Hafenagent mit einem Arm voller Papiere vor mich. Als Benjamin nach einer Dreiviertelstunde mit rotem Kopf herauskommt, drängt der Agent sich blitzschnell als Erster zum *customs officer* vor.

Zwei Stunden später: Inzwischen sitzen wir mit acht Personen in dem 15 Quadratmeter großen Büro des Zöllners. Da schiebt sich eine weitere Agentin mit zwei von Süden kommenden Schweizern vor, die Israel verlassen wollen.

»Für 10 000 US-Dollar haben mein Mann und ich uns samt Auto von Westaustralien nach Südafrika übersetzen lassen«, berichtet die Schweizerin. Dann fuhren die beiden weiter bis in den Sudan, wo sie sich von Port Sudan nach Dschidda in Saudi-Arabien verschiffen ließen. Ihr saudisches Dreitagevisum habe gerade eben ausgereicht, um bis Jordanien zu kommen. Ägypten hatten sie wegen der unruhigen politischen Lage ausgeklammert.

»Gestern trafen wir einen Deutschen, der von Ägypten kommend am Grenzübergang Taba jedes Ausrüstungsstück seines Autos, von der Zahnbürste bis zum Wagenheber, in Plastikbeutel verpacken und vom israelischen Zoll durchleuchten lassen musste!«

Stunden später: Der Zöllner inspiziert Thunder, öffnet ein paar Schubladen, den Kühlschrank ... Fünf Minuten später habe ich die Wagenkontrolle hinter mir. Glück gehabt, denke ich, endlich durch!

Irrtum!

Jemand dirigiert uns zu einem Haus, in dem wir die Hafengebühr zahlen sollen.

»Noch mal 100 Euro«, schätze ich. Wieder falsch: 540 Euro!

Seit acht Stunden hält dieser Zirkus uns schon auf Trab, seit sechs

Stunden haben wir unsere Frauen nicht mehr gesehen. Den ganzen Tag hatte ich mich wie ein buddhistischer Zen-Mönch mit autogenem Training ruhiggestellt: Jetzt geht gar nichts mehr. Der Blutdruck steigt, ich argumentiere. Walters Gesicht ist versteinert, er knurrt nur noch auf Bayerisch. Jürgen verliert erstmals die Fassung und schimpft: »Nicht annähernd so viel haben sie mir sonst bei der Einreise in Haifa abgeknöpft!«

»Die Hafengebühren wurden im Vorjahr drastisch angehoben«, beschwichtigt uns eine Angestellte und reicht köstliche Pralinen. Wir greifen zu. Der einzige Mann in dem ansonsten mit fünf Frauen besetzten Büro schenkt uns Coca-Cola ein. Eine weitere Mitarbeiterin bringt uns frisches Gebäck.

Wunderbare Gesten, die den Bürokratiezirkus und den finanziellen Aderlass einen Moment lang vergessen machen.

Juliana und Birgit!, schießt es mir durch den Kopf. Es ist schon spät, bald machen die Zöllner Feierabend. Wir sind noch drinnen im Zollgelände, die beiden aber draußen …!

Ein Sicherheitsmann macht endlich Druck, telefoniert mit diversen offiziellen Stellen.

»Nur noch die Autos vorführen, dann ein paar Formulare ausfüllen und fertig«, sagt er. Wenn's weiter nichts ist, denke ich mit Galgenhumor.

Um 18:30 Uhr, neun Stunden nachdem ich sie »mal kurz« zurücklassen musste, schließe ich Juliana in meine Arme. Beim Hürdenlauf von Ashdod haben wir die Ziellinie überquert.

Als wir spätabends am Strand unter den Lampen der Uferpromenade zwischen unseren Autos sitzen, hat sich auch Walters Miene aufgehellt.

Die Sterne funkeln, leise rauscht das Meer. Jetzt nur noch der kleine Umweg über Jordanien und die Sinaihalbinsel, und schon sind wir in Afrika. Endlich im Abenteuer angekommen!

Zunächst also Israel:

Ein Land an der Schnittstelle von Europa, Asien und Afrika, so groß wie Hessen, nicht mal 500 Kilometer von Nord nach Süd messend, aber ein Dauerthema im Brennpunkt der Weltpolitik.

Im Westen vom blauen Mittelmeer begrenzt, im Osten ziehen Jordan und Totes Meer die Grenze. Und noch ein Superlativ: Hier befindet sich der tiefste Punkt der Erde. Der von kargen, rot leuchtenden Bergen durchzogene Negev bedeckt etwa die Hälfte des Landes. Die immer noch umstrittenen grünen Golanhöhen im Norden und traumhafte Tauchreviere am Roten Meer im Süden bilden das Kontrastprogramm dazu. Ein Land der kulturellen und touristischen Highlights. Und doch wäre ich ohne die politischen Wirren des Arabischen Frühlings vermutlich nicht hier, mit Sicherheit nicht mit dem eigenen Auto.

Zwei Tage später notiere ich auf dem großen Parkplatz des Teddy-Kollek-Stadions in Jerusalem meine Tagebucheindrücke:

Ich hatte zunächst nicht das Gefühl, hier auf einem Pulverfass zu sitzen. Kaum Militär in den Straßen, stattdessen heiteres, normales Leben. Dann aber die junge uniformierte Soldatin neben uns im Citybus, in der einen Hand die Maschinenpistole, in der anderen eine rote Einkaufstüte des Modehauses H & M. Normale Alltagsbilder, die sich von nun an in ähnlicher Weise wiederholen und an die latente Bedrohung erinnern. Bei jedem Kaufhausbesuch Körperkontrolle und Gepäckscreening, wie am Airport.

Mich verblüfft die starke Präsenz ultraorthodoxer, bärtiger Juden, schwarz gekleidet, mit eigentümlich steil getragenen schwarzen Hüten. Sie wirken wie eine Kopie alter Bilder aus den Judenvierteln Lembergs oder Warschaus um 1900. Der Kontrapunkt dazu: die hochmoderne, schicke Jerusalem Mall, die sich ebenso gut in New York, Toronto oder Frankfurt befinden könnte. An einem Tisch des weltweit vertretenen Hamburgerbruzzlers mit dem goldenen »M« sitzt ein orthodoxer junger Mann vor seinen Fast-Food-Resten: Kopf und Oberkörper pendeln im Gebet rhythmisch vor und zurück, während rund um ihn der Trubel hungriger Teenager brandet.

Jerusalems Altstadt, Zankapfel der Politik und wegen seiner heiligen Stätten auch von mehreren Glaubensrichtungen argwöhnisch bewacht, erscheint mir auf den ersten Blick wie der Prototyp einer multikulturellen Gesellschaft: Christliches Viertel gleich neben moslemischem Viertel, das jüdische stößt ans armenische Viertel. The Old City ist umgrenzt von einer wehrhaften Stadtmauer, innerhalb derer die bedeutendsten Heiligtümer dreier Weltreligionen liegen: Klagemauer der Juden, Grabeskirche der Christen und Felsendom sowie Al-Aksa-Moschee der Moslems, um nur die wichtigsten zu nennen. Man weiß das, doch es hautnah zu erleben, ist eine andere Dimension.

Unsere Reise nach Jerusalem hatte uns von Ashdod über Nebenstraßen durch spärlich bewachsene Berge in rund 700 Metern Höhe geführt. Nachts in einer Großstadt ohne Campingplatz mit dem Wohnmobil anzukommen, ist keine gute Idee. Der kleine stille Picknickplatz im Wald, nur eine halbe Fahrstunde vor den Toren Jerusalems, war uns daher gerade recht gekommen. Es war bereits dämmrig, und im Osten flimmerten die Lichter der Stadt. Wir blieben für eine Nacht.

Wohnmobilstellplätze wie daheim kennt man hier nicht. Warum auch? In ganz Israel gibt es nur sehr wenige Wohnmobile. Doch Jürgen hatte während der Schiffsfahrt geschwärmt: »Ihr könnt euch hinstellen, wo ihr wollt, niemand stört sich daran.« Nachdem ich tags darauf am Teddy-Kollek-Stadion eingeparkt hatte, brachte uns Bus Nummer 6 für wenig Geld in die Old City. Die Fahrt durch eine moderne, weitläufige Stadt hatte uns nicht auf das vorbereitet, was uns in Jerusalems Altstadt erwartete.

Lautstark suchen Busfahrer auf Arabisch Passagiere für ihre Minibusse in Richtung Bethlehem. Am Straßenrand preisen Händler Feigen und Pfefferminztee an. Es ist kalt. Wir steigen die Steinstufen zur Altstadt hinab, schlendern durch das Damaskustor und werden plötzlich vom bunten orientalischen Leben aufgesogen. Neben kleinen Läden mit Tand und Trödel baumeln T-Shirts mit Aufdrucken wie *Free Palestine* und *America don't worry, Israel is behind you!*

Man kennt all die Namen hier aus der Bibel oder aus dem Religionsunterricht. Doch ich finde nur wenige Bilder meiner Phantasie wieder, als wir die Via Dolorosa, wo Jesus unter der Last des Kreuzes zusammenbrach, entlangschlendern. Alles ist eng, verwinkelt, wirkt geheimnisvoll und ist Teil des überdachten Gassenlabyrinths der Altstadt. Auch Golgatha, wo die Kreuze standen. Wir sehen Franziskanermönche und südamerikanische Pilger mit schweren Holzkreuzen. Ich kann mich den Bildern in der Grabeskirche nicht entziehen, wo russische Pilgerinnen den Stein, auf dem der tote Jesus gesalbt wurde, mit ausgebreiteten Armen küssen.

Szenenwechsel. 15 Minuten Fußmarsch durch ein verwirrendes Labyrinth schmaler Gassen, in deren Nischen sich ein Souvenirshop mit Kitsch und Künsten an den anderen reiht. Vor uns erhebt sich die Klagemauer.

Aber zuerst durch die Sicherheitsschleuse: alles raus aus den Hosentaschen und in Körbe gepackt, Schuhe ausziehen, Rucksack und Kamera aufs Fließband und dann rein damit in den Gepäckscanner. Leibesvisitation. Sicherheitskontrollen wie auf dem Airport: Dann erst dürfen wir zur Klagemauer. Das Unbeschwerte endet dort, wo fundamentale Glaubensunterschiede Grenzen ziehen. Unmittelbar oberhalb der jüdischen Klagemauer erheben sich

Tiefe Frömmigkeit an der Klagemauer in Jerusalem

auf dem Tempelberg der Bibel die moslemische Al-Aksa-Moschee und der Felsendom.

Um dorthin zu kommen, passieren wir eine noch längere Sicherheitsschleuse; wieder Hosentaschen leeren, Gepäck durchleuchten lassen, weitere Leibesvisitation. All das innerhalb weniger Hundert Meter ... Eben noch kontrollierten uns Juden, hier Muslime.

Dazwischen wirkt alles so friedlich; auch auf dem großen Platz vor der Klagemauer, wo junge Israelis unter dem Beifall der Besucher tanzen und singen. Bis zum Sechstagekrieg 1967 war dieser Teil der Altstadt das »marokkanische Viertel«. Doch dann wurde es von israelischen Bulldozern niedergewalzt, um einen Platz vor der Klagemauer zu schaffen. Und wie immer, wenn Einschneidendes in diesem Land geschieht, hielt die Welt den Atem an.

Heute: eine gepflegte, fast monumentale Anlage, von der aus der

Blick auf die Betenden der jüdischen Klagemauer fällt – über der die goldene Kuppel des moslemischen Felsendoms den Tempelberg dominiert.

Als wir später in einer der kleinen Kaffeestuben sitzen, wo es nach gutem Cappuccino und frischen Keksen duftet, komme ich mit Simon aus New York ins Gespräch. Er ist Amerikaner jüdischen Glaubens und verbringt ein halbes Jahr in Jerusalem. Sein Taschengeld verdient er sich hier als Kaffeehauskellner.

Unser Gespräch dreht sich um die Begegnung mit den vielen auffallend bärtigen und dunkel gekleideten ultraorthodoxen Juden. »Es gibt in Jerusalem sehr viele von ihnen und zunehmend auch religiöse Fundamentalisten«, sagt er. »Eins ihrer Zentren ist Beit Shemesh. Dort kam es zu einer Auseinandersetzung, als sie Frauen mit Schildern aufforderten, nicht vor der Synagoge stehen zu bleiben und sogar auf die andere Straßenseite zu wechseln. In Bussen sollten Frauen hinten sitzen und bei Wahlen getrennte Urnen benutzen. Die Ultraorthodoxen fordern strikte Geschlechtertrennung im öffentlichen Leben.«

Wir leerten unsere Cappuccinobecher und bummelten auf der Davidstraße zum Jaffator. Dort das nächste Kontrastprogramm: schrill-buntes Leben. In Phantasiegewändern musizierende Frauen. Gleich daneben verkaufte ein Araber mit karierter rot-weißer Kufija, der typischen Palästinenser-Kopfbedeckung, Pfefferminztee. Sein Standnachbar kochte Maiskolben, während Gaukler und Animateure mit Fingerfertigkeit und Akrobatik begeisterten.

Eine faszinierende Melange. Der einzige Schönheitsfehler war, dass wir anderthalb Stunden auf den Bus zurück zu Thunder warten mussten.

Das Wochenende findet am Freitag und Samstag statt. Die Muslime treffen sich zum Freitagsgebet in der Freitagsmoschee. Noch vor Sonnenuntergang desselben Abends bereiten gläubige Juden den Sabbat vor und nehmen das Freitagsmahl ein. Am Tag darauf scheint Jerusalem in sich zu ruhen, die Stadt ist jetzt von einer ganz besonderen Spiritualität erfüllt. Dann stehen die großen Buslinien genauso still wie die von Juden betriebenen Taxen. Das öffentliche Leben kommt fast zum Erliegen. Auch der Supermarkt der Jerusalem Mall schließt zwischen freitags 14 Uhr und samstags 19 Uhr. Sonntag ist hier nur ein Feiertag der Christen. Dann allerdings ist der Supermarkt geöffnet.

Immerhin bietet die zeitversetzte religiöse Besinnung den Vorteil, dass immer irgendwo ein Restaurant, ein Café oder Taxistand mit Betreibern der jeweils anderen Glaubensrichtung geöffnet ist. Dennoch taten wir, was so mancher Israeli am Feiertag auch tut: Wir fuhren zum Baden ans Tote Meer.

Die Sonne ist bereits gesunken, als wir den kleinen Touristenort Neve Zohar am Südende des Toten Meeres erreichen. Aus den Glasfassaden der großen Hotels schimmert warmes Licht. Zweige von Dattelpalmen und Oleanderbüschen rascheln im Abendwind. Anders als in der Großstadt Jerusalem ist die Luft hier mild und verführerisch.

»Schließlich sind wir jetzt 400 Meter unter dem Meeresspiegel«, sagt Juliana. Auf den Straßen ist kaum Betrieb. Umso größer ist unsere Überraschung, als wir auf ein brandneues Wohnmobil mit deutschem Zollkennzeichen treffen. Meinen Gruß allerdings beantwortet der Fahrer auf Englisch. »Das ist schon unser drittes Womo«, meint er lächelnd, wobei er das gängige deutsche Kürzel für Wohnmobile benutzt.

Er heißt Chaim und war Kommandant einer israelischen Antiterroreinheit, bis er im Kampf schwer verwundet wurde und zudem ein Auge verlor. Das war vor achtzehn Jahren.

»Die Ärzte flickten mich wieder zusammen«, sagt er, doch dann habe man ihn in den Ruhestand verabschiedet. »Damals kaufte ich in Deutschland mein erstes Womo.« Dies hier sei brandneu; er komme mit ihm geradewegs aus Süddeutschland, deshalb trage es noch deutsche Kennzeichen.

»In ganz Israel gibt es nur sechzig Wohnmobile«, weiß Chaim. »Die Importzölle sind für Normalbürger astronomisch hoch und faktisch unerschwinglich.« Als im aktiven Dienst verwundeter Offizier sei er allerdings von Einfuhrzöllen befreit. »Daher«, er zeigt auf sein Fahrzeug, »kann ich mir dieses Hobby leisten.«

Wir schrecken zusammen, als unsere Zehenspitzen prüfen, ob das kalte Wasser des Toten Meeres dem Rest unserer Körper zugemutet werden könne. »Geht so …«, meint Juliana tapfer. Mit uns hat sich bereits frühmorgens ein Dutzend Hartgesottener am Strand von Neve Zohar eingefunden. Auch in Israel spürt man den Winter. Erst die Mittagssonne bringt Wärme, aber schon Stunden später wird man nach der Jacke greifen.

All das ist uns völlig egal, als wir die Zähne zusammenbeißen, uns rücklings aufs Wasser legen und vom extrem hohen Salzgehalt des Toten Meeres wie auf einem Wasserbett schaukeln lassen.

Abends flimmern am gegenüberliegenden Seeufer die Lichter Jordaniens. In ein, zwei Wochen werden wir dort sein.

Ich scharrte nicht ungeduldig mit den Hufen, niemand trieb uns. Wir genossen unsere Freiheit. Das Klima hier war großartig; die

Nächte erfrischend, und tagsüber konnte man mit ein paar wärmenden Sonnenstrahlen rechnen. Dies moderate, trockene Winterklima der Nordhalbkugel würde uns bis Äthiopien begleiten. Danach käme die Hitze. Südlich des Äquators rechnete ich mit einem Wechsel von der Trocken- zur Regenzeit. Irgendwo würde uns die *wet season* erwischen, aber darüber zerbrach ich mir jetzt nicht den Kopf.

Die zeitlich begrenzten Visa für den Sudan und Äthiopien mussten wir allerdings im Auge behalten. Ihre Gültigkeit bestimmte bis zu einem gewissen Grad unser Reisetempo. Für die südlich vom Äquator gelegenen Länder würden wir die Visa vor Ort einholen.

Eine der landschaftlich reizvollsten Routen führt von Neve Zohar am Ufer des Toten Meeres entlang nach Norden. Rotbraune Felsen säumten die Straße, trockene Flussbetten mit wie von Riesenhand durcheinandergewirbelten Felsbrocken verrieten, welch ungeheure Kraft das Wasser aus den Bergen zur Regenzeit hat. Davon spürten wir jetzt nichts. Selbst der Südzipfel des Toten Meeres ist hier nahezu wasserlos. Weiße Salzflächen flimmerten im Mittagslicht.

Hier begann unser Abstecher nach Masada.

Wir parkten Thunder auf dem öffentlichen Parkplatz, zahlten einen Obolus für den Eintritt, lasen das Schild *Welcome to Masada National Park* und marschierten los. Die Luft war kühl. Vor allem beeindruckten uns die Ruinen des Herodespalastes, der einst wie ein Schwalbennest am Berghang klebte. Unter uns leuchtete das wüstenhaft karge Land in blassem Rotbraun, ein starker Kontrast zu dem Blau des Toten Meeres. Die Pflanzen waren hier eher blassgelb als grün. Und Leben schien es sowieso nur an den Rändern der kleinen Trockenflüsse zu geben, in denen jetzt aber kein Tropfen Wasser war.

Natürlich hätten wir die Seilbahn benutzen können. Doch wir wollten uns Schritt für Schritt jenem von Mythen, Legenden und früher Geschichtsschreibung umwobenen Plateau nähern, auf dem im Jahr 73 unserer Zeitrechnung Juden sich dem erdrückenden Ansturm des römischen Heeres widersetzt hatten. Bis die von König Herodes gebaute Festung Masada nicht mehr zu halten war ... Als ihre Mauern unter dem Ansturm von 15 000 römischen Legionären einstürzten, zogen die letzten 960 Frauen, Männer und Kinder Masadas den kollektiven Selbstmord der Kapitulation vor. Zwei Frauen und fünf Kinder überlebten in einem Versteck, sie waren die einzigen Zeugen des letzten Aufbäumens des jüdischen Volkes. Fast 2000 Jahre lang war es danach in alle Welt verstreut. Als ab dem Ende des 19. Jahrhunderts die Rückkehr begann, wurde der Slogan »Masada darf nie wieder fallen« zum nationalen Identifikationsfaktor. Jahrelang schworen israelische Soldaten auf Masada den Fahneneid.

In Israel ist es unmöglich, den Spuren einer gleichermaßen weltbekannten wie weltbewegenden Geschichte auszuweichen. Das spüren wir zwei Tage später im Bus Nummer 24 auf dem Weg von Jerusalem nach Bethlehem.

Bei großzügiger Betrachtung geht Bethlehem als südlicher Vorort von Jerusalem durch. In rund einer halben Stunde könnte man die »Hauptstadt von Weihnachten« mit dem Bus von der Old City aus erreichen.

Könnte ...! Die Realität sieht anders aus.

Nummer 24 stoppt vor einer riesigen Betonwand. Nur eine Handvoll Menschen entsteigt dem Minibus. Auch wir.

Dabei wollte ich nie wieder solch traumatisierende Erlebnisse haben wie vor über dreißig Jahren, als wir am DDR-Checkpoint Marienborn in die kalten Mechanismen des DDR-Grenzabfertigungsbollwerks gerieten. Aber an der drei Stockwerke hohen »Bethlehemmauer«, doppelt so hoch wie die weltweit geschmähte *Berlin Wall,* fühle ich eine ähnliche Beklemmung wie damals.

Wachtürme und Drehkreuze, durch die wir uns zwängen, gittergesäumte Gänge, auf denen man niemanden sieht, aber man weiß, dass man observiert wird. Labyrinthe. Für Israel ist dies der Schutzwall gegen palästinensischen Bombenterror. In den Augen der Palästinenser zementiert Israel so den Status quo der 1967 eroberten Gebiete. Schafft unumkehrbare Fakten, um die Kriegsbeute von damals zu sichern. Wenn die Mauer fertig ist, wird sie über 700 Kilometer lang sein.

Endlich sind wir am anderen Ende angekommen: Uns, die beiden Europäer, kontrolliert man unbürokratisch. Wir sind in Palästina.

Hilfreiche Menschen weisen uns den Weg. Postkartenverkäufer und Taxifahrer wollen gestenreich mit uns ins Geschäft kommen.

»Die Mauer von Bethlehem schnürt einer ganzen Stadt die Luft zum Atmen ab und hält Besucher fern«, sagen die Menschen.

So wären Maria und Josef nie nach Bethlehem durchgekommen ...

Ein Taxifahrer fährt uns für umgerechnet zwei Euro zur Geburtskirche am Rande des Manger Square. Auf einmal sind wir in einer eigentümlich friedfertig wirkenden Welt. Ich lese auf dem Straßenschild: *Jerusalem: 8,57 km.* Eine lächerliche Distanz, wäre da nicht diese Mauer ...

Über der Kilometerangabe baumelt eine Tafel des Tourismusministeriums mit der Aufschrift: *Welcome to Bethlehem – Pray for the freedom of Palestine.*

An der Fassade der Omarmoschee hängt das meterhohe Bild des verstorbenen Palästinenserführers Jassir Arafat. Ich sehe Kirchtürme neben schlanken Minaretten. Straßenhändler verkaufen aus silbernen Karaffen Kaffee, viele Stühle der kleinen Straßencafés aber sind leer. Die Gäste bleiben aus.

Wir ziehen den Kopf ein, um durch das 1,25 Meter hohe Tor der Demut in die Geburtskirche eintreten zu können. Als junger Mann trug ich an Heiligabend die Weihnachtsgeschichte in unserer Kirche vor. Jetzt stehe ich in der Geburtsgrotte, wo jene Geschichte begann.

Bethlehem, die »Hauptstadt von Weihnachten« wird durch eine riesige
»Schutzmauer« von Israel getrennt

Eine Nonne presst ihre Stirn auf die Stelle, an der Jesus geboren
wurde. Weihnachten, das Fest der Nächstenliebe, aber hat seinen
Ursprung an einem Ort, der heute durch eine Betonmauer abge-
schottet wird, die höher ist als die von Gefängnissen.

»Sie muss verschwinden!«, schimpft Taxifahrer Ahmed, der uns
zum Checkpoint zurückbringt.

»So wie die Berliner Mauer!«, sage ich.

»*Inschallah!* So Gott will!«, entgegnet Ahmed. Dann schluckt uns
das Grenzungeheuer.

Abends schlendern wir durch den Garten Gethsemane. Tags darauf
durch die antike Stadt Caesarea, wo Apostel Paulus des Aufruhrs
bezichtigt, nach Rom gebracht und hingerichtet wurde. Das alte
Caesarea, eine der größten Städte der Antike, ist heute ein Nationalpark am Ufer des Mittelmeers.

Blutrot sinkt die Sonne vor Caesarea ins blaue Meer. Freudig begrüßen wir ihre Morgenstrahlen zwölf Stunden später; im Camper sind es nur acht Grad.

Kräftiger Wind pfeift über den Strand und bläht die schwarzen Anzüge dreier ultraorthodoxer Juden auf, die, ihre Köpfe wie Windbrecher nach vorn gereckt, mit großen Schritten den Strand entlangeilen. Da erfasst eine Böe den Hut des einen und schleudert ihn aufs Meer. Rat- und tatenlos bleibt das Trio stehen, schaut irritiert dem Hut in den Wellen nach ... bis ein unbeteiligter Angler beherzt seine Schuhe abstreift, ins Wasser springt und den Hut birgt.

Mit Temperaturen um den Gefrierpunkt und dickem Raureif begrüßten uns die Golanhöhen. Es war jetzt Anfang Dezember. »Zeit, uns auf den Weg nach Süden zu machen«, sagte ich zu Juliana. Zwar fühlten wir uns in Israel herzlich aufgenommen, doch das Gefühl, auf einem Pulverfass zu sitzen, hatte sich auf den Golanhöhen verstärkt. Dieses Hochland im Nordosten Israels, zwischen Syrien und dem Libanon quasi eingeklemmt, ist zwar grün, kühl, bergig, wasserreich und fruchtbar, aber ein internationaler Brennpunkt. Bis zum Sechstagekrieg von 1967 gehörten die Golanhöhen zu Syrien, seitdem sind sie von den Israelis besetzt. Für den jüdischen Staat sind sie strategisch extrem wichtig.

Der Himmel hier war wolkenlos blau. Auf Felsen saßen pummeligpelzige Klippschliefer, die uns unverwandt mit großen Glupschaugen anstarrten. Zottige Weidenröschen und Hyazinthen blühten neben wilden Alpenveilchen und Lupinen. An einem Felsvorsprung hing, wie ein Mahnmal aus dem Sechstagekrieg, ein zerschossener Jeep.

Sonst wirkte alles friedlich. Besucher parkten ihre Autos, kauften sich ein Eis, naschten genüsslich und fuhren wie wir zu den Banias Springs, einem der Quellflüsse des Jordan. Dies Wasser zog schon immer Menschen an; die alten Griechen bauten hier einen Pantempel, die Römer folgten und schenkten das Land dem Herodes. Mehr als tausend Jahre später entstand die Festung Nimrod, ein gigantischer Adlerhorst oberhalb der Hauptstraße zu den östlichen Golanhöhen; eine Region, die über Jahrtausende keine Ruhe fand.

Bis heute ...!

Stellenweise musste ich im Zickzack durch die vom Militär mitten in die Straße gebauten Geschwindigkeitsbrecher fahren. Beiderseitige Gräben verhindern ein Ausweichen.

In 1100 Metern Höhe passierten wir armselige Drusendörfer. In der Dämmerung sah ich hinter der UNDOF-Pufferzone der Vereinten Nationen die Lichter Syriens. Nur UN-Blauhelme dürfen sich in dieser Gefahrenzone bewegen.

»Lass uns hier wegfahren!«, sagt Juliana unvermittelt.

In rasantem Tempo rollt Thunder von 1100 Höhenmetern auf minus 200 Meter: Ankunft am See Genezareth.

Morgen werden wir in Jordanien sein.

Lamentieren half nicht. Niemand konnte uns verbindlich sagen, ob mit einem Geländefahrzeug eine Einreise von Israel nach Ägypten oder alternativ von Jordanien zurück über Israel nach Ägypten möglich war.

Sollten wir es dennoch versuchen?

Schlimmstenfalls würde man uns abweisen oder an einem dieser Grenzübergänge noch mal durch die Mühlen der Bürokratie drehen. Davon aber hatten wir nach dem anderthalbtägigen Ritt auf dem Amtsschimmel bei der Einreise in Ashdod die Nase voll – und entschieden uns für Plan B, die Anreise über Jordanien und den Sinai.

Natürlich war es ein Umweg, von Nordisrael zunächst nach Osten zu fahren, um sich später am Südzipfel Jordaniens für einen Batzen Geld per Schiff über den Golf von Akaba nach Nuweiba auf der Sinaihalbinsel übersetzen zu lassen.

Wir hatten einige Zeit über Landkarten gebrütet, bis wir die geografischen Zusammenhänge wie auch die komplizierten politischen Gegebenheiten kapiert hatten. Dieser Zickzackkurs würde uns allerdings die Chance geben, die Bilderbuchwüste des Wadi-Rum und die antike Tempelstadt Petra zu besuchen.

Und da wir Jordanien nie zuvor bereist hatten, würde uns das zudem ein neues Sternchen auf der Weltkarte einbringen, die wir auf Thunders Außenseite angebracht hatten. Auch gut!

Unsere nächsten Etappen hießen also Jordanien und Sinai.

Ein unscheinbarer Grenzfluss, schmaler als die Leine bei uns in Hanno-ver ..., notiere ich später über den Jordan.

Die auf israelischer Seite erwartete langwierige Grenzprozedur bleibt aus. Stattdessen knöpft man uns 200 Schekel Ausreisegebühr ab. Zum Glück akzeptiert man Kreditkarten.

Jeder von uns besitzt zwei gültige Reisepässe, deren Ausstellung mit dem Hinweis auf die bekannte Nahostproblematik keine Schwierigkeiten bereitet hatte. Mit einem israelischen Sichtvermerk im Pass wäre die Reise sonst spätestens an der sudanesischen Grenze zu Ende. Dennoch hatten die Israelis in Ashdod keinen Pass abgestempelt, sondern uns individuelle Einreisepapiere ausgehändigt. Entsprechend zuvorkommend ist man bei der Ausreise.

Später werde ich ins Tagebuch schreiben: *Ich habe schon lange nicht so häufig* »Welcome« *gehört wie auf der jordanischen Seite der Grenze.*

Obwohl ich schon in vielen arabischen Ländern war, fasziniert mich auch diesmal wieder der abrupte Wechsel in ihre Welt. Eben noch das Geordnete; mit Straßen, die Autos vorbehalten waren, mit Menschen, die zwar uns gegenüber freundlich waren, doch so viel Distanz wahrten wie daheim in Deutschland.

Dann schlagartig das Kontrastprogramm: ein unbeschwertes Gewusel auf Fahrbahnen, an deren abgebrochenen Asphalträndern man achtgeben muss, das Auto sicher in der Spur zu halten.

»Sieh nur diese Tankstelle!«, sage ich und zeige auf die benzin- und ölgetränkten Flächen rund um die Zapfsäulen. Dort, wo jemand Lammfleisch grillt, wabern weißliche Rauchschwaden über die Fahrbahn. Schüler sprinten zur Straßenmitte, um einen Minibus zu stoppen. Innerhalb der ersten halben Stunde sehe ich mehr Plastikmüll als während der zwei Wochen zuvor. Und durch dieses bunte Gewimmel trottet ein Esel, auf dem ein Mann in weißer Galabija seine Beine baumeln lässt.

»Und all diese Rundschnauzer!«, staunt Juliana. Thunders Art- und Zeitgenossen gehören in Jordanien zum Alltagsbild.

Malerisch gekleidete Angehörige der jordanischen Beduinen-Polizei musizieren auf Dudelsäcken.

Die Zeiten, in denen man mit einem Bauchgurt voller Reiseschecks reiste, sind passé. Wohingegen Dollarscheine noch immer hoch im Kurs stehen. Der Siegeszug der Kreditkarte hat auch vor dem Nahen Osten und Afrika nicht haltgemacht. Bei einer kleinen Bank mit den Kreditkarten- und Eurocard-Logos stoppe ich. Doch ein unerbittlicher Geldautomat schmettert meine Abhebeversuche ab. Da öffnet sich eine Tür, und ein Bankangestellter sagt freundlich: »Closed!« Er schließt die Tür ab, ist aber sofort zur Stelle, um zu helfen. Als er mitkriegt, woher wir kommen, unterhält er sich mit uns auf Deutsch. Und plötzlich klappt auch das Geldabheben. »Willkommen in Jordanien«, sagt er.

»Toller Auftakt!« Ich bin perplex über die Herzlichkeit der Menschen.

Selbstbedienung beim Tanken gehört ab jetzt der Vergangenheit an. Zwei junge Männer stürzen auf uns zu und diskutieren darüber, wer von ihnen Thunders Tank befüllen darf. Einer setzt sich durch, der andere redet mit einem Mix aus Arabisch und Englisch auf uns ein.

Indes schießt ein feiner Dieselstrahl aus einem Loch im Schlauch über den Unterarm des Tankwarts, von wo der Sprit auf den öldurchtränkten Erdboden tropft.

So viel zu den ersten Eindrücken. Vitale Bilder! Manche, wie das letzte, fragwürdig, aber alle bunt und lautstark untermalt … Wobei ich die Augen aufhalten muss, wenn Esel und Schafe direkt vor unserem Lkw über die Straße getrieben werden. Auch lange nachdem die Sonne abgetaucht ist, weigern sich die Autofahrer standhaft, die Lichter einzuschalten.

Alle 200 Meter schaut König Abdullah II. von Plakaten dem Treiben seiner Untertanen zu. Hier in Uniform, dort im dunklen Anzug, aber auch im Sporthemd mit dem Schriftzug des größten deutschen Sportartikelherstellers.

1996 hatte der damalige Prinz Abdullah einen Sieben-Sekunden-Auftritt in einer Filmfolge von *Star Trek: Voyager*. Drei Jahre später folgte er seinem verstorbenen Vater Hussein I. auf den jordanischen Thron. Addiert man die Fläche Bayerns zu der von Rheinland-Pfalz, hat man die Größe seines Königreichs.

»Ein überschaubares Reiseland also!«, stellt Juliana fest.

Nicht ganz so überschaubar sind die Bevölkerungszahlen. Sechzig Jahre vor unserer Einreise lebten hier 400 000 Menschen, dreißig Jahre später waren es 2,2 Millionen. Heute hat Jordanien deutlich über sechs Millionen Einwohner. Eine rasante Aufwärtskurve, die auch auf das Flüchtlingsdrama der Palästinenser zurückzuführen ist.

Wir hätten nach unserem Grenzübertritt dem Jordan und später dem Toten Meer in Richtung Süden folgen können. Das ist die kürzeste und schnellste Route zur Sinaihalbinsel. Seit ich jedoch Bilder vom antiken Gerasa, dem heutigen Jerasch, gesehen hatte, war klar, dass wir einen Abstecher dorthin machen mussten. Wobei ich die Tortur unterschätzte, im Dunkel der aufziehenden Nacht vom tief unter dem Meeresspiegel liegenden Jordangraben aus auf über 1000 Höhenmeter zu klettern.

Unser Truck ist kein heißblütiges Rennpferd, eher ein bedächtiger Kaltblüter. Und bedächtig heißt in diesem zerklüfteten Gebirge, dass wir uns den Bergkuppen gelegentlich mit 15 Stundenkilometern nähern.

Überall funkeln Lichter, also sind dort Dörfer oder Städte. Trotz völliger Dunkelheit geizen die Autofahrer noch immer mit dem Scheinwerferlicht, das sie nur kurz vor der Beinahekollision aufblitzen lassen.

»Kein Stellplatz in Sicht«, mault Juliana. Wir sind völlig erledigt, die Fahrt bei Dunkelheit ist gefährlich. Spontan folge ich der Ausschilderung *Dibbin Forest Reserve*. *Forest* heißt Wald und klingt nach Stille. Zehn Minuten später sehen wir tatsächlich die ersten Bäume, dann die große Mauer eines Friedhofs. Doch unter solchen Umständen ist man nicht wählerisch – wir bleiben.

»Weißt du, dass morgen Nikolaustag ist?«, sagt Juliana.

Nein – hatte ich vergessen.

Unsere Nikolausüberraschung folgt morgens um 4:30 Uhr, als ein Muezzin 100 Meter von uns entfernt über ein halbes Dutzend Lautsprecher zum Gebet ruft.

Damit endet unsere Nacht …

Ich sah zwar Kaiser Hadrians Triumphbogen, geriet aber dennoch in eine falsche Fahrspur. Worauf zwei Polizisten mit Trillerpfeifen den Verkehr stoppten, uns den richtigen Weg wiesen und kurz die Kreuzung sperrten, damit ich wenden konnte.

Der Nikolaustag entwickelte sich recht vielversprechend.

Unterhalb des Triumphbogens parke ich. Zwei Uniformierte der Tourist Police sichern uns zu, ein Auge auf Thunder zu werfen. An diesem Morgen ist nur wenig los; ein paar Japaner, eine Handvoll Spanier. Erst nach und nach füllt sich die weitläufige historische Anlage. Landsleute sehen wir nicht. Dabei ist Gerasa neben der syrischen Oasenstadt Palmyra eine der monumentalsten antiken Städte in diesem Teil der Welt.

Als wir den Cardo, die einen Dreiviertelkilometer lange und von Hunderten Säulen, Tempeln und Kirchen gesäumte römische Straße, entlangschlendern, begegnen wir Ibrahim ...

Er ist etwa fünfzig und trägt einen unübersehbaren Wohlstandsbauch vor sich her. Das locker um den Kopf gebundene rot-weiße Palästinensertuch wird durch die Agal, eine doppelte schwarze Kordel, in Stirnhöhe zusammengehalten. Ibrahim ist Touristenführer. Eben noch scherzte er mit seinen Gästen fließend auf Spanisch. Da bemerke ich, wie mich die flinken Augen in einem Gesicht wie dem von Obelix eine Sekunde lang fixieren. Er spricht mich in fast akzentfreiem Deutsch an: »Du musst für deine Frau mindestens einmal im Leben einen Brunnen bauen, denn ein Leben ohne Wasser ist ebenso wenig lebenswert wie ein Leben ohne Liebe!«

Den Beweggrund für diese spontane Bemerkung verrät mir Ibrahim zwar nicht, doch den Stellenwert von Wasser im Leben der Jordanier erfährt Juliana, als sie später im Waschraum der Damentoilette einen Zwei-Liter-Wasserkanister befüllt. Eine Reinigungskraft kriegt das mit und holt unter Gezeter eine Kollegin. Worauf Juliana – als habe man sie bei etwas Schändlichem ertappt – den Wasserhahn zudreht und mit einem nur halb vollen Kanister zum Auto zurückkommt.

Tatsächlich ist Jordanien eins der zehn wasserärmsten Länder der Erde, in dem den Menschen nicht mal fünf Prozent der Trinkwassermenge eines Mitteleuropäers zur Verfügung stehen.

Rein rechnerisch betrachtet reichen die gesamten Wasservorräte gerade mal für die Einwohner der Hauptstadt Amman. Gegenwärtig werden gewaltige Rohre von anderthalb Metern Durchmesser Hunderte von Kilometern weit von Süden hierher verlegt, um den zunehmenden Durst aus einem 30 000 Jahre alten und tief im Wüstenboden lagernden Reservoir zu stillen.

Doch damit borgt man sich nur etwas Zeit; denn auch Saudi-Arabien bedient sich aus dem Disi Aquifer. Und in absehbarer Zeit wird der Kelch geleert sein ...

Es war traumatisierend, als mein Freund Gerd mit dem rechten Vorderrad seines mit viel Geld und Liebe ausgebauten Magirus-Expeditionsfahrzeugs in Amman über die abgebrochene Fahrbahnkante geriet und bei der Lenkkorrektur ins Trudeln kam. Der Siebeneinhalbtonner überschlug sich und blieb mitten auf der Straße auf dem Dach liegen.

Gerd und seine Frau Edelgard blieben wie durch ein Wunder unverletzt, weitere Verkehrsteilnehmer kamen nicht zu Schaden. Doch der Lkw war Schrott und der Traum von der Orient-Afrika-Reise bis auf Weiteres ausgeträumt.

Die Fotos von damals gingen mir durch den Kopf, während ich auf

Jerasch in Jordanien: Die Römer errichteten hier eine der monumentalsten Städte der Antike.

den oft gefährlich abgebrochenen und steil abfallenden Fahrbahnrand achtete. Ansonsten konzentrierte ich mich darauf, nicht vom Verkehrsfluss ins Zentrum der bevölkerungsmäßig explodierenden jordanischen Hauptstadt gesogen zu werden. Im Jahr 1900 lebten 2000 Menschen in Amman, heute sind es zwei Millionen! Von *grottenschlechter Ausschilderung* und *Polizisten, die mit Radarpistolen den Verkehr überwachen* lese ich später in Julianas Fahrtnotizen.

Die Bilder sind grau; Rauch liegt in der Luft, wo am Straßenrand Müll verbrannt wird. Daneben verkaufen fliegende Händler Orangen, Granatäpfel, Oliven und Federvieh: Neun Hühner teilen sich einen 40 Zentimeter hohen und nur einen halben Quadratmeter großen Käfig.

Froh, die Stadt hinter uns gebracht zu haben, stoppe ich und fotografiere ein einsames Verkehrsschild in der Wüste: *Iraq 255 km,*

Saudi Arabia 75 km. Zum krisengeschüttelten Syrien sind es nicht mal 100 Kilometer.

In der alten Römerfestung von Al Azrak hatte der legendäre »Lawrence von Arabien« während des Winters 1917/18 den Angriff seiner Beduinentruppe auf das von Türken besetzte Damaskus vorbereitet.

Al Azrak lag früher am Schnittpunkt bedeutender Karawanenstraßen. Heute fällt der starke Lkw-Verkehr zu den Nachbarländern Syrien, Saudi-Arabien und Irak auf. Das reichlich vorhandene Wasser war für das Überleben der Region schon immer der entscheidende Faktor – auch für die Zugvögel auf ihren Reisen zwischen Europa und Afrika. Die nahe gelegenen *Azraq Wetlands* waren für sie ein willkommener grüner Tupfer, und so legten sie hier auf ihren Interkontinentalflügen Zwischenstopps ein. Doch in dem Maße, in dem der Mensch mehr und mehr Wasser abzapfte, verkümmerte das einst riesige Feuchtbiotop. Die Vögel blieben aus ...

Die Oase Al Azrak mag einst schön und bedeutend gewesen sein, heute wirkt sie eher ernüchternd.

Am Eingang stellt ein Schild mit dem Bild einer durchgestrichenen Kamera klar, dass mein Fotoapparat in der Tasche zu bleiben hat. Gleich dahinter sehen wir einen von Tarnnetzen verdeckten Militärposten. Der schwarze Sand am Seitenrand verrät, wo die schweren Lkw mit undichten Motorblöcken parken.

Eine Wellblechbude reiht sich an die andere. Drinnen ausgelatschte Reifen, billige Werkzeuge, Kompressoren, um Luft aufzupumpen. Die Reifenflicker trinken Minztee oder dösen. Kunden gibt's nicht.

Ich parke und steige aus, um irgendwo ein Brot aufzutreiben. Ohne Erfolg. Stattdessen sehe ich Zehnkilotüten mit Nüssen, jede Menge Konservendosen, vor allem mit Bohnen. Ein Verkäufer bemerkt meinen suchenden Blick, greift in eine Kühltruhe und zieht einen samt Fell, Ohren und Augen tiefgefrorenen Hasen hervor. So viel zum Frischfleischangebot ...

»*No, thank you!*«

Ich frage nach Brot. Der Verkäufer bringt abgepacktes Fladenbrot. Ob ich Tee haben möchte, will er wissen. Erst als er die Frage wiederholt, dämmert mir, dass er mich auf ein Glas Tee einlädt.

»*Oh, yes!*«

Aus einer Thermoskanne füllt er süßen Tee in einen Pappbecher und reicht ihn mir. Seine wenigen Englischbrocken reichen, um einander einen Moment lang näherzukommen.

»*Thank you!*«, sage ich und gebe ihm den leeren Becher zurück.

»*Welcome!*«, erwidert er und wirft den Becher vor die Ladentür, wo ihn der Wind mit Zeitungsresten und alten Plastiktüten über die Straße treibt.

Jetzt brauchen wir nur noch etwas Wasser.

100 Liter fasst unser großer eingebauter Wassertank, dessen Vorrat wir bislang nicht angetastet hatten. »Für die Wüsten im Sudan«, pflege ich zu sagen. Bisher hat es sich bewährt, einen oder zwei kleine Handkanister für den Tagesbedarf aufzufüllen. Und einwandfreies Trinkwasser in Flaschen gibt es sowieso überall für wenig Geld.

Man könnte unser »Wasserbunkern« für spleenig halten. Aber gelegentlich meldet sich aus meinem Unterbewusstsein eine fast verschüttete Erinnerung: Vor einer Mauretaniendurchquerung befüllten wir in der Westsahara unseren Hauptwassertank. Trotz der Versicherung, das Wasser sei gut, war es salzig. Allerdings bemerkten wir das erst tief in der Wüste!

Der dritte Gemüsehändler, den ich in Al Azrak um Wasser bitte, besitzt einen Wasseranschluss. Er löst das Vorhängeschloss am Wasserhahn und befüllt meine Kanister.

Von Al Azrak, dem östlichsten Punkt unserer Jordanienreise, fuhren wir zurück in Richtung Totes Meer.

Starker Wind blies den Wüstenstaub über die Stadt Madaba, wo

Heißes Pflaster: Lawrence von Arabien bereitete hier im Grenzgebiet zu Arabien den Angriff auf Damaskus vor.

die Abfahrt zum Jordantal beginnen sollte. Die blassgelbe Sonne schob sich hinter eine graue Wolkenwand. Ich stoppte dort, wo Moses nach biblischer Überlieferung erstmals das Heilige Land gesehen hatte.

»Und Moses stieg aus den Gefilden Moabs auf den Berg Nebo ... gegenüber Jericho ...«, heißt es im Alten Testament. Laut der Bibel starb er hochbetagt, ohne das Heilige Land betreten zu haben.

Obwohl es dunstig war, reichte der Blick weit über das Jordantal hinaus. *40 Kilometer bis Jerusalem*, verriet ein Schild. An diesem Brennpunkt der Welt lag alles so dicht beieinander ...

Von der vegetationslosen Bergkante folgten wir der sich in Serpentinen hinabwindenden Straße; von Meter zu Meter wurde es wärmer.

»Hanglage mit Blick auf See«: in Zentralafrika während der Regenzeit.

Im äthiopisch-kenianischen Grenzbereich: vor Lkw-Oldtimer »Thunder«
beim Tagebuchschreiben.

Die Altstadt von Jerusalem mit Klagemauer und Felsendom im Hintergrund.

Meisterwerk islamischer Baukunst: der Felsendom auf dem Tempelberg von Jerusalem.

400 Meter unter dem Meeresspiegel: Juliana lässt sich vom Salzgehalt des Toten Meeres tragen.

Ein ultraorthodoxer Jude am Mittelmeerstrand von Caesarea.

Traumplatz für Globetrotter: in der Bilderbuchwüste des Wadi Rum.

Thunder ist für die Jugendlichen in Jordanien ebenso exotisch wie ihre Kamele und Esel für uns.

Morgens in der Felsenstadt Petra, einem der geheimnisvollsten Orte der Welt.

Festgefahren und freigeschaufelt: Nach bestandener »Generalprobe« zieht Juliana die Sandbleche zu unserem Fahrzeug zurück.

Wo Moses die Zehn Gebote empfing: Eine Straße führt schnurgerade zum biblischen Berg Sinai.

Abenteuer weltweit: Seit mehr als 43 Jahren sind wir in der Welt unterwegs.

Die Bilder auf der jordanischen Seite des Toten Meeres unterschieden sich sehr von denen drüben in Israel: Alles war orientalisch bunt, lebhaft und lautstark untermalt. Fliegende Händler vermieteten Wasserpfeifen. Jugendliche priesen Kamele und Esel für Ausritte an. Auch als klar war, dass sie nicht mit uns als Kunden rechnen konnten, blieben sie freundlich und baten, ohne aufdringlich zu sein, mal kurz in unseren Camper sehen zu dürfen.

Es war Freitagabend; die Wochenendausflügler packten jetzt Kühltaschen und Grills in ihre Autos und fuhren mit Kind und Kegel heim. In der Ferne verriet das nervöse Aufheulen eines Motors, dass sich jemand mit seinem Fahrzeug zu weit auf dem weichen Sandstrand vorgewagt hatte …

Sicher zu übernachten ist ein zentrales Thema beim Reisen. Die täglich sich wiederholende Platzsuche ist spannend … und manchmal wird sie mit einem Traumplatz belohnt. Leider nicht immer …

Ich kenne Globetrotter, die sich mitten in einer belebten Großstadt im Auto aufs Ohr legen. Ohne mich! Juliana steckt Lärm besser weg als ich. Ich brauche nachts Stille und Einsamkeit.

An diesem Abend aber kriegten wir unseren Traumplatz mit Blick aufs Tote Meer. Gelegentlich verschwand der Vollmond hinter den über uns segelnden Wolken, doch überall funkelten Sterne.

»Wie es wohl in Afrika mit Übernachtungsplätzen aussehen wird?«, sagte ich plötzlich. »Bei unserer ersten Saharadurchquerung lebten dreieinhalb Milliarden Menschen auf der Welt. Jetzt sind es sieben Milliarden! Für uns Camper wird es eng auf dem Globus …«

»Wobei Afrika von allen Kontinenten beim Bevölkerungswachstum am meisten zugelegt hat«, ergänzte Juliana.

Am Südende des Toten Meeres bogen wir nach Al Karak ab, einem Ort unterhalb einer riesigen Kreuzritterburg gleichen Namens. Von hier aus folgten wir dem Desert Highway nach Süden.

Abends notierte ich im Tagebuch:

Verwirrende Bilder: In Deutschland ausgemusterte Lkw fahren trotz jordanischer Nummernschilder mit deutschen Firmenaufdrucken: Max Wild – Profis ohne Grenzen.

Das Land ist flach. Dennoch wird unser Auto merklich langsamer. Mein GPS verrät den Grund: Wir sind jetzt auf 1600 Metern.

Bei Wadi-Musa biegen wir zum antiken Petra ab. Wadi-Musa ist eine Kleinstadt mit Dutzenden reizvoller rotbrauner Hotels in schönster Lage an schroffen Berghängen. Besucher kommen aus allen Ecken der Welt, um hier eins der großen Wunder der Menschheit zu erleben: Petra, die geheimnisvolle Felsenstadt der Nabatäer.

Mit einem siebeneinhalb Meter langen Lkw in einem zugeparkten Touristenort eine Parklücke zu finden, ist eine Herausforderung. Ich stoppe, atme tief durch und schließe einen Moment lang die Augen. Da höre ich durchs halb offene Fenster eine Stimme mit bayerischem Akzent: »Kommt's runter zum Parkplatz, da steht auch unser Lkw …«

Die Sandbleche an dem gelb-weißen Wüstentruck verrieten, wohin die Reise gehen sollte. Ich sah den Lkw allerdings nur dann, wenn die gefährlich engen Kehren der Passstraße einen kurzen Blick in die Rückspiegel zuließen! Im Führerhaus saßen eine Frau und ein Mann. »Sieht so aus, als wären sie auch auf dem Weg nach Süden«, meinte Juliana.

Mit 18 Prozent Steigung ist der Wurzenpass zwischen Österreich und Slowenien für einen Lkw eine harte Nuss, die man nur im zweiten oder ersten Gang knackt. Entsprechend gemächlich näherten wir uns der Passhöhe. Unter der Haube des 1117er Mercedes hinter uns steckten deutlich mehr Pferdestärken als bei uns, also zog ich zur Seite und ließ ihn passieren. Der Fahrer hupte, Thunders Drucklufthorn dröhnte.

Das war vor einem Monat gewesen. In Petra sahen wir den Wüstentruck und seine Insassen wieder.

Renate und Otto stammen aus dem Berchtesgadener Land. In der Türkei hatten sie zwei Freunde aus dem Großraum München getroffen und gemeinsam Syrien durchquert.

»So schnell das wegen der instabilen Lage überhaupt möglich war – das heißt, in nur drei Tagen!«

Ihr Ziel war der Oman. Eine Hürde mussten sie auf dem Weg dorthin allerdings noch nehmen: Saudi-Arabien, wo Visagesuche von Individualreisenden mit eigenem Fahrzeug grundsätzlich abgeschmettert werden. »Wir hatten allerdings Glück und erhielten ein Dreitagetransitvisum.«

Es war kurz vor 18 Uhr, aber bereits dunkel. Ein kalter Wind hatte

Monumentale Schönheit: Khazne Firaun, das »Schatzhaus des Pharao«, in Petra, Jordanien

uns in den Windschatten unserer Fahrzeuge vertrieben, als sich ein jordanischer Vater mit seinem fünfzehnjährigen Sohn näherte, stehen blieb und feststellte: »Oh! *From Germany!*« Einen Moment später wussten wir, dass der Sohn ein begeisterter Bayern-München-Fan war, der sich das morgige Spiel »seiner Bayern« im Fernsehen ansehen wollte.

In meinem Tagebuch finden sich nicht nur freundliche Anmerkungen über den Eintrittspreis für Petra: *65 Euro pro Person für ein Zweitageticket. Und das im Vergleich zu einem durchschnittlichen jordanischen Monatseinkommen von umgerechnet 350 Euro …*
Doch, ganz ehrlich, Petra ist jeden einzelnen Euro wert!
Als wir morgens unseren Geldbeutel am Tor öffnen, sind die meisten Kutschwagenfahrer, Kamelführer und Eseltreiber noch

dabei, sich für den Besucherandrang des Tages zu rüsten. Die alten Griechen nannten die Stadt »Der Fels«, denn Felsen gibt es reichlich hier – der Name Petra überdauerte.

Wer von Wadi-Musa kommt, ist nicht auf das vorbereitet, was ihn am Ende eines steinernen Nadelöhrs erwartet. Aber genau das hatten die Erbauer Petras, die Nabatäer, eingeplant, man möchte sagen, inszeniert.

Diese räuberischen Nomaden aus Saudi-Arabien waren durch Mut, geschicktes Taktieren und ausgeprägten Geschäftssinn binnen weniger Jahrhunderte zu Macht und Wohlstand gekommen und hier am Knotenpunkt der Weihrauchstraße sesshaft geworden.

Dabei hatten sie die Gunst der Stunde genutzt, denn Weihrauch wog man damals fast mit Gold auf. Und so entwickelte sich Petra rasch zu einem Zentrum des Weihrauchhandels zwischen dem Oman, Jemen, Damaskus, Palästina, Ägypten und später auch dem Römischen Reich.

Der Hollywood-Held Indiana Jones war sprachlos, als er ans Ende des Siq, dieser 1200 Meter langen, aber nur wenige Meter breiten Felsschlucht, gelangte und dort das 40 Meter hohe »Schatzhaus des Pharao« erblickte.

Das war 1989; Regisseur Steven Spielberg drehte hier mit Harrison Ford und Sean Connery einige Szenen für *Indiana Jones und der letzte Kreuzzug*. Natürlich weckten auch diese Bilder das weltweite Interesse an Petra.

Unser Auftritt dort war weniger beachtet, doch immerhin traten zwei »Nabatäer« mit eisernen Helmen und erhobenen Schwertern zur Seite und gewährten uns Einlass in den Siq. Ich schoss schnell ein paar Fotos, während Juliana der Bitte des jordanischen Tourismusministeriums nachkam und als Gegenwert für das fotogene Stillhalten der »Nabatäer« eine Handvoll Münzen in die Spendenbox poltern ließ.

Das Hämmern Tausender Steinmetze lag jahrhundertelang wie feiner Glockenklang über Petra. Zunächst hämmerten sie für die Gegenwart, dann für die Ewigkeit: Von den zumeist tempelartig anmutenden Grabanlagen sind erst wenige erforscht.

So wie Indiana Jones staunten auch wir am »Schatzhaus des Pharao«. Eine hübsche, wenn auch falsche Bezeichnung für das aus schierem roten Fels herausgemeißelte Grab mit Namen Khazne Al Firaun. Auf den ersten Blick erscheint Petra als Stadt der Toten. Aber dem ist nicht so, denn hier war das Leben mit dem Tode verknüpft. Die Nabatäer lebten neben ihren Verstorbenen und schufen dabei ein modernes Gemeinwesen mit weitverzweigtem Wasserversorgungssystem, das seiner Zeit weit voraus war.

Es lebte und starb sich also gut im Zentrum der Weihrauchstraße – später auch unter der Herrschaft Roms, das Petra seinem Reich einverleibte. Die Stadt hatte zu diesem Zeitpunkt 35 000 Einwohner. So viele wie Köln, die größte deutsche Stadt des Mittelalters, erst tausend Jahre später haben sollte ...! Doch nach einem Erdbeben im vierten nachchristlichen Jahrhundert vergaß die Welt Petra.

Wir setzten uns auf einen Stein und ließen die Bilder an uns vorbeiziehen. Hinter dem Leittier eines Kamelführers trotteten vier andere Kamele. »Salam!«, grüßte er. Dankend winkten wir ab, als zwei Burschen mit dem Ruf »Ferrari« ihre Kamele zum Reiten anboten. »Taxi! Taxi!«, schrien Halbwüchsige und meinten ihre Esel. In 2000 Jahre alten Felsnischen standen hellgraue Langohren in stoischer Gleichmut, die zeigte, dass die Grautiere es schon vor langer Zeit aufgegeben hatten, sich dem Menschen zu widersetzen. Nirgendwo auf der ganzen Welt sah ich Tiere, die so rücksichtslos überladen, hin und her gezerrt, mit Stockhieben und Tritten traktiert wurden wie die Esel der arabischen Welt.

Ein Kamelführer hatte sich eine dicke Decke um den Körper und ein rotes Tuch um den Kopf gewickelt. Es war kalt. Der malerische

Ein Bild wie vor 2000 Jahren, als Petra zu den größten Städten der Welt zählte

Angehörige der Beduinenpolizei trug neben dekorativem Patronengurt und traditionellem Silberdolch sogar Strickhandschuhe. Für
ein Weltkulturerbe dieses Kalibers war an diesem Morgen wenig los.

An dem antiken Theater verließen wir die Hauptschlucht und
stiegen auf groben Treppenstufen zum großen Opferplatz empor.
Es war uns nicht wichtig zu wissen, wer wann hier wen oder was geopfert hatte oder wer zu welcher Zeit wo bestattet worden war. Dafür
ist vieles noch zu unerforscht und reine Spekulation. Wir ließen
Petra als antikes Gesamtkunstwerk auf uns wirken.

Acht Stunden Wanderung durch Petra hatten unsere Bewegungen
langsamer werden lassen. Am späten Nachmittag stiegen wir die
achthundert Stufen zum »Kloster« Ed Deir auf, das ursprünglich
ein Heiligtum der Nabatäer war.

Wieder einmal verzauberte uns Petra, denn Ed Deir lag im schönsten Licht vor uns. Das in der Abendsonne reliefartig hervorgehobene tempelartige Portal hat die imposanten Dimensionen eines Palastes.

Die einzigen Fremden außer uns waren sechs Australier, die darüber diskutierten, ob sie sich in der Imbissbude einen *turkish coffee* aufbrühen lassen sollten. Wir genehmigten uns einen eiskalten Softdrink, denn beim Aufstieg war uns heiß geworden.

Auf dem Rückweg über die achthundert Stufen sahen wir eine junge jordanische Familie, die in einer Felsenhöhle ein kleines Feuer entzündete. Offenbar lebten die Eltern mit dem kleinen Kind in dieser alten Grabkammer. In einer größeren Totengruft parkte ein Toyota Land Cruiser. Zwei Jordanier galoppierten auf Kamelen an uns vorbei. Touristen sahen wir nicht mehr. In den Tee- und Kaffeestuben waren die Einheimischen jetzt unter sich.

Erneut folgten wir dem Siq, doch am oberen Ende der Schlucht war jetzt nichts mehr los. Auch die beiden »Nabatäer« mit ihren eisernen Helmen, den langen Schwertern und der Spendenbox des Tourismusministeriums hatten Feierabend gemacht. Morgen früh um halb acht aber würde die »Stadt der Toten« wieder zum Leben erwachen.

Die Mitarbeiterin des *Mövenpick Resort Petra* gestattete uns den Internetzugang und bewies Engelsgeduld, bis die Verbindung endlich einigermaßen stabil stand.

Natürlich ist das Internet ein wunderbares Medium für Weltreisende. Wenn es keine technischen Probleme gibt, hat man rasch Zugriff auf Informationen und kann mit Familie und Freunden kommunizieren. Per Mail verabredeten wir uns mit Birgit und Walter, unseren Bekannten vom Schiff und »Leidensgenossen« bei der Zollprozedur im Hafen von Ashdod. Wir wollten uns in Akaba treffen, um von dort aus gemeinsam per Schiff über den Golf von Akaba nach Nuweiba auf der Sinaihalbinsel zu kommen.

Artgenossen unter sich: Zwei Rundschnauzer Seite an Seite
auf dem jordanischen Desert Highway.

Es ging auf Mitternacht zu, als wir zu Thunder zurückgingen. Manche Abende am Computer wühlen auf: Die Internetverbindung war dreimal abgestürzt. Die Skypeverbindung brach in dem Moment ab, als wir endlich unser Gegenüber auf dem Bildschirm sahen.

Jeder weiß es: Mit dem Internet, dem Computer und der Abhängigkeit von beiden ist das so eine Sache ...

Unsere Freunde Linda und Ludwig hatten sich am Südzipfel Argentiniens mit Bekannten für den Jahreswechsel verabredet.

»Heiligabend in Ushuaia zu sein, ist unter Globetrottern Kult«, sagte Ludwig. »Traveller mit Lkw, Geländewagen, Wohnmobil, auch solche auf Motorrädern oder Fahrrädern, versammeln sich dann in der ›südlichsten Stadt der Welt‹, um gemeinsam ins neue Jahr reinzufeiern. Und was macht unser Freund? Er ist nicht ansprechbar, sitzt tagelang nur am Rechner, um die Websites für seine Kumpel daheim zu füllen.«

Von Petra rollten wir südwärts.

Auf dem Desert Highway stoppte uns ein Polizist: »Woher?«, wollte er wissen, und: »Wohin?«

Schon plauderten wir miteinander. Er interessierte sich hauptsächlich für Thunder. Am Ende hatte er vergessen, warum er uns angehalten hatte. »Gute Fahrt!«, wünschte er, und wir brausten weiter gen Süden.

Ich hatte meinen Tempomat auf 80 Stundenkilometer gesetzt und stutzte, als ein schwer beladener Mercedes-Lkw uns überholte. Auf unserer Höhe verlangsamte er. Ich sah zu dem Truck rüber: so wie Thunder ein »Rundschnauzer«, allerdings bulliger und stärker.

»Ein 1928er«, rief ich Juliana zu. Der Fahrer hatte jetzt die Seitenscheibe seines Fahrzeugs runtergekurbelt und fotografierte uns mit seinem Handy.

Er winkte, ich winkte zurück. Er überholte uns, wurde langsamer, ließ mich überholen, fotografierte erneut und überholte uns erneut. Das Ganze wiederholte sich dreimal. Dann tutete sein Truckhorn, und er bog zu einer Tankstelle ab.

Ganz offensichtlich sprach Thunder die Menschen an. »Kurzhauber« wie er sind in Jordanien überall als Baustellenkipper, Tanklaster oder Sattelschlepper im Einsatz. Als Expeditionsfahrzeug aber ist er ein Unikat.

Östlich von uns machten wir über der Wüste kegelförmige Bergspitzen aus. »Das wird das Wadi-Rum sein«, sagte Juliana.

1926 hatte T. E. Lawrence seinen autobiografischen Bericht über den arabischen Aufstand gegen das Osmanische Reich in Anlehnung an die Sprüche Salomos unter dem Titel *Die sieben Säulen der Weisheit* veröffentlicht. Einer der Schauplätze seines Buches war hier.

Es lag wohl nahe, einen markanten Berg im Wadi-Rum, dessen Seite von mehreren Felssäulen gestützt zu sein scheint, nach T. E. Lawrence' Buchtitel zu benennen.

Ich hatte das Buch verschlungen und mich vom Filmklassiker *Lawrence von Arabien* begeistern lassen. Mich fesselte die Geschichte dieses Mannes, der vielleicht den Rest seines Lebens Archäologe geblieben wäre, wenn nicht der Erste Weltkrieg den Blick der Weltmächte auf den Nahen Osten gelenkt hätte. Lawrence' Wissen, seine Arabischkenntnisse und seine hervorragende Ortskenntnis brachten ihn zunächst in den Generalstab des britischen Kriegsministeriums und bald schon zurück in den Nahen Osten, wo er den Aufstand der nicht geeinten Araber gegen die Türken erfolgreich anführte. Mit Lawrence' Einzug an der Spitze der Beduinenarmee in Damaskus war der arabische Aufstand zu Ende. Doch da Lawrence die spätere Aufteilung der arabischen Welt in britische und französische Einflusszonen als Verrat der Sache der Araber empfand, zog er sich vollständig in die Anonymität zurück und diente unerkannt als einfacher Soldat unter dem Namen T. E. Shaw.

1935 starb »Lawrence von Arabien« im Alter von nur 46 Jahren bei einem Motorradunfall.

Wir parkten vor dem neuen Visitor Center, ließen uns registrieren, zahlten Eintritt und bekamen eine einfache Landkarte ausgehändigt. Kurz hinter einer kleinen Ansiedlung endete der Asphalt. Wir waren im Wadi-Rum.

Mit nur 700 Quadratkilometern erscheint diese Wüste dem Saharafahrer klein. In diesem Quasinationalpark gibt es neben Verhaltenstipps auch eine Anzahl Camps von Tourunternehmen. Das wussten wir – und freuten uns dennoch auf die Wüste. Wir fuhren tiefer hinein. Die Fahrspur verzweigte sich wie ein Spinnennetz, wir folgten einer x-beliebigen. Die tief stehende Sonne gab dem schroffen Fels Struktur, und im gleichen Rhythmus, in dem wir uns fortbewegten, veränderten die Berge ihr Gesicht. Ich schaltete Allrad zu, stieg aus und aktivierte die Freilaufnaben an der Vorderachse. Wir waren für die Sandwüste gut gerüstet.

Kein Laut war zu vernehmen, kein Lufthauch ging, ein paar vertrocknete Gräser warfen lange dürre Schatten. Die Welt hatte für uns eine Atempause eingelegt, es herrschte völlige Stille. Ich parkte Thunder am Fuß einer stark erodierten Felswand, an der Wind, Regen und Sandstürme über Jahrmillionen die weicheren von den härteren Gesteinsschichten separiert hatten. Der Fels wirkte wie von tausend kleinen Höhlen durchzogen. Er leuchtete in sattem Rot, während der Himmel altrosa schimmerte. Aber nur noch einen Moment lang, denn die Sonne verkroch sich hinter einer Kuppe im Westen. Schon zog die Nacht auf.

Wir notierten an diesem Abend: 20:45 Uhr – *gerade klettert der Vollmond über die Felsen und taucht das Wadi-Rum in geheimnisvoll weißes Licht.*

Ich liebe die Stille der Wüste, ihre oft bizarre Schönheit, ihre Monumentalität und Weite, die den Blick ungehindert zum Horizont schweifen lässt. Ganz gleich, ob Stein- oder Salzwüste. Am liebsten sind mir die rotgoldenen Sandwüsten; ihre vom Wind modellierten Dünen sind Ästhetik pur.

Ich mag ihre im Jahreslauf wechselnden Gesichter: Was in der Backofenglut des Hochsommers tot, unzugänglich, abweisend und lebensbedrohlich erscheint, kann sich nach ein paar Regentropfen in einen Blütenteppich verwandeln.

Für den einen ist die Wüste nutzloses Ödland, dem anderen ist sie ein Ort der Stille und meditativen Einkehr. Propheten der Bibel zog es in die Wüste, um sich oder ihren Gott zu finden. Für mich ist ein Sonnenaufgang in der Wüste ein schöpferischer Moment.

Ich habe großen Respekt vor der Wüste, die mir zweimal zeigte, wie schnell meine Grenzen bei über 40 Grad im Schatten überschritten waren: im namibischen Fish River Canyon, ein andermal auf dem Weg zum Antelope Canyon in Arizona. Beide *hikes* waren nur Tageswanderungen gewesen – aber zur falschen Jahres- und Tageszeit. Grenzerfahrungen, die mir das andere Extrem, die Kälte, nie abverlangte.

Begriffe wie »Wüste« und »Leben« schließen sich nicht aus: Ich weiß, dass die im Wadi-Rum nach übermäßiger Bejagung ausgerotteten Oryxantilopen durch spezielle Auswilderungsprogramme wieder eingeführt wurden und dass hier Gänsegeier, Fahlkauz, Adlerbussard und weitere 120 Vogelarten zu Hause sind.

Ich setzte mich neben unser Fahrzeug und ließ mir die Morgensonne auf die Vliesjacke scheinen. Der Winter ist für einen Besuch in der Wüste die beste Jahreszeit. Das sagten sich auch die sechs munteren Steinlerchen, die nur wenige Meter von mir entfernt ein Sandbad nahmen.

Wir saßen, schwiegen, schauten. Da kam ein Einödgimpel, schon von Weitem an seinem rosaroten Kopf erkennbar, und pickte unter einem abgestorben wirkenden Strauch nach trockenen Samenkörnern. Die größte Überraschung aber war, als hinter einem Berg zwei

Versandet im Wadi-Rum: Wo die Pferdestärken enden,
geht es mit Muskelkraft weiter.

Expeditionsfahrzeuge auftauchten und geradewegs auf uns zuka-
men: Renate, Otto und ihre Freunde. Großes Hallo. Schon seit gestern waren sie hier und wollten noch ein paar Tage bleiben, um dann
in Richtung Saudi-Arabien und Oman weiterzufahren.

Die Frauen plauderten über Reisepläne, wir Männer über Reifen,
Luftdruck und Tankkapazitäten. 600 Liter Diesel konnte Otto mit-
führen, plus 400 Liter Wasser waren das 1000 Kilo Gewicht! Otto
und sein Freund Wolfgang hatten den Luftdruck bereits drastisch
reduziert, deutlich war die Wölbung an den weichen Reifenflanken
zu erkennen. »Damit kommen wir im weichen Sand besser durch«,
meinte Otto.

Ich hatte den normalen Luftdruck für Asphaltstraßen beibehalten:
»Will versuchen, so durchs Wadi-Rum zu kommen …«, sagte ich.
Der Zahn wurde mir am Nachmittag gezogen …

Ich geriet in weichen Sand, spürte, dass ich genau an dieser Stelle noch 50 Pferdestärken mehr gebraucht hätte, und sagte: »Das war's wohl ...!« Die Hinterräder hatten sich eingegraben.

Unmöglich zu sagen, wie viele Male wir schon Sandbleche unter die Reifen gelegt, geschaufelt und geschoben haben, allerdings nie zuvor bei Thunder. Heute reist jeder Wüstenfahrer mit Aluminium-Sandblechen. Das war mal anders ...

Unsere ersten waren aus Stahlblech, ehemalige Luftlandebleche aus dem Zweiten Weltkrieg, unverwüstlich, aber schwer.

Jeder gut bestückte Outdoorladen verkauft heute Alubleche. In Internetforen fachsimpeln Experten über deren unterschiedliche Qualitäten und Einsatzmöglichkeiten. Vor dieser Reise hatten wir das Glück, bei einem Globetrottertreffen vier originale Aluminium-Luftlandebleche der ehemaligen deutschen Wehrmacht erstehen zu können. Siebzig Jahre alte Schätze, von der Legierung her bis heute das Beste und Stabilste, was zu kriegen ist – allerdings auch sehr teuer!

Aber an die dachte ich erst mal nicht. Wir begannen zu schaufeln ...

Tausend Bilder gehen mir dabei durch den Kopf. So lebendig, als wär's gestern gewesen. Ich sehe, wie ich vor vielen Jahren in Mauretanien mit unserem VW-Bus auf dem Damm der Erzbahn von Zouérat nach Nouadhibou von Schwelle zu Schwelle hopse.

»Vergiss es! Mit eurem Bulli kommt ihr niemals durch die Wüste«, hatten die Einheimischen geunkt. In meinen alten Reisenotizen finde ich das Wort *Schreckenspiste*. Zwei Landsleute hatten hier für lächerliche 30 Kilometer einen ganzen Tag benötigt.

»Nicht wir!« Ich hatte neben dem Bahndamm gestoppt und ein Ohr auf die Schienen gelegt: »Kein Zug! Wir wagen es.«

So behutsam wie möglich hatte ich unseren Bulli auf den Bahndamm gelenkt, immer den Blick auf die von schweren Erzwaggons abgehobelten Eisenspäne gerichtet. Eine kleine Unachtsamkeit, und die Reifen wären erledigt ...

In einer Sandverwehung fuhr ich mich fest. Ich versuchte mit Vollgas durchzukommen, doch der Bulli wühlte sich nur noch tiefer. Nervöses Kupplungsspiel, der Motor schrie auf, starb ab. Schweißausbruch: Wenn jetzt der Zug kommt ... Gut hundert beladene Waggons, von fünf großen Lokomotiven gezogen ...

Wir reduzierten den Reifendruck noch mehr. Juliana schob, ich trat aufs Gaspedal, und plötzlich waren wir frei.

Unser Tagebucheintrag liest sich so: *Nervös pumpen wir Luft auf die Reifen. Merken dabei kaum, wie wir uns in der Sonnenglut körperlich völlig verausgaben. Unsere Aufmerksamkeit gilt einem grauen Punkt dort, wo die Schienen am Horizont im Nichts verschwimmen. Herzklopfen, als ich durchs Fernglas sehe: »Der Zug kommt ...!«*

In wenigen Minuten würde er uns erreicht haben, aber der steile Bahndamm machte ein Runterkommen unmöglich. Also weiter! Dabei fuhr ich mich erneut fest. Noch mal Luft ablassen: »0,7 Bar!«, rief Juliana. »Okay! Schieben!«, brüllte ich zurück. Die Hinterreifen waren jetzt doppelt so breit wie zuvor und buddelten sich trotzdem ein. Der Punkt am Horizont wurde immer größer. Angst saß uns im Nacken.

»Schieben!«, brüllte ich und sprang ins Auto, um zu starten. Nichts – nur ein »Klick« des Anlassers. Verflixt, der Motor gab keinen Laut von sich! Ich robbte unter den Bulli, schloss den Anlasser kurz, hörte erleichtert das Blubbern des kleinen Vierzylinders.

Welche Geschichte ich wohl zu erzählen hätte, wenn der Motor nicht angesprungen wäre ...?

Mit schwammig-breiten Reifen schlingerte ich an den Killer-Eisenspänen vorbei, lenkte unseren Bulli brutal über die Schienen und kriegte ihn, ohne mit ihm umzukippen, heil in die Wüste.

Dann rumpelten 156 mit Erz beladene Waggons vorbei.

Es war Freitag, der Dreizehnte ...

36 Jahre später im Wadi-Rum: »Generalprobe bestanden!«, stellt Juliana fest, als sie die Sandbleche zurück an Thunders Außenwand hängt. Es hat keine 20 Minuten gedauert, den Wagen freizuschaufeln.

»Wir haben's nicht verlernt!«, grinse ich.

Die bizarren Stümpfe erodierter Mondberge bildeten den Hintergrund, vor dem ich am Campingtisch Tagebuch schrieb. Neben mir
knisterte ein kleines Feuer. Um 9:15 Uhr waren wir am Vortag aufgebrochen. Nie hätte ich mir träumen lassen, dass 24 Stunden später bereits die Schiffsfahrt über den Golf von Akaba und sämtliche
Grenzformalitäten hinter uns liegen würden.

Doch der Reihe nach ...

Nahe der kleinen Siedlung Wadi-Rum verließen wir die Wüste. Ich
stoppte, um ein Foto von einem am Straßenrand abgewrackten klas-
sischen Land Cruiser J45 zu machen, als sich gegenüber eine Pforte
öffnete und ein Mann in weißer Galabija grüßend auf mich zukam.

»Der 911er dort gehört mir.« Er zeigt auf einen Rundschnauzer.
»Früher war er als Milchtransporter in Deutschland unterwegs. Jetzt
liefere ich damit Wasser an die Beduinen.«

Wir folgen Hassan in den Innenhof seines Hauses. Seine Frau serviert uns süßen, aromatischen Tee, während die beiden Söhne, acht
und zehn, neben uns auf dem großen Kissen sitzen.

Hassan deutet in Richtung Wadi-Rum. »Ein gutes Land. Und die
Menschen der Wüste sind grundehrlich. Wenn ein Fremder hier
irgendwo etwas vergisst, wird man es ihm hinterhertragen.« Er wiegt
den Kopf: »Das Leben ist hier besser als in Großstädten wie Amman
oder Kairo ...«

Bei Akaba erreichen wir die nordöstlichste Bucht des Roten Mee-
res, den Golf von Akaba. Hier stoßen auf kleinstem Raum Ägypten,
Israel, Jordanien und Saudi-Arabien aneinander. Diese geografischen
Gegebenheiten, die brisante politische Lage und widersprüchlichen

Reiseinformationen hatten bei uns den Entschluss gefestigt, ein Schiff von Akaba übers Rote Meer nach Nuweiba auf der Sinaihalbinsel zu nehmen. Ebenso bei Birgit und Walter. Wir wollten uns mit ihnen an einem Strand südlich der Stadt treffen.

Man mag einen knapp 30 Kilometer langen Küstenstreifen für unbedeutend halten, doch für den Wüstenstaat Jordanien symbolisiert er das »Tor zur Welt«. Und Akaba ist der Schlüssel dazu: eine modern wirkende Hafenstadt mit neuen Hotelkomplexen.

Die Vororte waren großflächig angelegt, hatten breite Straßen. Und irgendwo dazwischen leuchtete das goldene M von McDonald's, ein ungewöhnliches Bild in dieser Region. In Akaba schien mehr Geld zu sein als anderswo; alles war eine Nummer größer als im übrigen Jordanien, auch die riesige Flagge der Arabischen Revolution auf ihrem 138 Meter hohen Mast.

Obwohl der Himmel fast wolkenlos blau war, schreckte das Rote Meer an diesem Dezembertag auch hartgesottene Badegäste ab. Über die menschenleeren Strände pfiff ein kühler Wind.

Wir fanden zwar das von Birgit und Walter genannte Hotel, konnten aber weder sie noch ihren Land Rover entdecken. Ob sie uns eine Mail geschickt hatten? Während ich in der Hotellounge auf eine Internetverbindung wartete, dröhnten mich riesige Lautsprecher mit Rapmusik zu.

Da erschien ein junger Hotelangestellter und meldete: »*Your friends are waiting outside.*«

Walter und Birgit hatten bereits die Fährpassage um Mitternacht gebucht. »Wir haben's nicht länger ausgehalten – es war zu kalt!« Nachts schlafen die beiden im Dachzelt auf ihrem Land Rover, behelfsmäßig können sie sich auch im Auto aufs Ohr legen. Doch das Campingleben spielt sich nun mal bei Wind und Wetter draußen ab. Ich mag diese Art des Reisens, weiß aber, dass bei Regen, Kälte,

Ein stiller Morgen im Wadi-Rum: Um solche Augenblicke zu erleben, reisen wir um die Welt.

Sturm oder der Suche nach einer dringend benötigten Toilette die Begeisterung für kleine Campingfahrzeuge rasch verfliegt. Die beiden hatten jetzt ein Ziel: »Ab in die Wärme!«

Abends sitzen wir zu viert in Thunder beim Abendessen. Den Lärm und Trubel Akabas hatten wir in unseren Köpfen kurzzeitig ausgeklammert. Man braucht solche »Rückzugsgebiete«, um abzuschalten und die »inneren Batterien« wieder aufzuladen; das ist einer der Vorzüge eines stark schallgedämmten, geräumigen und wohnlich ausgebauten Lkw.

Doch mit einem so großen Fahrzeug zu reisen, hat nicht nur Vorteile. Die Probleme beginnen bei der Suche nach einer großen Parklücke und setzen sich fort bei Brücken, die entweder zu niedrig oder für Fahrzeuge über 3,5 Tonnen gesperrt sind. Pässe, die ich im Land

Rover mit 70 Stundenkilometern nehmen würde, muss ich mit 30 Stundenkilometern hinaufkriechen. Und bei Schiffspassagen zahlt man mächtig drauf.

Da ich zuvor hauptsächlich mit VW-Bullis, Pick-up-Trucks oder Motorrädern um die Welt gereist bin, muss ich mich an einen fahrbaren Untersatz von siebeneinhalb Metern Länge erst gewöhnen. Doch wenn, wie hier in Akaba, Juliana uns drinnen mit Salat, Käse und Spiegeleiern beglückt, sind wir froh, unser rollendes »Schneckenhaus« zu haben.

Ab 20:30 Uhr ist das Büro der Schifffahrtslinie geöffnet, pünktlich sind wir dort. Auf dem Schiff sei noch Platz, versichert uns der Mann am Tresen.

»Was für ein Fahrzeug?«

»Allrad-Lkw«, antworte ich.

»225 US-Dollar für den Truck«, sagt er und schiebt mir das Ticket zu. 130 Dollar berappe ich für zwei Personen; zusammen also 355 US-Dollar.

Viele Läden in der Innenstadt von Akaba haben trotz später Stunde noch geöffnet. Wir staunen über das reichhaltige Angebot an Elektroartikeln, aber auch Alkoholika. Ungewöhnlich für ein muslimisches Land!

»Akaba ist seit einigen Jahren Sonderwirtschaftszone«, weiß Walter.« Hier kriegst du fast alles – und zudem steuerfrei.«

Wir bunkern ein paar Vorräte und fahren zum Hafen, wo uns ein Mitarbeiter der Fährgesellschaft zur Erledigung der Formalitäten zur Seite gestellt wird.

So weit, so gut …

23 Uhr: Alle Dokumente sind gestempelt, wir fahren zum Schiff. Da sehe ich, wie zwei Hafenbedienstete mit den Armen fuchteln. Es geht um uns!

Die Schiffspassage für Thunder koste nicht 225, sondern 390 Dollar, sagt der eine. Die folgende hitzige Diskussion endet zunächst damit, dass uns zwei Bedienstete zum Hafenbüro begleiten. Dort ist um diese Zeit zwar kein Mensch, aber auf einem Bildschirm zeigt man uns den Betrag von 490 US-Dollar. Der kann natürlich alles Mögliche bedeuten ... die Erläuterungen sind nur auf Arabisch.

»Was geht hier ab? Erst 225, dann 390 und jetzt 490 Dollar!«, wettere ich. »Von Mitarbeiter zu Mitarbeiter wird's teurer.«

Bereits in einer Stunde soll das Schiff ablegen. Mein Blutdruck steigt. »390 Dollar und kein Cent mehr! Gegen Quittung natürlich!«, pokere ich. Das ist zwar immer noch weit mehr als anfangs gefordert und für einen so kurzen Trip unverschämt teuer, aber ich will hier nicht die Nacht verbringen.

Die beiden beratschlagen, holen sich telefonisch Rückendeckung und willigen ein. Ich blättere den Restbetrag von 165 Dollar auf den Tisch.

In der voll besetzten Schiffslounge riecht es, als hätten alle sich nach tagelangem Fußmarsch gleichzeitig die Socken ausgezogen. Vielleicht ist deswegen die Klimaanlage voll aufgedreht. Mir ist kalt!

Die Seifenoper auf dem Flachbildschirm in der Mitte des Schlafsaals ist noch flacher als der Monitor. Die in Zweiminutenintervallen eingeblendete Werbung zeigt westlich gekleidete Araberinnen in mitteleuropäisch eingerichteten Wohnungen, wo sie sich verzückt mit Parfums und Shampoos einreiben.

»Das hat doch nichts mit der Realität von 98 Prozent aller Jordanierinnen zu tun«, sage ich. Froh darüber, dass diese Schiffsfahrt nur vier Stunden dauert, gehen wir an Deck. Links funkeln die Lichter Saudi-Arabiens, im Norden die von Israel und mir gegenüber die der Sinaihalbinsel.

»520 Dollar für vier Stunden Fahrt ...«, knurrt Juliana, als unser Schiff in Nuweiba anlegt. Andererseits sind wir froh, in dieser Krisenregion überhaupt einen Durchschlupf nach Süden gefunden zu haben.

Unter dem spärlich beleuchteten Dach der Zollbehörde zählte ich drei Jeeps mit schwedischen Nummernschildern. Fünf Gäste eines Stockholmer Tourunternehmens reisten in drei Fahrzeugen Richtung Südafrika. Daneben parkte ein BMW mit Berliner Kennzeichen; ein Ägypter hatte das Fahrzeug in Deutschland gekauft und wollte es hier einführen.

Der Sonnenaufgang ließ auf sich warten, und die Grenze war nach wie vor geschlossen. Also blieb Zeit, sich umzuschauen. Das Auffälligste hier war das rot-weiße Mercedes-Wohnmobil, ein alter 207 D. Solche Fahrzeuge hatte man früher tausendfach auf europäischen Straßen und Campingplätzen gesehen. Aber hier und heute an der Schwelle zu Afrika? Ich entdeckte weder Schaufeln noch Sandbleche. Der Camper war sehr niedrig, hatte weder Allrad, noch war er ein PS-Riese. Kurzum: ein Auto ohne all jene Accessoires, ohne die eine Reise ins Abenteuer heute gar nicht mehr möglich scheint.

Augenblicke später kamen wir mit den Fahrern Berni und Annette aus Bayern ins Gespräch. Sie war Friseurin und 23, er Zimmermann und drei Jahre älter. Über die Türkei und Syrien waren sie angereist, in rund vier Monaten wollten sie in Südafrika sein, wo sie ihren Mercedes-Camper zurücklassen und für ein paar Monate nach Hause fliegen würden, um »Geld für die Reisekasse zu verdienen. »Im nächsten Winter werden wir uns das südliche Afrika vornehmen ...«, lachte Berni vergnügt.

Na bitte, geht doch, ohne 50 000-Euro-Allradfahrzeug, frischweg nach dem Motto »Was kostet die Welt?« Großartig!

Als wir erstmals ins Abenteuer aufbrachen, waren wir so unbeschwert wie die anderen damals auch: überwiegend »Blumenkinder« oder zerzauste Hippies auf dem Weg nach Kabul, Goa oder Kathmandu. Viele waren unterwegs, weil die Joints dort billig waren, andere muckten gegen die »spießige Gesellschaft daheim« auf.

Das war nicht meine Triebfeder; ich wollte raus! Die Welt sehen! Wie mein Vorbild Heinz Helfgen, der mir mit seinem Buch *Ich radle um die Welt* diesen Floh ins Ohr gesetzt hatte. Die mobile Freiheit hatte damals einen Namen: VW-Bulli.

Und ich hatte einen Bulli! Mit ihm würden wir die Welt erkunden.

Ich war kein traumtänzerischer Phantast auf der Suche nach sich selbst oder einer inneren Erleuchtung. Juliana auch nicht. Wir waren neugierig auf die Welt, wollten anderen Kulturen begegnen. Und gegen ein handfestes Abenteuer hatten wir auch nichts einzuwenden.

Allerdings hatten wir beide solide Berufe: Sie war Kindergartenleiterin, ich Regierungsamtmann in der Landesverwaltung. In dieser Zeit gab es die Begriffe »Sabbatical« oder »Beurlaubung ohne Bezüge« noch nicht. Also ließen wir uns entlassen – mit allen Konsequenzen, Risiken und Nebenwirkungen. Eine Zäsur. Aber sie musste sein! Das Gute: Juliana war an meiner Seite.

Auch deswegen freute ich mich über die Bekanntschaft mit Berni und Annette. In ihrer ansteckenden Aufbruchstimmung fand ich mich und meine Träume wieder. Keiner von uns ahnte an diesem dunklen Morgen, dass wir uns bis zum Äquator immer wieder begegnen würden.

Wir trafen Globetrotter, die wegen der berüchtigten ägyptischen Grenzbürokratie einen weiten Bogen um dieses Land machten oder sich sogar samt Auto von Ostafrika nach Europa verschiffen ließen. Die Bürokratie im Land der Pyramiden ist ein solch harter Brocken, dass man sich ihr nur nach drei Bechern Entspannungstee ausliefern sollte. Oder man gibt sich abgeklärt und behauptet, nichts könne einen erschüttern ...

Nach der nächtlichen Erfahrung im Hafen von Akaba setzte ich auf die letztere Variante …

Es war für mich später schwer erkennbar, wer von den Grenzbeamten hier welche Funktion hatte. Auch zu rekonstruieren, warum wir zu dieser oder jener Tür gehen sollten, ist mir nicht möglich. Der überwiegende Teil der Mitarbeiter war in Zivil, und so fiel der Mann nicht auf, der uns gleich bei den ersten Erledigungen begleitete, für uns Unverständliches auf Englisch kommentierte, beim zweiten Schalter bereits den Wortführer machte, um im dritten Büro – jetzt schon mit meinen Unterlagen in der Hand – die Verhandlung zu führen. Zu diesem Zeitpunkt hatte ich längst begriffen, dass er unser »Grenzorganisierer« war. Wir hatten ihn weder bestellt noch über den Preis für seine Dienstleistung gesprochen. Dass wir ihn und seine Bemühungen akzeptierten, ersetzte den Handschlag.

Dass er von den Zöllnern ebenfalls akzeptiert wurde, war schon daran erkennbar, dass er sich innerhalb des abgesperrten Zollgebiets aufhalten durfte. Er war Teil des Systems hier.

Solche Spielregeln schaffen Fakten und gelten überall im Vorderen Orient und in Afrika. Manch ein Langzeitreisender widersetzt sich dem oder versucht es zumindest: der eine, um Geld zu sparen, der andere, weil er sich das Zepter nicht aus der Hand nehmen lassen will. Vielleicht auch, weil manche dieser Halboffiziellen von schwer zu ertragender Aufdringlichkeit sind.

Ich habe mir angewöhnt, ein wachsames Auge auf diese Burschen zu werfen. Immerhin trage ich in solchen Situationen alles Wichtige bei mir: Pässe, Kreditkarte, Geld und das Autodokument. Auch hier gibt es Trickbetrüger und Langfinger. Und dass man an Grenzen von fünf bis zehn solcher Männer gleichzeitig umlagert wird, die an Hemd und Armen zerren, ist auch keine Seltenheit.

Aber sobald ich einen von ihnen akzeptiere, verschwinden die anderen. »Unser Mann« übernimmt von nun an eine Art Beschützerrolle, und wir können uns auf die wichtigen Dinge der Grenzüberquerung konzentrieren.

Den Preis vorher festzulegen, ist sinnvoll. Manchmal kommt von unserem Beschützer der smarte Hinweis, ich solle doch zahlen, was mir sein Dienst wert sei – charmant, den Ball auf diese Weise zurückzuspielen. Aber immer haben wir uns irgendwie geeinigt, wenn auch gelegentlich nach einigem Feilschen, denn das ist Teil dieser Kultur.

Wer weiß, wie die Dinge gelaufen wären, wenn Ahmed, so hieß er, nicht die Initiative ergriffen hätte. Er verhandelte, gab Tipps, sagte, wo wir welche Gebühr zahlen müssten. Man möchte fast den Einfallsreichtum der ägyptischen Bürokratie bewundern: Sie hat sogar eine Gebühr für Allradfahrzeuge, die durch die Wüste fahren, erfunden ...

Wir zahlten.

Juliana führte Buch: »Wir haben umgerechnet 130 Euro pro Auto berappt.« Andere hatten von Schlimmerem erzählt, also traf uns diese Summe nicht unvorbereitet.

Ich montierte die beiden ägyptischen Kfz-Kennzeichen an unseren Truck. Die Nutzungsgebühr für die Schilder kostet allein schon 60 Euro. Außerdem ist Ägypten der Preistreiber bei der Kaution für das Carnet de Passages, das Autodokument, ohne das kein Fahrzeug in die meisten Länder Afrikas einreisen darf.

Wir hatten uns also schon lange mit der Kreativität des ägyptischen Verwaltungsapparats auseinandersetzen dürfen ... Und wir freuten uns irgendwie, als endlich die lange erwartete Frage nach dem Feuerlöscher kam. Denn egal ob das Auto eine rumpelnde Schrottlaube ist, keine Lampen mehr hat oder das Reifengewebe durch die Laufflächen grüßt – der Feuerlöscher ist in Ägypten Pflicht!

Danach waren wir angenehm überrascht, wie schnell wir die Grenze passiert hatten. Auch Ahmed schien zufrieden, als wir ihm ein Bündel Geldscheine in die Hand drückten. Was zeigt, dass wir sein Honorar recht hoch angesetzt hatten. Aber alle waren glücklich ... ein guter Auftakt für die Reise durch Ägypten.

Dort, wo heute Nuweiba liegt, war noch vor fünfzig Jahren Wüste, die vom blauen Meer durch einen weißen Strand getrennt wurde. Nach dem Sechstagekrieg entstand hier 1967 eine Art Kibbuz, aus dem sich nach dem israelischen Rückzug diese Hafenstadt mit dem wundervollen Strand entwickelte.

Mit Birgit, Walter, Berni und Annette fuhren wir auf einen nördlich gelegenen Campingplatz und ließen dort für einige Tage die Seele baumeln. Dann trennten sich unsere Wege. Die Zeit drängte – in gut vierzehn Tagen mussten wir im Sudan sein, sonst verfielen unsere Visa.

Der Suezkanal ist die Grenzlinie zwischen Vorderasien und Afrika. Mit Blick auf erdgeschichtliche Fakten könnte man die Grenze allerdings ebenso gut entlang des Großen Afrikanischen Grabenbruchs ziehen, des Great Rift Valley. Jener Furche, die den östlichen Zipfel Afrikas in einigen Millionen Jahren vom übrigen Kontinent abtrennen wird. Seit wir das Mittelmeer verlassen hatten, waren wir entlang dieser Erdspalte gerollt: zunächst am Jordan, dann am Toten Meer, später auf dem Golf von Akaba. Es war geplant, dem Großen Afrikanischen Grabenbruch bis über den Malawisee hinaus zu folgen.

Für Überlandreisende ist die Sinaihalbinsel ein heißes Pflaster.

»Meidet im Norden die Nähe zum israelischen Gazastreifen«, hatte man uns eingeschärft. Extremisten nutzen das Machtvakuum nach Mubaraks Sturz und führen bewaffnete Überfälle durch. Was zu heftigen Vergeltungsschlägen des israelischen wie auch des ägyptischen Militärs führt.

Auch die beliebten Tauchparadiese des Roten Meeres blieben in den letzten Jahren nicht verschont: Nach Anschlägen in Nuweiba, Scharm El Scheich und Dahab hatte es Tote gegeben. Und dazwischen bot sich die wüstenhafte Sinaihalbinsel als Rückzugsgebiet für die Terroristen an.

Die Warnungen des Auswärtigen Amtes, welche Gebiete zu meiden seien, nahmen wir durchaus ernst.

Beim Tanken kommt in Ägypten Freude auf: elf Euro für 80 Liter Diesel! Wir sind startklar ...!

Dass wir die Inlandroute zum Golf von Suez wählten, hatte mit meiner Lust auf Wüste und unserer Neugier auf den biblischen Berg Sinai zu tun: ein für Moslems, Juden und Christen gleichermaßen heiliger Ort.

Rotgelb war die Wüste, karg, steinig, ihre vegetationslosen Berge von bizarrer Schönheit. Über die gute Asphaltstraße hinaus streifte mein Blick eine Kuriosität am Wüstenrand: Auf einem 30 Meter hohen Felsen lag ein Uralt-Lkw, auf dessen offene Ladefläche ein Spaßvogel einen übergroßen Smiley gepinselt hatte. Ein Militärrelikt aus dem Sechstagekrieg?

Wir sitzen am Rand der Wüstenstraße und futtern Avocados mit Zwiebeln und Knoblauch auf frisch getoastetem Brot, als mich das Knattern eines Motorrades aufhorchen lässt. Ich sehe, wie die Maschine auf der Straße wendet und zu uns kommt.

»Hi!«, sagt die junge Frau, deren Gesicht unter dem Visier ihres Helms nur schwer erkennbar ist.

Danielle ist dreißig Jahre alt; gebürtige Neuseeländerin, die als Architektin zuletzt im australischen Brisbane gearbeitet hat. Seit vierzehn Monaten ist sie solo mit dem Motorrad unterwegs.

Als ihr Vater zwanzig war, hatte er Afrika mit dem Auto durchquert. »Dad hat mich inspiriert«, bekennt Danielle.

Um herauszufinden, ob sie für eine große Weltumrundung fit genug sei, hatte sie vor vier Jahren eine Testfahrt unternommen: »Zunächst mit dem Schiff nach Wladiwostok, dann durch Sibirien und die Mongolei nach Europa – alles allein auf dem Motorrad!«

Nach bestandenem Test legte sie sich diese 350er Suzuki zu.

Ein Schiff brachte sie zunächst vom nordaustralischen Darwin nach Südostasien: Malaysia, Thailand und Indien standen als Nächstes auf dem Programm. »Indien war für mich das Schlimmste«, sagt sie. Aber auch Pakistan war eine harte Nuss. »Granaten gingen in meiner Nähe hoch, und Schüsse krachten.« Dann kam der Iran.

»Dort vergaß ich beim Helmabnehmen, den Kopf mit dem Tuch zu bedecken. Sofort zog mir ein Sittenwächter eigenhändig das Kopftuch über!«

»Gab's auch mal Durchhänger?«, fragt Juliana.

»Ja, in Pakistan. Zu viele Schießereien und Einschränkungen für eine allein reisende Frau. Dazu kamen Probleme mit dem Motorrad.«

Doch unter dem Strich reist Danielle mit ihrer kleinen und sparsamen Suzuki ohne nennenswerte technische und menschliche Probleme um die Welt. »Einen Satz neuer Kolbenringe habe ich allerdings immer griffbereit!«

»Und wohin geht's als Nächstes?«

»Richtung Sudan und Äthiopien.«

»Aber jetzt komm erst mal rein, du wirst hungrig sein!«, sage ich.

Sie sitzt uns gegenüber: eine zierliche junge Frau von 1,65 Meter mit fein geschnittenem Gesicht und pechschwarzen, kinnlangen Haaren. Wir servieren ihr getoastete Brötchen aus Akaba, frisch zubereiteten Avocadosalat und freuen uns, ein wenig von der Gastfreundschaft zurückgeben zu können, die wir vielfach in Neuseeland selbst erfahren haben.

Seit 14 Monaten solo unterwegs: die weltreisende Neuseeländerin Danielle mit ihrer 350er Suzuki.

Wüsste man es nicht besser, hielte man das Katharinenkloster am Berg Sinai für eine Festung: hohe Mauern, wehrhafte Ecktürme und Aussparungen in der rotbraunen Wehrmauer, die an Schießscharten erinnern. Sankt Katharina ist eins der ältesten Klöster der Menschheit und wurde dank der von Kaisern, Kirchenfürsten, dem Propheten Mohammed und Napoleon ausgestellten Schutzbriefe nie geplündert oder gebrandschatzt – und das über einen Zeitraum von 1700 Jahren!

Hier brannte der Dornbusch, aus dem Gott zu Moses sprach. Und nach dreistündiger Wanderung durch karges Gestein steht man auf dem Gipfel, wo Moses die Zehn Gebote empfing.

Die Steinwüste oberhalb des Klosters leuchtete in allen Nuancen zwischen Hellrot und Dunkelbraun.

Schnell wurde es kalt. Die Verkäufer, die in den aus dem Fels gemeißelten Verkaufsständen Schals, Hemden, Ledergürtel, Postkarten und Softdrinks verkauften, hatten bereits dicke Jacken oder Decken übergezogen.

Ich parkte Thunder vor einem Schlagbaum, neben dem ein Dutzend Männer saßen und Tee tranken. Der Wortführer gestattete uns, die Nacht auf dem Parkplatz zu verbringen. Er riet, gegen zwei Uhr morgens aufzubrechen. Dann wären wir pünktlich zum Sonnenaufgang auf dem Gipfel des Berges Sinai.

Inzwischen bestürmen uns Burschen, den Aufstieg mit ihren Kamelen zu machen. Auf den letzten 750 Stufen des Pilgerwegs muss allerdings jeder seinen eigenen Füßen vertrauen … Zur Hauptreisezeit, wenn hier die Busse mit Pilgern aus aller Welt einlaufen, kann es schon mal eng auf dem Heiligen Berg werden.

»Wir steigen allein hoch, ohne Führer, und den Rummel umgehen wir auch«, raune ich Juliana zu.

»God bless you! God bless you!«, grüßten die muslimischen Souvenirverkäufer christliche Pilger aus Nigeria, die morgens um sechs auf Kamelen vom Fuße des Heiligen Berges zurückkamen. Es war kalt, nur vier Grad. Gerade ging die Sonne auf, und die wenigen Menschen hier warfen lange Schatten.

Zum Glück waren die Eseltreiber, Kamelführer und Souvenirverkäufer noch mit sich selbst beschäftigt. Und ohne genötigt zu werden, ihren vierbeinigen »Porsche« oder »Ferrari« zu besteigen, machten wir uns in aller Stille auf den Weg.

Wir hörten keinen Laut, nicht mal einen Windhauch. Nur ein paar Nigerianer, die morgens um zwei zum Berggipfel aufgebrochen waren, begegneten uns. Am Pfad dösten wiederkäuende Kamele. Neben ihnen lagen hölzerne Sättel mit bunten Sitzpolstern. In einer Hütte aus übereinandergetürmten Steinen wohnten die Hüter der

Tiere. Solche Hütten hatte schon Moses gesehen. Zeitlose Bilder, bis auf den herumliegenden Plastikmüll …

Da das Kloster am Sonntag geschlossen hatte, wanderten wir weiter. Noch mehr Nigerianer kamen uns entgegen und grüßten. Sie trugen dicke Mäntel, Pudelmützen und zum Schutz gegen die Kälte Gesichtsmasken. Unsere warmen Jacken steckten bereits im Daypack. Uns war heiß geworden …

Das makellose Blau des Himmels war von seltener Intensität, das zu dem Tiefrot der »verbrannten« Felsen in fast schmerzhaftem Kontrast stand.

Nach zweieinhalb Stunden erreichten wir die Spitze des Berges mit den vielen Namen: Berg Sinai, Berg Horeb oder Mosesberg; Dschebel Musa heißt er auf Arabisch.

Wir setzten uns auf einen Stein und blickten über das Meer rotbrauner Felsen. »*I felt the Spirit of God*«, hatte uns einer der Nigerianer mit leuchtenden Augen zugerufen. Als Gott diesen Ort für die Übergabe einiger der elementarsten ethischen Grundsätze der Menschheit wählte, bewies er ein sicheres Gespür für dramatische Inszenierung.

Wie mochte es wohl sein, wenn die Sonne hier über der Steinwüste aufging? Die täglich neue Schöpfungsstunde, in der die Welt nur darauf zu warten schien, ein grüner Garten Eden zu werden … Aber ich war froh, mich nicht in den frühmorgendlichen Gipfelsturm der Pilger einreihen zu müssen.

Während die kleine Kirche am Gipfel geschlossen war, stand die Tür der winzigen Moschee offen. »*Allahu akbar* – Gott ist groß«, stand auf dem Türrahmen. Koranverse hingen an den Wänden, ein Dutzend blauer, grüner, brauner und roter Gebetsteppiche bedeckte den Fußboden.

Wieder draußen, entdeckte ich halb unter Steinen einen Zettel. Wohl verloren, dachte ich, erkannte dann aber, dass da jemand auf

Englisch Zwiesprache mit seinem Gott gehalten und das Papier offenbar hier deponiert hatte. Dieser Dialog ging mich nichts an. Ich ließ das Blatt liegen und ging weiter.

Die Weiterfahrt durchs Herz der Sinaihalbinsel zum Golf von Suez begeisterte mich. Das galt auch für Orte, von denen ich nie zuvor gehört hatte, wie die Oase Al Fairan. Es heißt ja, in der Wüste seien mehr Menschen ertrunken als verdurstet. Ein Widerspruch, der nicht zur staubtrockenen Wüste zu passen scheint. Und doch können nach seltenen Regenfällen ausgetrocknete Wadis zu reißenden Flüssen werden. Die Fluten des Wadi-Fairan hatten hier jüngst riesige Dattelpalmen gefällt, Hütten zerstört und Straßen aufgerissen. So viel zu den natürlichen Hindernissen, die anderen waren von Menschen gemacht. Siebenmal kontrolliert uns das Militär: ein bedrohliches Szenario mit gepanzerten Wagen und aufgepflanzten Maschinengewehren.

Fast alle Sinai-Reiseführer beschränken sich auf eine Handvoll bekannter Badeorte, die berühmten Tauchreviere und kulturelle Highlights wie das Katharinenkloster. Ich war daher nicht auf die Bilder am Golf von Suez vorbereitet: Förderpumpen arbeiten hier neben riesigen Tanks und Ölverarbeitungsanlagen. Bohrinseln recken ihre Gerüste aus dem Meer. Flammen schießen in den Himmel, wo Erdgas abgefackelt wird. Und dahinter verläuft eine der meistfrequentierten Wasserstraßen der Erde, die weiter nördlich in den Suezkanal übergeht.

Es war an der Zeit, einen Nachtplatz zu finden. Da es keine Campingplätze gibt, fuhren wir in die Wüste. Als die Sonne etwa dort sank, wo Kairo liegen musste, blieb ein zartrosa Schimmer zurück, in dem die Fackeln der Raffinerien wie riesige olympische Feuer leuchteten.

Ich hatte gute Erinnerungen an Kairo; an die zauberhafte Altstadt mit den verschwiegenen Cafés, in denen Männer Tee tranken und Wasserpfeife rauchten, an die Pyramiden von Giseh, zwischen denen man uns früher in unseren Autos campen ließ. Und immer wieder kamen Kameltreiber zu uns, die uns mit deutschen Slogans wie »Neckermann macht's möglich!« und »Eile mit Weile!« für Ausritte zu ködern versuchten.

Doch diese Bilder sind 35 Jahre alt. Seitdem hatte sich die Einwohnerzahl Kairos fast verdoppelt. Es heißt, in der Metropolregion lebten 20 Millionen Menschen. Aber genau weiß das keiner ...!

Kairo stand noch unter dem Schock der Revolution, die am Tahrirplatz begonnen und zum Sturz des Mubarak-Regimes geführt hatte. Freie Wahlen sollten Ordnung und Demokratie bringen, sorgten aber zunächst für Unruhe. Das allein hätte uns nicht vom erneuten Besuch der Kairoer Altstadt, des großartigen Ägyptischen Museums und der Pyramiden abgehalten. Doch mehrere Reisende hatten uns berichtet, dass ihnen die Durchfahrt durch die krakenartige Riesenstadt Angst eingeflößt habe ... »Ein Horrortrip!«

Jetzt lag Kairo vor uns!

»Wir umgehen die Stadt und fahren in die Weiße Wüste«, war mein Vorschlag. Auf der Karte sah alles ganz einfach aus ... Wir mussten nur versuchen, rechtzeitig auf die Umgehungsstraße nach Westen zu kommen.

24 Stunden später lag Kairo auf der Hitliste meiner drei schlimmsten Stadtdurchquerungen gleichauf mit Mexico City und Teheran.

Ich traue meinen Augen nicht: Entlang der Küstenstraße reiht sich Hotelkomplex an Hotelkomplex. Alle ohne Gäste. Geisterstädte. Doch während in den *ghost towns* des Wilden Westens einst Menschen lebten, die irgendwann weiterzogen, hat hier niemand gewohnt ...!

Potemkinsche Dörfer in nie zuvor gesehenem Ausmaß! Resultate von Fehlinvestitionen und einem Boom, der wie eine Seifenblase zerplatzte: moderne, durchaus schicke Komplexe, die aus dem Wüstensand hochgezogen wurden, noch ohne Grün und ohne Straßen. Riesige Bettenburgen, die, ohne je fertig geworden zu sein, bereits im Rotbraun der Wüste verfallen. Irgendwo dahinter leuchten die Strände am Golf von Suez: auch sie menschenleer. Eine Geisterküste, an der durch staatliche Fehlplanung, durch den Nahostkonflikt und die Folgen der ägyptischen Revolution Abermillionen Euro in den Sand gesetzt wurden. Einfahrten, über die der Wüstenwind schon längst Staub gepustet hat, sind mit leeren Spritfässern zugestellt. Hier und da dösen Wachleute im Schatten. Mehr Leben gibt es hier nicht.

17 Kilometer nördlich der Stadt Suez verlassen wir im Tunnel unter dem Suezkanal den Vorderen Orient.

Wir sind in Afrika!

Später Vormittag; über dem Land liegt dichter, gelber Staub, durch den sich die Sonne blass und kraftlos durchzwängt. Noch 30 Kilometer bis Kairo ...

Doch dann geht alles viel zu schnell: *Ismailia Desert Road*, steht auf einem Schild.

Wir wollen ja in die Wüste ... also muss dies der Abzweig sein. Zeit zum Überlegen bleibt nicht, ich entscheide ruck, zuck und biege nach rechts ab.

Irrtum – denn »unsere« Wüste liegt im Westen. Jetzt folgen wir der falschen Straße nach Osten.

Auf Kairos Straßen herrscht die Macht des Faktischen, die Verkehrsregeln einfach außer Kraft setzt ...

Zunächst kommen uns auf der autobahnähnlichen Straße – auf meiner Fahrspur! – mehrere Lkw und Pkw entgegen. Nachdem unsere Blechlawine sie abgedrängt hat, kuscheln wir uns – als bekundeten alle Autos Solidarität – immer enger aneinander: Auf drei Fahrspuren rollen jetzt sechs Fahrzeuge nebeneinander. Das wäre kein Problem, wenn alle mit gleicher Geschwindigkeit führen. Doch jeder versucht sich am anderen vorbeizudrängen, sich einen halben Meter Vorteil zu verschaffen. »Mein Gott«, stöhne ich und denke, wie viel Zeit, Enthusiasmus und Geld wir in Thunder gesteckt haben. »Hoffentlich bleibt alles heil!« Da wechselt ein mit drei Personen besetztes Kleinmotorrad abrupt die Fahrspur und zieht millimeterdicht an unserer Stoßstange vorbei. Natürlich alle drei ohne Sturzhelm!

»Unmöglich umzukehren!«, stöhne ich. Jetzt türmen sich neben der Fahrbahn riesige wilde Mülldeponien. Es stinkt zum Himmel ...

Nach sechs Kilometern kommt die erste Wendemöglichkeit. Doch die Blechlawine reißt mich unerbittlich weiter. Ohne die geringste Chance, die linke Fahrspur zu erreichen, treibe ich auf die entgegengesetzte Seite Kairos zu.

Es war, als braue sich über der Monsterstadt ein Sturm zusammen. Aus Blassgelb war jetzt Braungelb geworden: ein gespenstischer

Mix aus Staub, Abgasen und Industriemief. In Dreierreihen parkten auf der »Schnellstraße« Busse, und dazwischen wuselten Menschen. Keiner von denen störte sich an der Kakofonie der Hupen. Und in dem Maße, in dem ihr Tuten aggressiver wurde, wurden die Autofahrer immer rücksichtsloser und wechselten in der Hoffnung auf zwei Meter Bodengewinn von einer Spur in die andere.

Auf der nach drei Seiten hin offenen Ladefläche eines Kleinlasters krallten sich drei Kleinkinder an die Rückseite der Fahrerkabine, während der Erwachsene neben ihnen in sein Handy sprach. Schon drängte ein mit acht Kamelen beladener Lkw vorbei. Nicht, dass die Bilder langweilig wären ...

»Keine Chance, auf die andere Straßenseite zu kommen«, keuchte ich. Aber irgendetwas musste geschehen ... Kurzerhand drängelte ich mich nach rechts von der »Schnellstraße« herunter. Das Navi hüllte sich erbost in Schweigen.

Beim Versuch, die richtige Straße zu finden, fuhr ich dreimal im Kreis, was knapp eine Stunde dauerte, und jubelte zum Schluss: »Knoten durchtrennt, Ausfallstraße gefunden!« Der Tacho wird uns abends verraten, dass wir 100 Kilometer durch Kairo geirrt sind.

Eine Stadt, deren atemberaubendes Wachstum kaum mit der Bevölkerungsentwicklung mithalten kann. Auf riesigen Wüstengebieten stampfen Investoren Satellitenstädte aus dem Boden, zwischen denen Armenviertel wuchern. Die Sabbalin, überwiegend koptische Christen, bilden Kairos Müllsammlerkaste: Zehntausende dieser *slumdogs* sortieren und verwerten den überall abgekippten Müll. Der Bevölkerungsexplosion und dem Bauboom ist die heruntergekommene Infrastruktur nicht gewachsen.

Und die Zahlen klettern weiter. Die Hälfte der Ägypter ist unter 25, also im besten fortpflanzungsfähigen Alter. Das bedeutet, dass die Landesbevölkerung jährlich um eine Million Menschen wächst.

Später Nachmittag: Ich werde nie wissen, in welchem Teil der Großstadt es war und auf welcher Straße. Wir haben längst beschlossen, uns nach Sonnenstand und »Bauchgefühl« zu orientieren und auch weiterhin aufs Navi zu verzichten, als plötzlich ein Pkw vor Thunder von rechts nach links ausschert ... und geräuschvoll an unserem Lkw entlangratscht. Irgendetwas splittert. Der Fahrer des Autos bremst, wir auch. Der Verkehr hinter uns stoppt zwangsweise.

Ich springe raus und fotografiere die Situation. Nur eine Schramme an unserem Kotflügel, den Pkw hat es deutlich schlimmer erwischt. Aber die neue Beule fügt sich gut in das Ensemble älterer Dellen ein.

In dem Auto saßen vier Männer in Anzügen, offenbar staatliche Angestellte, dazu ihr Fahrer. Alle sprachen gut Englisch, und es dauerte keine Minute, bis wir uns per Handschlag geeinigt hatten, dass die Lappalie erledigt sei. Danach zeichneten die vier uns eine Karte, mit deren Hilfe wir aus der Stadt in die Wüste hinausfinden sollten.

Freundliche Gesten sind im Chaos Balsam für die Seele. Dass der Verkehr sich währenddessen hinter uns auf mehrere Kilometer Länge staute, blendeten wir aus.

Die Nilbrücke überquerten wir nach Einbruch der Dunkelheit. Die Fahrbahn war achtspurig und nicht mal voll ausgelastet. Deswegen fragte ich mich, weshalb mir auf meiner Fahrbahn Geisterfahrer entgegenkamen. Doch niemand regte sich deshalb auf ... Ich auch schon nicht mehr.

»Sieh mal, frisches Grün am Fahrbahnrand!«, rufe ich erstaunt. »Und kaum noch Dreck!«

Ein abrupter Wechsel: In Giseh, der Stadt der Pyramiden, begrüßen uns *Hilton*- und *Plaza*-Hotels sowie eine riesige moderne

Shoppingmall mit verschwenderischer Lichterfülle. Bis auf wenige Autos sind die Straßen leer ... Verstörender könnte der Kontrast nicht sein. Eine andere Welt, in der Abstammung und Geld aufs Extremste die Weichen stellen, wo man lebt.

Als wir die »Stadt des 6. Oktober« erreichen, wissen wir, dass wir gleich in der Libyschen Wüste ankommen werden.

Bei unserem ersten Besuch Mitte der siebziger Jahre war hier nichts als Wüste. In dieser nach einer Schlacht im Jom-Kippur-Krieg benannten Stadt, die erst 1979 gegründet wurde, lebt heute eine halbe Million Menschen. Meine Heimatstadt Hannover brauchte genau tausend Jahre, um diese Einwohnerzahl zu erreichen ...

Ich stoppe, um mich zu orientieren. Da höre ich in der Ferne Lautsprecher und das Getöse von Menschenmassen. Im nächsten Moment hält ein Kleinlaster. »Bleibt dort weg!«, rät der Fahrer. Das Volk sei aufgebracht, weil Polizisten unter Mubaraks Herrschaft hier Menschen getötet hätten.

Wohin denn unsere Reise gehe, fragt er mit Blick auf Thunder. »Zur Oase Farafra«, sage ich. Er legt die Stirn in nachdenkliche Falten: »Wüste ...«, sagt er, »ist gefährlich! Nehmt genügend Diesel, Wasser und Vorräte mit.«

Das einzig wirklich Gefährliche sind entgegenkommende Lkw mit bis zu acht voll aufgeblendeten Scheinwerfern und die bis auf zwei Meter hinter mir auffahrenden 30-Tonner. Während ich den Ersteren mit meinen vierzehn Frontscheinwerfern gute Argumente entgegensetzen kann, kriege ich bei den ohne jeglichen Sicherheitsabstand auffahrenden Lastwagen Schweißausbrüche. Deren Fahrer haben inzwischen bis aufs Standlicht alle Lampen ausgeschaltet und blenden erst zum Überholen auf – aber so, dass mir das grelle Licht aus den Rückspiegeln wie Dolche in die Augen sticht.

»Jetzt ist der Abstand zu Kairo groß genug!«, sagte ich zwei Stunden später und konnte schon wieder lächeln.

Ich legte Allrad ein und fuhr von der Straße in die Wüste.

Noch lange sah ich an diesem Abend zum Himmel auf, wo das Funkeln der Sterne mich den Moloch der Metropole vergessen ließ.

Unser Zwischenziel hieß Assuan, wo wir mit dem Boot in den Sudan übersetzen wollten.

Eine Schiffsfahrt in der Wüste?

Kurios, denn es gibt eine Straßenverbindung zwischen Ägypten und Sudan.

Warum also? Man munkelt, die Überlandverbindung sei zu unsicher. Aber keiner weiß Genaues. Manche behaupten, dass die Nil-Schifffahrtsgesellschaft beste Kontakte zur Regierung habe, die dieses Monopol langfristig garantiere. Aber alles Spekulieren half nichts ... Wir hatten uns längst damit abgefunden, in Assuan die teure Fähre über den Lake Nasser zu besteigen und im sudanesischen Wadi-Halfa an Land zu gehen.

»Ich muss Gas geben!«, sagte ich morgens, als ich aus dem Fenster unseres Campers sah. In zwei Wochen sollten wir im Sudan eingereist sein, andernfalls wären unsere Visa für dieses Land nichts mehr wert.

Also galt es, Strecke zu machen, um einen Zeitpuffer von ein paar Tagen zu haben. Denn jeder Insider weiß, dass bei der Nile Valley River Transport Corporation alles nach Regeln abläuft, deren Geheimnisse noch darauf warten, gelüftet zu werden.

Einen solchen Wüstenmorgen hatte ich noch nicht erlebt. Die vom Wagendach rollenden Tropfen zeichneten helle Spuren in den rötlichen Staubbrei, bevor sie auf den Boden platschten. Thunder war pitschnass, und auch der Wüstenboden schimmerte feucht. Dichter Nebel verhüllte die Aussicht und dämpfte alle Geräusche.

Zwei Stunden später hatte die Sonne den Nebel verbannt. Wir brachen auf.

Die Fahrt durch die Western Desert ist nicht spektakulär, doch ich genoss sie. Eine Wüste ohne Bilderbuchdünen und malerische Berge wie auf der Sinaihalbinsel. Man muss sich mit ihrer stillen Weite begnügen: Ihre Farben waren dezent; Stunde um Stunde rollten wir durch fahlgelbes, flaches Land, in dem faustgroße Steine wie wahllos verstreut herumlagen.

Ich hatte den Tempomat auf 70 Stundenkilometer gestellt, mich zurückgelehnt und pfiff zu der aus den Autolautsprechern dröhnenden Countrymusic. »Uns geht's gut!«, stellte ich fest und fuhr tiefer hinein in die Wüste. Jetzt sang Willie Nelson *On the Road Again*, und ich grölte begeistert mit.

Was ich auf dem kleinen Rastplatz am Straßenrand sehe, hätte ich gern für eine Fata Morgana gehalten: eine fünf Quadratmeter große Öllache, wo ein Lkw-Fahrer beim Ölwechsel 20 Liter Altöl in die Wüste gekippt hat. Daneben ein Haufen verbrannter Karkassen. Hier ist es gang und gäbe, sich kaputter Lkw-Reifen mittels Streichholz zu entledigen. Pechschwarzer Qualm steht überall als drohende Giftwolke am Himmel. Winde werden diese Schadstoffe Tausende Kilometer weit auch bis Europa schicken und dort abladen ...

Wir fahren weiter, doch plötzlich landen wir mitten in einer Baustelle.

»Was zum Teufel ist das?«, stoße ich hervor. Schon glitscht Thunder durch zähen Teer, den Straßenarbeiter ohne jede Vorwarnung tonnenweise auf die Fahrbahn gekippt haben. Schmatzend und gurgelnd klatschen Sand-Teer-Flatschen unters Auto, gegen die ausfahrbare Treppe und verkleistern die Lüftungsschlitze des Generators.

Nach einer Stunde Drecksarbeit, ein paar deftigen Flüchen und dem Einsatz von fünf Litern Reinigungsbenzin ist der »panierte«

Thunder leidlich teerfrei. Meine Zitatensammlung liefert die dazupassende Erkenntnis von Johann Wolfgang Goethe: *Die Reise*, schrieb er 1797 an seinen Dichterkollegen Schiller, *gleicht einem Spiel; es ist immer Gewinn und Verlust dabei und meist von der unerwarteten Seite.*

Als wir die Oase Bahariya erreichten, hatten wir seit Kairo 400 Kilometer zurückgelegt.

Auf der von bunten Läden gesäumten Hauptstraße rollten wir in den Ort. Hier bot man Softdrinks an. Daneben drehten sich dunkelbraune Brathähnchen in einem Elektrobräter, der Nachbar rechts verkaufte Handys. Im glaslosen Fenster einer Lehmhütte hingen zwei blütenweiße Hochzeitskleider. Wir stoppten beim Bäcker und futterten an Ort und Stelle frisch in Öl gebackene süße Fladen. Ich drückte begeistert auf meinen Kameraauslöser, als ein mit vier Personen besetztes chinesisches Dayun-Motorrad vorbeiknatterte.

In diesem Moment hielt ein alter Toyota Land Cruiser neben uns: »Hallo«, sagte der Fahrer. Sein Name sei Talat Abdel Mulah und er betreibe *Eden Garden Camp*. Wir fänden bei ihm heiße Quellen und auch einen schönen Übernachtungsplatz. Das klang gut. Aber zunächst tankten wir. Dank großer Tanks haben wir zwar eine Reichweite von 2500 Kilometern, doch es ist mir zur zweiten Natur geworden, in entlegenen Gebieten bei jeder Gelegenheit nachzufüllen. In unser Tankbuch setzte ich später neben den Eintrag: *122 Liter Diesel für 17 Euro* einen fröhlich grinsenden Smiley.

Es war ein Bild wie aus *Tausendundeiner Nacht*: Talat saß in einem großen Beduinenzelt, in dessen Mitte ein Feuer brannte. Er legte einen Ast in die Glut und rief etwas auf Arabisch. Ein junger Helfer servierte *Bedouin tea*.

»Kommt und setzt euch zu mir.«

Sein Tschai war stark, aromatisch und sehr süß. »Außer dem *Eden*

Erschreckende, aber nicht ungewöhnliche Bilder in Ägypten: Altes Motoröl oder Reifen werden in der »Wüste« entsorgt.

Garden Camp betreibe ich noch ein Tourunternehmen«, erzählte Talat. Seine Gäste kämen vor allem aus Mitteleuropa. »Doch die Unruhen hier ruinieren mein Geschäft«, bedauerte er. »Im letzten Jahr hatte ich dreihundert Gäste weniger als sonst.«

Abends glitten wir in das fast 40 Grad heiße Wasser seines Pools.

Südlich von Bahariya begrüßten uns die Wächter der Weißen Wüste: Gnome und Elfen, Zwerge und Riesen, Dickbäuchige und Spindeldürre, Elefanten und Kamele. Alle aus erodiertem Kalkstein. Die zwischen den Oasen Bahariya und Farafra gelegene White Desert liefert der Phantasie Steilvorlagen.

Ähnlich dem jordanischen Wadi-Rum ist sie ein Nationalpark. Wir erblickten aber keine Ranger, sondern nur ein unscheinbares, leicht zu übersehendes Hinweisschild und rollten gleich darauf über den

Boden jenes Meeres, das einst diesen Teil der Libyschen Wüste bedeckt hatte. Seitdem hatten Wind und Wetter die Kalkablagerungen zu filigraner Schönheit modelliert.

Als der Sonnenball am folgenden Morgen die Felsen neben uns zum Glühen brachte, war der Himmel so makellos blau wie am Abend zuvor. Wir ließen uns mit dem Aufbruch Zeit und wanderten durch dieses Fantasia-Land. Doch die Sonne stieg rasch empor, und ihr Licht verwischte die Konturen, bis alles nur noch blendendes Weiß war. Erst mit der Abendsonne erwachte die Fabelwelt zu neuem Leben.

»Komm!«, sagte ich zu Juliana. »Auf nach Assuan!«

Die Ausschilderungen in der Oase waren nur auf Arabisch gewesen. Ich habe also keine Ahnung, wie der kleine Ort hieß, vor dem große Steine über die Fahrbahn gelegt worden waren: eine Barrikade. Etwa fünfzig Männer, fast alle Jugendliche, gestikulierten und redeten auf die Fahrer der vor der Straßensperre stehenden Autos ein. Ich stellte mich hinten an. Einer der Wartenden verließ seinen Jeep, kam auf uns zu, grüßte auf Englisch und sagte: »Das sind die Nachwehen der Revolution ...« Er stellte sich als Kamal Ramzy vor.

»Verhaltet euch unauffällig«, riet er. »Die Leute sind wegen der schlechten Versorgungslage aufgebracht. Die Blockade soll den Druck auf die örtlichen Behörden erhöhen.«

Offenbar erfolgreich, denn eine halbe Stunde später kam der erwartete Lkw mit den geforderten Lebensmitteln an. Die Demonstranten johlten und räumten die Barrikade fort.

Dass die fast menschenleere Wüste zunächst einmal hinter uns liegt, zeigen neun Straßenkontrollen an einem Tag.

Sie laufen so ab: Langsam umfahre ich im Zickzack die versetzt auf der Fahrbahn stehenden Hindernisse. Ein altes Benzinfass markiert den Punkt, an dem gestoppt werden muss. Ich halte. Drei

Uniformierte umrunden das Fahrzeug und kommen dann zu uns: »Woher?«, fragt der eine auf Englisch. »Germany«, antworte ich. »Wie viele Leute?« Ich hebe zwei Finger: »Two.« »Wohin?«, lautet die letzte Frage. »Assuan.« Ein Kollege hat inzwischen die Nummer unseres ägyptischen Kennzeichens in eine Kladde eingetragen. Man ist zufrieden, gibt uns – je nach Englischkenntnis – ein paar freundliche Worte mit auf den Weg, grüßt und räumt das Benzinfass zur Seite.

So auch in Kharga, der größten Oase in der Libyschen Wüste. Und plötzlich stehen wir vor der ersten Ampel seit Kairo. Die zeigt Rot. Ich stoppe. Die beiden nervös hinter mir hupenden Autofahrer geben Gas und rasen trotz Rot über die Kreuzung.

Als ich am Morgen des 24. Dezember aufwachte, fragte ich mich, welche Bescherung uns heute erwartete. »Das schönste Weihnachtsgeschenk wäre die baldige Überfahrt nach Wadi-Halfa«, sagte ich, während ich Kaffee aufsetzte.

Es war 6 Uhr und noch stockfinster. Um 6:30 Uhr lenkte ich Thunder von der Wüste zurück auf die Straße. Punkt 6:45 Uhr kletterte die Sonne über den Horizont. Rotgolden streifte ihr Licht die hohen Sanddünen in der Ferne. Und während wir durch den klaren Morgen flogen, schien es, als würde der tief stehende Sonnenball von einer Sanddüne zur nächsten hopsen. »Welch ein Auftakt für Heiligabend«, sagte Juliana.

Die nachfolgenden Notizen entnehme ich meinem Tagebuch:

7:05 Uhr: erste Straßenkontrolle: Gitter auf der Fahrbahn, dahinter das obligatorische verbeulte Benzinfass. Hier sehe ich auch eine dicke Holzbohle mit Hunderten langer Nägel, die blitzschnell jenen vor die Reifen gezogen wird, die partout nicht halten wollen.

8 Uhr: zweite Kontrolle.

9:05 Uhr: erneute Straßensperre. Fragen nach dem Woher, Wohin, der Anzahl der Personen im Auto und unserer Nationalität.

10:50 Uhr: *vierte Straßensperre. Erstmals auf dieser Reise bittet ein Soldat um Bakschisch:* »Pen! Pen!«, *sagt er und will einen Kuli. Ich stelle mich dumm:* »Pen ... was ist das?« *Weiterfahrt.*

11:20 Uhr: *ein zehn Quadratmeter großer* »See« *aus abgelassenem Motoröl am Straßenrand. Ich mache ein paar Fotos und denke dabei: Sonst glaubt dir das zu Hause keiner ...*

12:40 Uhr: *Straßensperre mit großem Aufgebot. Ich zähle vierzehn bewaffnete Uniformierte, die Hälfte hat sich an meinem Seitenfenster versammelt. Man will Pässe sehen, dann das Carnet de Passages. Verflixt, dieses wertvolle Dokument hatten wir sicher versteckt, da wir es nur an Grenzen benötigen. Es rauszuholen und wieder zu verstauen, würde zehn Minuten dauern.*

»Muss das sein?«, *frage ich.* »Moment«, *sagt einer der Offiziellen und holt einen Vorgesetzten, der zwei Streifen mehr auf der Schulter hat. Der zieht mich von seinen Kollegen fort. Gegen ein Entgelt, sagt er, brauchte ich das Carnet nicht vorzulegen.*

Ich hatte nur eins im Sinn: so schnell wie möglich in Assuan die Fähre buchen. Wir geben ihm umgerechnet zwei Euro.

»Und tschüss«, *sage ich, steige ein und fahre zehn Minuten später über die Nilbrücke von Assuan. Es war das erste und einzige Mal in Ägypten, dass ein Offizieller Schmiergeld gefordert hat.*

Jetzt sind wir erst mal in Assuan ...

Wenn unsere Informationen stimmen, legt das nächste Schiff in drei Tagen ab. Wobei nicht die Personentickets das Problem sind. Bei denen sagt niemand Nein, egal wie viele Menschen sich bereits an Bord drängen. Das Problem ist der Frachtkahn für die Autos.

Eine verlässliche Vorausbuchung ist nicht möglich. Und die Regeln, nach denen die Plätze verteilt werden, kennen nur wenige Leute in Assuan.

»Heute ist Heiligabend. Wir werden Glück haben!«, *behaupte ich und streichle Julianas Hand.*

Um die Weihnachtsüberraschung vorwegzunehmen: 23 Tage mussten wir in Assuan auf das Schiff in den Sudan warten!

Doch noch fuhren wir gut gelaunt die Uferstraße am Nil entlang in Richtung Innenstadt. »Langsam«, sagte Juliana, »irgendwo hier muss das Schifffahrtsbüro sein.«

Ich drosselte den Motor. Schon liefen zwei Männer neben Thunder her und riefen: »*Feluka! Feluka!*«

»Später!«, winkte ich ab. Die Beharrlichkeit ägyptischer Bootsführer, die mit ihren traditionellen Segelbooten Gäste über den Nil schippern, ist nicht zu unterschätzen. Die beiden etwa Dreißigjährigen folgten uns, auch nachdem ich auf die gegenüberliegende Straßenseite gewechselt war. Das Büro der Gesellschaft sei in der Parallelstraße, sagte der eine. Er heiße Hassan und wolle auf uns warten.

»Trostlos und verlassen ...«, murmelte Juliana. Die Fliesen im Eingang waren gesprungen oder fehlten, dazwischen klaffte ein halbmetertiefes ungesichertes Loch. Die Wände schmierig, überall Papier und ein leerer Karton auf dem Boden. Der an die Wand gemalte Pfeil mit dem Hinweis *Tickets* führte ins Leere. Die Gitter der meisten Läden waren an diesem Samstag heruntergelassen. »Mit Heiligabend kann das ja wohl nichts zu tun haben«, sagte ich und war überrascht, als die Tür des Schifffahrtsbüros unter meiner Hand nachgab. Am Ende eines einfachen Holztisches hockte ein alter Mann neben einem Kofferradio und lauschte den Nachrichten. Er sprach kein Wort Englisch, wies aber auf den Nachbarraum.

In dem schäbigen Büro zählte ein Angestellter hinter einem abgewetzten Schreibtisch ein dickes Bündel Banknoten.

Mister Salah sei für uns zuständig, sagte er, aber Mister Salah sei gerade außer Haus. Doch dann telefonierte er trotzdem für uns. »In einer Stunde kommt Mister Salah ... extra Ihretwegen!« Na immerhin!

Eine Stunde später: Der Alte am Ende des Tisches lauscht noch immer dem Radio, der im Nachbarraum blättert nach wie vor den Batzen Geldscheine durch. Als sei das Bild von vorhin eingefroren worden ...

Mit viertelstündiger Verspätung erscheint ein schätzungsweise fünfzigjähriger Mann. Er gibt uns das Gefühl, der Schönheitsfehler in seinem ansonsten störungsfreien Nachmittag zu sein.

So weit unser erster Eindruck von Mister Salah, von dem wir wissen, dass keiner an ihm vorbeikommt, der über den Nassersee in den Sudan will.

Er redet nicht um den heißen Brei herum: »Die Autofähre nach Wadi-Halfa legt frühestens am 16. Januar ab.«

Also in 23 Tagen! Für uns heißt das gut drei Wochen Däumchen drehen, abhängen. Und unsere Sudan-Visa sind bis dahin verfallen. Eng wird es auch mit der Gültigkeit der Äthiopien-Visa. Binnen Sekunden kollabiert unsere gesamte Planung .

»Alternativen gibt's nicht«, betont er. Die Gesellschaft habe nur zwei Frachtkähne. Der eine sei durch einen großen Caterpillar blockiert, der in Wadi-Halfa ein Motorproblem gehabt habe und nicht mehr vom Kahn runterkönne. Aber auf diese Plattform passten sowieso nur Pkw.

»Unser Lkw ist aber sieben Meter 50 lang«, sage ich.

»Macht 5000 Ägyptische Pfund fürs Auto«, meint Mister Gnadenlos. Das sind rund 650 Euro allein für Thunder ...

»Und warum können wir nicht auf den großen Lastkahn?«, fragt Juliana.

Das gehe schon, sagt er, aber frühestens in 23 Tagen. »Das Schiff

Felukenführer Hassan aus Assuan rettet mit einem Lächeln unseren verkorksten Heiligabend.

hat Risse an der Außenhaut und muss repariert werden. Man lässt einen Spezialisten aus Khartoum kommen.«

»Frohe Weihnachten …!«, entfährt es mir auf Deutsch. »Überraschung gelungen!«

Unsere Planung war damit komplett über den Haufen geworfen worden. Vermutlich musste das Carnet wie auch unsere ägyptische Aufenthaltsgenehmigung verlängert werden. Und falls sich das sudanesische Konsulat bei der jetzt erforderlichen Visaverlängerung stur stellte, hatten wir erst recht ein Problem!

Und was sollten wir 23 Tage lang in Assuan unternehmen? Zudem konnte uns auch ein Mister Salah nicht garantieren, dass der Frachtkahn am 16. Januar überhaupt ablegen würde. Oder aber er legte ohne uns ab, weil andere besser geschmiert hatten als wir …

Wir waren zwar die Ersten, aber der Konkurrenzkampf würde bald beginnen. Für den nächsten Tag erwartete Salah drei Autos mit Flüchtlingsfamilien aus Libyen. Auch sie wollten auf den Frachtkahn.

Wir steckten in der Falle: Libyen war dicht. Und der riesige Umweg über Saudi-Arabien und Port Sudan schien wegen der Unwägbarkeiten bei der Ausstellung des Saudi-Visums nicht vielversprechend. Kurzum: Eine Alternative zu der Einreise über den Nassersee gab es nicht.

»Inschallah«, sagte Mister Salah beim Abschied und zuckte die Schultern. So Gott will. Wie zwei geprügelte Hunde schlichen wir von dannen.

»Kopf hoch«, sagte ich zu Juliana. Als wir bei Thunder ankamen, strahlte uns Hassan an und rief: »Feluka!!« Ein Segeltörn auf dem Nil war das Letzte, woran ich in diesem Moment dachte.

Andererseits ... sollten wir nicht den Hebel im Kopf umlegen und das Beste aus der Sache machen?

Hassan war unsere gute Weihnachtsüberraschung: zweifellos geschäftstüchtig, aber freundlich und hilfsbereit. Und wenn wir vorab einen Preis ausgehandelt hatten, blieb es dabei. Zumeist jedenfalls. Wobei ich mich erstaunlich schnell daran gewöhnte, dass nach dem ausgehandelten Betrag zusätzlich ein Bakschisch eingefordert wurde. Aber das taten alle hier.

Es war später Nachmittag, und die Sonne stand tief. Hassan steuerte uns am Old Cataract Hotel vorbei, der Grande Dame aller Nilhotels. Vorbei auch am Mövenpick und dem Aga-Khan–Mausoleum. »Nein danke«, sagten wir, als er vorschlug, die uralten Gräber der Noblen zu besuchen. Wir lehnten uns zurück, genossen die hübsche Stadtkulisse, den Sonnenuntergang und das zauberhafte Bild der über den Nil treibenden Feluken mit den markanten dreieckigen Segeln. Das war Balsam für die Seele.

»Assuan ist verdammt reizvoll«, sagte ich, »es hätte uns auch schlimmer treffen können!« Da hörten wir das Glockengeläut einer Kirche. Es war die Zeit, zu der in Deutschland die Lichter am Weihnachtsbaum angezündet wurden.

In meine Erinnerung haben sich ein paar Momentaufnahmen von Weihnachten on the road fest eingebrannt:

So etwa das am Rande der afghanischen Nordroute auf dem Innenhof einer Polizeistation. Schnee fiel, es war kalt. Die Scheiben unseres kleinen Campers waren beschlagen, und wenn ich mit der Hand darüberwischte, sah ich draußen den zu unserem Schutz abkommandierten Soldaten auf sein Gewehr gestützt. Drinnen knabberten wir Julianas auf dem Kocher gebackenes Weihnachtsgebäck. Ein andermal feierten wir Heiligabend während einer Fahrradtour durch Tasmanien. Irgendwo tief in den tasmanischen Bergen lauschten wir dem Weihnachtsprogramm von Radio Deutsche Welle, und völlig unvorbereitet hörten wir Weihnachtsgrüße meiner Familie durchs Radio. Ein bewegender Moment. Während Jahre später die Sorge unsere Tochter Bettina beunruhigte, der Weihnachtsmann fände im tiefen Schnee nicht den Weg zu unserem Blockhaus in Alaska. Also trat ich mit Schneeschuhen einen Pfad. Mit Erfolg ...!

Das schönste Weihnachtspräsent gab's während unserer ersten Afrikadurchquerung in Nairobi. Tagelang hatten wir den Bulli-Motor zerlegt und wieder zusammengebaut. Als ich an Heiligabend den Zündschlüssel drehte, sprang der Motor auf Anhieb an.

Dieser Heiligabend in Assuan passte sich da gut ein ...

»Meine Familie wohnt am westlichen Nilufer«, sagte Hassan. »In meinem Ort gibt es sichere Übernachtungsplätze. Kommt mit.« Wir willigten ein.

»Ich möchte euch nur noch schnell meine Familie vorstellen.« Wir folgen ihm in sein Haus, wobei »sein« Haus eigentlich das Haus des Familienclans ist: ein Grundstück, umgeben von einer Mauer, an deren Innenwänden die würfelförmigen Gebäude der jeweiligen Familie gebaut sind. Der Innenhof ist für alle da.

Hassan ist 35, verheiratet und hat zwei Töchter im Alter von zwei und drei Jahren. Gelegentlich fängt er Nilbarsche im Nassersee, hauptsächlich arbeitet er aber als Felukenfahrer. Doch da er nicht der Bootseigentümer ist, muss er noch einen Teil der Tageseinnahmen an diesen abführen.

»Da die Besucherzahlen dramatisch eingebrochen sind, haben wir alle schwere Zeiten«, meint er. Und so arbeitet Hassan immer zwischendurch auf den Feldern der Familie.

»Mein verstorbener Vater hatte zwei Frauen«, berichtet er. »Mit meiner Mutter hatte er fünf Kinder, mit der anderen Frau eins.«

Während Hassan in der Küche kurz zu Abend isst, werden wir in die gute Stube der Großfamilie geführt. Drei Sofas sind die einzigen Möbel in dem etwa 16 Quadratmeter großen Zimmer, dessen Wände mit von Goldbrokat durchwirkten Vorhängen dekoriert sind. Die Mitte des fensterlosen Raumes bedeckt ein roter Teppich. Die Sitze der Couch sind so hoch, dass unsere Füße in der Luft baumeln. Hassans Schwester serviert Tee.

Uns gegenüber hat jetzt deren Ehemann Platz genommen, wenig später auch Hassans Bruder Hamit. Er sei dreißig, sagt Hamit, habe zwei Töchter und einen kleinen Sohn. »Aber ich wünsche mir neun Kinder.« Und wenn er eines Tages genug Geld zusammenhat, will er vier Frauen haben.

Wir hatten später Probleme anderer Art: Der eine von Hassan für uns ins Auge gefasste Stellplatz war zu klein. Der andere zu unübersichtlich und sandig. Letztlich parkten wir auf dem Grundstück seines Bruders Ramadan.

Im Auto war es jetzt richtig gemütlich. Juliana hatte eine Tischdecke mit Weihnachtsmotiven auf den Tisch gelegt. Kerzen flackerten, während ich badischen Rotwein in Gläser goss. Von einer Weihnachts-CD erklang Musik. Der Esel draußen war still, und kein Kamel brüllte mehr. Schon längst waren in den Hütten die Lichter ausgegangen. Es war »Stille Nacht«.

Assuan ist eine der reizvollsten ägyptischen Städte, ohne Verkehrsinfarkt wie Kairo. Statt Industrieschloten dominiert der Nil das Stadtbild, und es geht entspannt zu. Spaziert man die Corniche, die Uferstraße, entlang, hört man zwar alle 20 Meter *Feluka, Feluka!«*, und Droschkenkutscher halten, um einen zum Einsteigen aufzufordern. Das nervt zwar, doch die Menschen bleiben freundlich.

Am nördlichen Ende des ersten Nilkatarakts gelegen, ist Assuan Ägyptens südlichste Stadt. Der Bau des Assuanhochdamms staute hier in den 1960er Jahren den Nil zum Nassersee. Das sicherte der Stadt weltweite Aufmerksamkeit. Denn mit internationaler Unterstützung wurden damals antike Tempel wie Philae und Abu Simbel vor den Fluten gerettet und höher verlegt. So gesehen hatten wir noch Glück im Unglück; es gab genug rund um Assuan zu sehen.

Wir stellten uns auf »wachsames, kreatives Abhängen« ein. Im Klartext: Alle paar Tage würden wir wieder im Büro sein, um Mister Salah auf die Nerven gehen, bis er froh sein würde, uns endlich auf dem Schiff zu haben … Die übrige Zeit wollten wir für kleine Abenteuer und Sightseeing nutzen.

Tagebuchnotizen:

26. Dezember
Wir fahren wegen der heute ablegenden Personenfähre in den Hafen. Mister Salah wirkt aufgeräumt: Wegen des am 16. Januar ungültig werdenden Autodokuments sollten wir uns beim Zollchef melden, rät er.

»No problem«, *sagt der hinter einem eisernen Schreibtisch sitzende Uniformierte. Die offizielle Carnet-Verlängerung koste 1300 Ägyptische Pfund, die inoffizielle 350 (dabei fährt er mit den Fingerspitzen seiner rechten Hand in die Brusttasche). Und da es sich bei uns allenfalls um eine Überschreitung von zwei Tagen handle, verlange er* »nur 200 Pfund, ein Sonderpreis ...«

»Klasse«, *sage ich,* »läuft ja alles wie geschmiert!«

Während ich über die Corniche zurückfahre, springt ein junger Mann auf unser Autotrittbrett.

»Rob aus Holland!«, *japst er. Ob wir Informationen über das Ablegen der Fähre nach Wadi-Halfa hätten? Während der Fahrt tauschen wir Handynummern aus, morgen wollen wir uns treffen.*

27. Dezember

Seit gestern campen wir vor Adam's Home, einer einfachen, aber hübsch im blauen nubischen Stil gehaltenen Bleibe für Traveller. Einer von diesen ist John aus Irland, der begeistert um Thunder herumstreicht. »Vater hatte viele Lkw«, *sagt er.* »Ich liebe es, an Lkw zu schrauben und sie abzuschmieren.« »Komm mit uns!«, *witzele ich.* »Wir haben 36 Schmiernippel.«

Nachmittags gehen wir in den Souk, den Markt. Der uns am häufigsten von den Händlern auf Deutsch zugerufene Satz lautet: »Komm rein — kannst du rausgucken!« *Neugierig bleiben wir vor einem Gewürzladen stehen. Die Regale des kleinen Ladens sind voller Erd- und Muskatnüsse, Kümmel, Kardamom, Chili, Pfeffer und tausend anderer Gewürze. In großen Körben liegen getrocknete Lotusblüten und in offenen Kartons rot leuchtender Karkadeh, Malventee. Im nächsten Moment sind wir dem Charme und der Geschäftstüchtigkeit des Händlers erlegen.*

Schon zerreibt er Lemongras und hält es Juliana unter die Nase. Das Gleiche wiederholt er mit anderen Gewürzen. Und wenn sie mit geschlossenen Augen den Duft erkennt, umgarnt er sie: »Gratuliere, Madam.« *Bei so viel Charme kaufen wir natürlich gern bei ihm ein.*

Abends treffen wir uns mit Kamal, dem »Grenzorganisierer« von Assuan. Insider kennen seinen Namen; bei Grenzabwicklungen gilt er als pfiffig und zuverlässig. Vielleicht bringt er uns eher aufs Schiff als Mister Salah!

28. Dezember

Die Welt ist klein! Berni und Annette, die wir zuletzt in Nuweiba auf der Sinaihalbinsel gesehen haben, laufen in Adam's Home ein. »Kairo war der totale Albtraum!«, sagt Annette. Fünf Stunden lang versuchten sie einen Weg in die Innenstadt zu finden. Vergeblich. Als nichts mehr ging, bezahlten sie einen Taxifahrer, »an dessen Stoßstange wir uns klammerten, bis wir unser Ziel in Kairo erreicht hatten«.

Auch sie wollen am 16. Januar mit uns auf die Fähre!

Assuan war nicht nur unser Basislager, sondern unser »Heim auf Zeit«, zu dem wir nach Exkursionen gern zurückkehrten. Am 29. Dezember schlossen wir uns dem Konvoi zu den Tempeln von Abu Simbel an, der aus achtzehn Reisebussen mit Urlaubern und Geländewagen von Tourveranstaltern bestand. Heute hin, morgen zurück; insgesamt 600 Kilometer.

Trotz der Geschwindigkeitsbeschränkung auf 80 Stundenkilometer fuhren die von der Polizei eskortierten Busse deutlich über 100. Da konnten wir nicht mithalten und fielen ab. Der letzte Busfahrer signalisierte uns anzuhalten. Ein Polizist mit Maschinenpistole stieg von ihm zu uns, und so avancierte Thunder zum bewaffneten Schlusslicht des Konvois.

Meine Beziehung zum Ramsestempel von Abu Simbel begann mit der Wochenschau-Berichterstattung der frühen 1960er Jahre. Mit Spannung verfolgte ich, wie der riesige Tempel in mehr als tausend bis zu 40 Tonnen schwere Felsblöcke zersägt und gut 60 Meter höher wieder zusammengesetzt wurde. Sein ursprünglicher Platz versank zwar im Nassersee, doch der Menschheit war ein Weltkulturerbe erhalten geblieben.

Als die Morgensonne die vier sitzenden Kolossalfiguren von Ramses II. in sanftes Rot tauchte, wurde der Traum von damals, einmal hier zu sein, Realität. »Siehst du, ohne Mister Salah und sein Fährproblem hättest du das alles nicht gesehen«, scherzte Juliana.

Auch bei der Rückfahrt fielen wir ans Konvoiende – nur dass diesmal kein bewaffneter Polizist zu uns stieg. Und als der Konvoi vor uns im Flimmern über der Wüste verschwand, bogen wir klammheimlich auf eine schmale mit Sand bedeckte Straße ab. Die gibt's zwar nicht auf Karten, doch in der Realität. 80 Kilometer später erreichten wir die Tempel von Ed Dakka, Amada, Ed Derr und Sebua, den beeindruckendsten von allen. Anders als in Abu Simbel waren wir die einzigen Besucher hier. Nur Mustafa, der Wachmann, empfing uns: »*Salam aleikum.*« Wir drückten ihm das Eintrittsgeld in die Hand, er gab uns die Quittung. Dann führte er uns in die Tempel, deren Reliefs denen von Abu Simbel in nichts nachstehen. Auch diese Tempel waren den Fluten gewichen, genauso wie 100 000 Nubier, die das Niltal räumen mussten, als das Wasser stieg.

Eine weitere Erkenntnis hatte mir die Wüstenfahrt gebracht. Und zwar vor Abu Simbel: Dort wo die Straße links zu den Tempeln abzweigt, zeigt rechts ein großer Verkehrshinweis nach Wadi-Halfa. Eine Handvoll Polizisten bewachte die als Straßensperre aufgestellten Benzinfässer. »Na bitte, es gibt sie also doch, die Straßenverbindung in den Sudan!«, schnaubte ich.

»Tief durchatmen und entspannen«, hörte ich Juliana sagen.

Als wir abends oberhalb des Lake Nasser in einer gänzlich unberührt wirkenden Wüste saßen, war mir, als hätte die Welt eine Atempause eingelegt. Es war völlig still. Morgens grüßten die Strahlen der Sonne den letzten Tag des Jahres. »Wir fangen schon jetzt an zu feiern«, sagte Juliana und schnitt unseren wie einen Schatz gehüteten Weihnachtsstollen an.

Knapp achtzehn Stunden später klangen die Trommeln junger Nubier über *Adam's Home*. Mohammed, der Betreiber der kleinen Unterkunft, hatte zur Silvesterparty eingeladen und gerufen: »*All night no sleep!*« Woraufhin seine jungen Drummer noch wilder auf ihre Trommeln eindroschen. Kurz vor Mitternacht rief der Holländer Rob auf meinem Handy an: »Die Fähre geht schon eine Woche früher, also am 9. Januar!« Die Gerüchteküche brodelte …

Nach mehr als drei Wochen Warten in Assuan geht es endlich los! Neben uns
Annette und Berni, rechts Annelies und Wim aus Holland

Also blieben noch ein paar Tage Zeit. Kurz entschlossen machten
wir einen Abstecher nach Luxor und Hurghada am Roten Meer.

Tagebuchnotizen:

4. Januar

*In Luxor treffen wir die Motorradfahrerin Danielle aus Neuseeland.
»Auf der Sinaihalbinsel wollte ich zusammen mit einem jungen Engländer den Mosesberg besteigen«, sagt sie. »Doch wir verliefen uns und
irrten drei Tage lang mit viel zu wenig Wasser durch die Berge. Das war
knapp …!« Jetzt reist Danielle vorübergehend in Gesellschaft der Holländer Wim und Annelies. Wir stimmen die drei auf Mister Salah und das
Warten in Assuan ein.*

Also drängen jetzt noch zwei Fahrzeuge mehr auf den Frachtkahn …

7. Januar

Hochspannung: Wird die Fähre tatsächlich in zwei Tagen ablegen?

Seit heute wartet auch ein Paragliding-Team von Red Bull mit einem VW Amarok und einem bulligen Magirus-Deutz. Die sechs sind zwar als Letzte angekommen, aber könnte nicht der berühmte Name ihrem Anliegen Flügel verleihen und sie nach vorn fliegen lassen?

Mr. Salah lässt uns eine Stunde lang warten. Danach inszeniert er ein Telefonat, bei dem er sich nach dem Zustand des Frachtkahns erkundigt. Das dauert ...

Mit dem Red-Bull-Team drängen sich jetzt neunzehn Personen in seinem Büro. Salah legt den Hörer auf. »Die Fähre wird erst in einer Woche einsatzbereit sein. Inschallah!«

Auch Kamal, der hiesige »Grenzorganisierer«, ist anwesend. Ebenso ein Sudanese namens Masar, der behauptet, nächste Woche müsse unbedingt eine organisierte deutsche Gruppe mit sechs Geländewagen auf die Fähre. Er habe die Passage bereits vor zwei Monaten gebucht, seine Gruppe habe Vorrang.

Mister Salah sagt nichts dazu, fordert uns aber auf, eine Namensliste in der Reihenfolge unserer jeweiligen Ankunftsdaten zu erstellen und ihm zu übergeben. Klar, dass ich das fair finde: Wir waren die Ersten in Assuan!

Vor *Adam's Home* herrschte eine Woche lang Campingatmosphäre. Abends hockten wir am Lagerfeuer, tranken Stella-Bier und plauderten: Aus der Zweckgemeinschaft war eine Gemeinschaft geworden. Berni und Wim reparierten die Autos, ihre Frauen halfen dabei oder wuschen Wäsche. Julianas Backautomat lief zur Hochform auf.

Wir versuchten unsere Sudan-Visa zu verlängern. Entweder war der Konsulatsbedienstete krank, oder aber es war ein sudanesischer Feiertag. Dann hieß es, wir sollten unmittelbar vor der Abfahrt des Schiffes wiederkommen. Da eröffnete man uns: »Verlängerung ist nicht möglich, nur eine Neuausstellung. Und die kostet 100 US-Dollar.« Wir zahlten. Als wir das dem zufällig anwesenden »Grenzorganisierer« Kamal erzählten, ließ der seine Beziehungen spielen. Binnen zehn Minuten erhielten wir eine kostenlose Verlängerung – und sogar unsere 100 Dollar zurück.

Tagebuchnotizen:

13. Januar
Abends treffen Martijn und Ayso, zwei junge Ärzte aus Holland, ein.

Die beiden Biker hatten keine Visa für Syrien erhalten und waren mit ihren BMW-1200-GS-Maschinen in den Irak gefahren. Ihr Plan: vom Irak auf dem Landweg nach Jordanien und dann weiter nach Ägypten. Daraus wurde nichts: Wegen Unruhen im Südirak flogen sie letztlich samt Motorrädern von Bagdad nach Kairo.

Doch die im Irak gezimmerte Holzkiste für die Motorräder entsprach nicht den ägyptischen Standards.

»Es fehlten amtliche Stempel mit dem Hinweis, dass das Kistenholz nicht von Tropenbäumen stamme. Die Einreise sei nicht statthaft«, lacht Ayso grimmig. Wir alle denken an das Chaos im Moloch von Kairo …

»Aber die Kisten waren schließlich schon da … und jeder konnte sehen, dass das Holz Pressspan war.«

Fünf Tage dauerte das Klinkenputzen, dann waren sie durch. »Und wir waren mit den Nerven am Ende«, sagt Martijn.

14. Januar
Mr. Salahs Aussage ist kurz und bündig: »Der Frachtkahn ist da.« Wir sollen die Fahrzeuge heute in der Reihenfolge unserer Ankunft in Assuan auf den Ponton fahren. Am Montag würden wir mit der Personenfähre nachfolgen.

»Inschallah!«

In der ägyptischen Oase Bahariya trifft Gegenwart auf Vergangenheit.

Die Zeiten ändern sich auch in Ägypten: Früher zogen die Menschen auf Kamelen durch die *Western Desert* ...

Steilvorlage für die Phantasie: durch die Fabelwelt der Weißen Wüste.

Auftrag erledigt! Das handgemalte Plakat wird schon bald die Oase Farafra schmücken.

Zwangspause am Nil bei Assuan: Drei Wochen warten wir auf die Fähre nach Wadi Halfa.

Kamel trifft Weihnachtsmann: im Touristenort Safaga am Roten Meer.

Alles im Griff: Aber wenn die Nilkrokodile fünf Meter lang sind, kann ihr Biss richtig wehtun ...

Der vor dem gestauten Nil gerettete Ramses -Tempel von Abu Simbel: ein zeitloses Meisterwerk.

Kuschelig! Auf dem Sonnendeck der Nilfähre von Assuan nach Wadi Halfa.

Freundliche Orangenverkäufer in Dongola im Norden des Sudan.

Wüstensohn vor den Pyramiden der schwarzen Pharaonen von Meroe.

Omdurman im Sudan: Ging es früher auf den Rücken von Kamelen zurück in die Wüstendörfer, reist man heute auf den Dächern hoffnungslos überladener Lkw.

Beeindruckende Gastfreundschaft in der sudanesischen Wüste: Ein Beduine bringt uns von weither den Begrüßungstee.

Das Personenschiff heißt *Sagalnaam* und benötigt dringend einen neuen Anstrich. Immerhin aber verfügt es über Rettungsboote für die Hälfte der Passagiere ...

Wir hatten geglaubt, gut im Zeitplan zu liegen. Doch das Chaos an Deck war ernüchternd: Viele Einheimische hatten lange vor uns eingecheckt, sich großflächig ausgebreitet und aus Taschen und Kartons regelrechte Burgen mit zwei Meter hohen Gepäckwänden gebaut. »Das sind alles Profis, Händler, die das oft machen«, lachte Berni. Wir waren den anderen vorausgeeilt, um einen guten Platz für uns alle zu ergattern.

Zusammen mit den Red-Bull-Leuten waren wir jetzt sechzehn Traveller. Aber auch wenn wir nachts wie die Sardinen in der Dose aneinanderliegen würden, gab's keinen Fleck, der groß genug für alle war.

»Oben auf der Brücke ist noch Platz«, rief ich Berni zu. Ruck, zuck stiegen wir dem Käptn aufs Dach. Unten musste es wohl mächtig gerumpelt haben, denn der Kapitän, ein älterer Mann in heller Galabija und weißem Turban, ließ uns durch ein Besatzungsmitglied verjagen. Immerhin wies er uns für die Crew reservierte Plätze rechts und links des Steuerhauses zu.

Gegen geringen Aufpreis hätten wir auch Kabinen buchen können. Doch da drin war es zu warm, zu laut, und es stank nach Schiffsdiesel. Außerdem ließen sie sich nicht abschließen. Hier oben konnte einer für alle wachen, und es gab frische Luft.

Einer der Paraglide-Champions hing bereits in seiner zwischen Steuerhaus und Reling gespannten Hängematte und las. Wir rollten Isomatten aus und machten uns lang. Über uns stiegen Besatzungsmitglieder hinweg, während andere Passagiere die Handbreit Platz

Seelenverwandte Offroader: Birgit und Walter haben für ihren Traum von Afrika alles hinter sich gelassen.

neben uns zu erobern versuchten. Über eine Brüstung gelehnt stand ein Mann und las im Koran. Zwischendurch rief der Muezzin, auf dem Schiff war das ein Besatzungsmitglied.

Derweil waren die Gepäckwälle der Händler gewachsen. Mit Schaudern dachte ich an den Gang zu den unten im Schiff befindlichen Toiletten. Den Gedanken ans Örtchen selbst verdrängte jeder von uns, solange es irgend möglich war.

Die Bilder waren bunt, chaotisch und malerisch, und es herrschte trotz allem eine entspannte Atmosphäre. Jeder hatte sich jetzt sein Plätzchen erobert. Clever war das gute Dutzend Nubier, das es sich in den beiden Rettungsbooten bequem gemacht hatte.

»Ich werd verrückt«, hörte ich plötzlich Berni sagen, »der Frachtkahn mit unseren Autos ist noch hier!«

Am Samstag, also vor gut zwei Tagen, hatten wir die Fahrzeuge auf den Ponton gefahren. Zwei Nächte mussten wir im Hotel verbringen, während Thunder grundlos hier im Hafen festgesessen hatte! »Das heißt, dass wir auch in Wadi-Halfa auf die Autos warten müssen!«, sagte ich. Der Frachtkahn war langsamer als das Personenschiff und musste wegen fehlenden Radars nachts vor Anker gehen. Warten in Wadi-Halfa war vorprogrammiert.

»Hallo ihr beiden!« Eine vertraute Stimme riss mich aus meinen Gedanken. Vor uns standen Birgit und Walter.

Gestern Abend waren sie mit ihrer Offroader-Gruppe in Assuan angekommen. Es gab lange Gesichter, als man ihnen erklärte, dass der Autokahn bis auf den letzten Quadratzentimeter voll sei und damit die vorgenommene Reservierung Makulatur war. Kurzerhand hatte der deutsche Reiseleiter seine Wüstenfahrer auf der Personenfähre untergebracht. »Die Autos kommen in zwei bis drei Tagen nach«, sagte Birgit. Keiner von ihnen wusste, dass die Gruppe anderthalb Wochen im Wüstenkaff Wadi-Halfa festsitzen und auf die Autos warten würde.

Ich freute mich auf den Sudan, auch wenn Reisedetails noch unklar waren. So zeigten unsere diversen Karten stark voneinander abweichende Straßenverläufe an.

Von Wadi-Halfa aus gab es zwei Alternativen. Die Piste durch die Nubische Wüste nach Abu Hamed kannten wir von früher. Auf der anderen Strecke entlang dem Nil hatten wir die Chance, auch einige bedeutende Pyramiden und Tempel zu sehen. Doch anders als bei Ägypten und den Ländern Ostafrikas sind aktuelle Informationen über den Sudan schwer zu beschaffen. Wir stocherten ein wenig im Dunkeln.

Großer zeitlicher Spielraum blieb uns nicht: Die Anfahrt zum Mount Kenya, den Bergen Ugandas und Tansanias war lang. Um dort nicht in die Regenzeit zu kommen, würden wir uns im Sudan

Wie eine Trophäe schwenken Berni und Annette ihre Pässe mit den Einreise-stempeln für den Sudan.

nicht allzu lange aufhalten können. Ich spielte sogar mit dem Gedanken, die überwiegend unbefestigte Direktroute von Khartoum entlang dem Weißen Nil nach Juba und weiter nach Kampala in Uganda zu nehmen. Das versprach Abenteuer ... Doch niemand wusste, ob die Einreise für Individualreisende in den neu geschaffenen Staat Südsudan überhaupt möglich war. Außerdem würden wir auf dieser Route nicht nach Äthiopien kommen. Über diesen Gedanken schlief ich ein.

Wir lagen in unseren Schlafsäcken auf dem Oberdeck unter einem tiefschwarzen Himmel, an dem Sterne wie Diamanten funkelten. Immer wieder palaverten Passagiere lautstark über uns hinweg mit dem Rudergänger. Gegen 5 Uhr rief der Muezzin die Gläubigen zum Gebet. Als wir bald darauf die Tempel von Abu Simbel passierten, ging die Sonne auf. Jetzt war auch der Letzte wach.

Man stelle sich eine flache Wüste vor, aus der ein paar zerbröselte Geröllhügel ragen. Dazwischen Hütten, Häuser und eine Moschee. Ein weitläufiger Ort, wo bunte Verkaufsstände die einzigen Farbtupfer sind. Eine Asphaltstraße ist die Ortsachse. An ihr parken ein paar bemalte Lkw, an deren Seiten schwere Sandbleche hängen. Esel ziehen vorbei. Tuk-Tuks, gelb-schwarze dreirädrige Motorradrikschas wie in Indien, knattern über staubige Seitenwege. Das ist Wadi-Halfa.

Unser Hotel heißt laut dem Schild am Eingang *Kliopatra*, am kleinen Hotelbus steht *Kelopatra*. Daneben parken zwei Land Rover aus der Schweiz.

»Im Oktober haben wir unsere Autos nach Südafrika verschiffen lassen«, berichtet René, einer der Fahrer. Im März müssen sie wieder in der Schweiz sein. Dann erzählen sie, dass südlich des äthiopisch-kenianischen Grenzortes Moyale erneut Stammeskämpfe ausgebrochen sind. »Ein Toter hing in einem Baum. Wenig später wurde ein Mann vor unseren Augen erschossen.«

Sie durften dieses Krisengebiet nur unter Polizeischutz im Konvoi durchfahren. »Ich hatte Angst«, sagt Renés Frau, die sich während der gesamten Strecke hinten auf den Boden des Land Rovers verkrochen hatte.

Tags darauf herrscht bei allen große Betroffenheit: »Mindestens fünf Touristen, darunter zwei Deutsche und ein Österreicher, sind in Äthiopien in der Nähe des Vulkans Erta Ale in der Danakilwüste ermordet worden«, berichtet Rob, der das eben im Internet gelesen hat.

Juliana und ich hatten erwogen, dorthin zu fahren, wollten jedoch die aktuellen Reisehinweise des Auswärtigen Amtes berücksichtigen und vor Ort Erkundigungen einholen. Wir mussten umdenken …

Reisen ist für mich die Freude am Entdecken von Landschaften, Ländern und Kulturen, aber auch die Begegnung mit Menschen. Die

Lust am Unbekannten; die »Sehnsucht nach dem Unendlichen«, wie der Romantiker Friedrich Schlegel einst sagte. Doch wer so reist wie wir, bewegt sich zwangsläufig auch jenseits der ausgetretenen Pfade, wird zum Grenzgänger. Mit allen Unwägbarkeiten ... Was ich nicht mit Leichtsinn oder Waghalsigkeit gleichzusetzen bitte. Menschen ertrinken auch beim Sommerurlaub am heimischen Baggersee, stürzen von gesicherten Alpenpfaden oder kommen durch einen heranrollenden Tsunami im Dreisternehotel um.

Daher breche ich gern eine Lanze für alle Globetrotter, die sich verantwortungsbewusst mit Vorausplanung und Umsicht zu Fuß, mit dem Boot oder anderen zuverlässigen Fortbewegungsmitteln in Grenzbereiche vorwagen.

Um solche und ähnliche Themen drehen sich unsere Gespräche, als wir aufgewühlt mitten in Wadi-Halfa im Windschutz eines Containers sitzen, während uns der Wirt des winzigen Restaurants Omeletts mit Fladenbrot serviert.

Das heutige Wadi-Halfa ist nur noch ein Schatten der einstigen versunkenen Stadt. Sie war ein bedeutender und sehenswerter Handelsumschlagplatz, der für die Nilschifffahrt seit jeher eine große Rolle spielte. Schon im 19. Jahrhundert, zur Zeit Lord Kitcheners, war es britischer Militärstützpunkt. Während des Zweiten Weltkriegs war das alte Wadi-Halfa eine Basis der Royal Air Force. Doch dieser stattliche Ort mit einigen prächtigen Kolonialgebäuden versank im Lake Nubia, wie der See hier heißt, nachdem man Zehntausende Nubier in andere Teile des Sudan umgesiedelt hatte.

Sechs Jahre nachdem der Stausee seinen endgültigen Pegelstand erreicht hatte, kamen Juliana und ich nach mehr als 60 000 Kilometern Afrikaabenteuer in das gerade erst aus dem Boden gestampfte neue Wadi-Halfa, und schon damals mussten wir tagelang auf die Fähre über den See warten. Als es endlich losging, waren nur der

Unimog unserer Reisefreunde Karin und Oskar und unser Bulli auf dem Kahn, der hinter einem kleinen Schlepper hing. Zu jener Zeit durften wir noch in unseren Autos schlafen. So gut es ging, denn es war Juli und unerträglich heiß.

Damals führte der Hauptpfad von Khartoum nach Wadi-Halfa entlang einer Bahnlinie fast 600 Kilometer durch die Nubische Wüste. Für uns und unser Auto eine »Schreckenspiste«. Am 20. Juli 1976 notierte ich: *Leichter Sandsturm, gelbliches Licht verzaubert die Wüste, unheimlich schön. Und durch die Mitte dieses Gemäldes ziehen — fast schemenhaft — auf Kamelen sitzende Männer mit Schwertern. Ihre weißen Gewänder flattern im Wind.*

Tags darauf schrieb ich: *Heute hatten wir die 46. Reifenpanne der Afrikareise.*

Was dem heutigen Wadi-Halfa an Sehenswürdigkeiten oder städtischem Charme fehlt, gleichen seine Menschen mit ihrer zurückhaltenden Freundlichkeit aus. Zusammen mit den Offroadern sind wir knapp dreißig Personen. Sie alle morgens und abends satt zu bekommen, ist für die Wirte der winzigen Restaurants eine Herausforderung, die sie großartig meistern.

Morgen sollen unsere Autos und Motorräder kommen.

Wir nutzen die Wartezeit und lassen uns bei der Polizei registrieren. Der zuständige Captain schickt uns zu seinem fröhlichen Korporal, der unsere Daten in eine Kladde einträgt. Wir liefern Passbilder und ausgefüllte Vordrucke ab. Dann werden wir in ein Büro geschickt, wo zwei Frauen die Kasse verwalten. Dort heißt es erst mal warten – denn zunächst gießen sie einem Polizisten Tee ein und plaudern in aller Ruhe mit ihm. Nachdem wir für den Papierkram umgerechnet 75 Euro abgedrückt haben, setzt der Polizei-Captain seine Unterschrift in unsere Pässe.

»Wo erhalten wir das Fotopermit?«, fragt einer der Kameramänner des Red-Bull-Teams.

»Der Sudan ist ein freies Land. Hier braucht keiner eine Fotografiererlaubnis«, sagt der freundliche, dicke Korporal entschieden und wirft sich in die Brust. »Komm, mach gleich ein Foto von mir!« Der Captain nickt dazu.

Prima, denke ich, denn wir hatten auch schon anderes vom Sudan gehört. Dass Militäranlagen und Brücken tabu sind, war klar. Aber wie konnte ich ahnen, dass ausgerechnet das Porträt eines Kamels mich mal in Teufels Küche bringen sollte ...

»Autos angekommen!«, verkündet Berni, der eben mit einem Tuk-Tuk vom Hafen zurückgekommen ist. Endlich!

Alle Fahrzeuge sind unversehrt. Magdi Bischera, der »Grenzorganisierer« von Wadi-Halfa, lotst uns professionell durch den sudanesischen Zoll. Gern zahlen wir den dafür ausgehandelten Preis.

»Endlich sind wir *richtig* in Afrika!«, strahlt Berni und streichelt seinen rot-weißen Camper.

Das Warten in Assuan, die Schiffspassage und der Aufenthalt in Wadi-Halfa haben Juliana und mich 27 Tage gekostet. Die Fahrt auf der Straße hätte nur einen Tag gedauert ...

Hilary Bradt, die Herausgeberin unseres *Bradt Travel Guide* über den Sudan, schreibt im Vorwort über das Land: »... es war im Jahr 1976, als ich von Äthiopien in den Sudan einreiste ... Eine harte Zeit in Äthiopien lag hinter uns – im Morgengrauen hatte man uns dort festgenommen und danach 24 Stunden Zeit gegeben, das Land zu verlassen ... Wir waren höchst wachsam, als wir das neue Land [den Sudan] betraten ... Das kleine Grenzdorf Gallabat war makellos, und die pechschwarzen Männer waren in blendend weiße Gewänder gekleidet ... Es ist nicht ungewöhnlich, dass Trans-Afrikareisende den Sudan als ihren Favoriten des ganzen Kontinents bezeichnen ...«

Unsere frühen Eindrücke vom Sudan decken sich mit denen von Hilary Bradt: In Addis Abeba zweimal bestohlen, hatten wir uns durch den »schlimmsten Schlamm Afrikas« bis hinter Gallabat vorgearbeitet. Völlig verdreckt und erschöpft, die Autos desolat, erreichten wir ein kleines Dorf, in dem uns ein Dutzend in weiße Galabijas gekleidete Männer sofort willkommen hießen. Man reichte uns Wasser zum Waschen, dann servierte man uns Tee. Ein Mann klatschte in die Hände, zwei andere brachten einen Topf voll süßer Nudeln. *Die Gastfreundschaft der Sudanesen ist umwerfend,* hieß es in unserem Tagebuch von damals.

Es war das Jahr 1976, in dem auch Hilary Bradt in den Sudan reiste.

Nicht wenige Traveller schrecken vor der Einreise in den Sudan zurück.

Rund ein halbes Jahrhundert hatten die militärischen Auseinandersetzungen zwischen dem Nord- und Südsudan angedauert. Seit 2011 ist der Südsudan zwar unabhängig, doch das Säbelrasseln wegen des Erdöls in der Grenzregion Südkordofan geht weiter. Wegen massiver Menschenrechtsverletzungen gegenüber der überwiegend schwarzen Bevölkerung im westlich gelegenen Darfur hatte der Internationale Gerichtshof gegen den Präsidenten des Sudan schon vor Jahren einen Haftbefehl ausgestellt ...

»Aufgrund der Nachwirkungen des Bürgerkriegs in Südsudan, der Stammeskonflikte und der nach wie vor angespannten Situation an manchen Teilen der südlichen und östlichen Grenzen sowie aufgrund des Darfur-Konflikts ist eine Durchquerung des Landes weder in Nord-Süd- noch in Ost-West-Richtung gefahrlos möglich«, schreibt das Auswärtige Amt in seinen Informationen.

Von Wadi-Halfa brachen wir in eine der heißesten Ecken der Welt auf. Als sichere Route im Süden blieb uns eigentlich nur die Strecke Khartoum–Gedaref–Gallabat und von dort weiter nach Gonder in Äthiopien.

»Toll, wieder unterwegs zu sein«, sagte ich dennoch und schob wieder Willie Nelsons *On the Road Again* in den CD-Player. Und ehe wir's uns versahen, passierten wir das Ende jener Sandpiste entlang der Eisenbahnlinie, auf der wir uns im Jahr 1976 durch die Nubische Wüste geschlagen hatten. Die Frage, ob wir dort noch einmal entlangfahren sollten, stellte sich nicht, denn die am Nil südwärts führende Asphaltstraße war so brandneu, dass sie nicht mal auf unseren Karten eingezeichnet war. Wir folgten ihr.

Menschen sahen wir selten. Hier und da einige Dutzend Kamele. Wie grüne Oasen säumten Dattelpalmenhaine die Ufer des großen Stroms. Wir stoppten, stiegen aus, um uns die Beine zu vertreten. Ein Mann bearbeitete mit einer einfachen Hacke den trockenen Boden seines Feldes. Er grüßte und kam auf uns zu. Ich bot ihm einen Keks an. Er dankte, nahm und aß. Einen Moment später kam er zurück und brachte uns ein paar Datteln.

Wir fuhren weiter, als mein Handy plötzlich den Empfang einer

SMS vermeldete. Mitten in der Wüste … Kein Ort war weit und breit, aber das Netz moderner Übertragungsmasten ist im Sudan sehr dicht, vor allem entlang der Verkehrsrouten. Es mag unglaublich klingen, aber wir hatten über große Distanzen selbst in der entlegensten Wüste Handyempfang. Tags darauf fuhren wir über die ebenfalls neue Nilbrücke in die nördliche Provinzhauptstadt Dongola ein. Die Entwicklung im Sudan ist verblüffend.

Ich parkte im Ortszentrum. In Ägypten wären wir sofort von jungen Männern umlagert gewesen, die gerufen hätten: »*What's your name?*« und »*Where are you coming from?*« Hier schauten die Leute uns nur zu. Lediglich ein Junge stoppte seinen Eselskarren, zog ein Handy aus der Galabija, winkte und fotografierte uns.

Das Angebot in den kleinen Läden war nicht üppig, erfüllte aber Grundbedürfnisse. Es gab auch Cornflakes, Fleisch in Dosen und Milchpulver. In Grillautomaten brutzelten Hähnchen. Die Karren der fliegenden Obst- und Gemüsehändler waren mit Orangen, Zitronen, Bananen und Zwiebeln, Kartoffeln, Zucchini und Gurken beladen.

Dongola gefiel uns. Nach Einbruch der Dunkelheit fuhren wir über die Nilbrücke zurück und parkten am gegenüberliegenden Flussufer in der Wüste. Als am folgenden Morgen die Sonne aufging, sahen wir in einigen Hundert Metern Entfernung zwei sandfarbene Häuser. Ein Mann ritt auf einem Esel vorbei, der in ehemaligen Speiseölkanistern Milch transportierte. Er hielt an, schüttelte uns die Hände und sagte etwas auf Arabisch, von dem wir nur ein Wort verstanden: »Tschai«. Wenig später kam ein anderer Mann zu uns. In der Hand hielt er eine Thermoskanne. Keiner verstand die Sprache des anderen, aber was er zu sagen hatte, war klar: Dieses Stück Wüste gehöre seinem Clan, und er hieß uns willkommen. Die Gläser hatte er gleich mitgebracht. Er hockte sich vor Thunder auf den Boden und sah uns beim Trinken zu. Gastfreundschaft funktioniert ohne große Worte.

Dongola im Nordsudan: Mit einem freundlichen Lächeln heißen uns die
Menschen willkommen.

Ein junger Fahrer brachte uns später in Dongola mit seinem ver-
chromten Tuk-Tuk zu einem Internetcafé. Wir kamen mit Mahmud,
dem Inhaber des fensterlosen Ladens, ins Plaudern. An den Wänden standen kleine Tische mit PCs, an denen ein paar Jungen ein
Fußballspiel spielten. Die Kicker auf dem Bildschirm trugen die
schwarz-weißen Farben der deutschen Nationalmannschaft, und
ich hörte Namen wie Schweinsteiger und Neuer.

Spontan lud Mahmud uns zum Essen ein. Drei Stühle standen im
Halbdunkel um einen kleinen Tisch, auf dem ein Helfer *ful*, braune
Bohnen, und *taamiya* brachte – frittierte Bällchen aus pürierten
Kichererbsen. Mahmud goss Öl über die braunen Bohnen und
reichte uns mit der rechten Hand das Brot.

Er bewundere deutsche Produkte und deren Zuverlässigkeit, sagte
er. Und über unsere Bundesligavereine wusste er mehr als ich.

Seit jeher bestimmt der Nil die Schritte der Menschen und den Verlauf ihrer Pfade. Doch der rasante Straßenbau der letzten Zeit ließ meine neue Karte alt aussehen.

Pfeilgerade durchzieht eine 600 Kilometer lange neue Straße seit Kurzem die Nubische und die Bayudawüste bis Adbara. Auf halber Strecke liegt der Ort Karima. Hier entsteht mit dem Merowedamm ein neues gigantisches Stauprojekt, bei dem europäische Firmen das Know-how stellen und China – neben der Bauleitung – die Finanzierung übernimmt. Eine Menge hatte sich verändert: auch dass mittlerweile der chinesische Einfluss in fast allen afrikanischen Ländern unübersehbar ist.

In Adbara erreichten wir erneut den Nil. Mit der Stille unserer bisherigen Wüstenroute war es abrupt vorbei. Das Stadtbild Adbaras wird man schnell vergessen. Unvergessen aber ist mir eine Episode von früher.

Die Piste bei Adbara ist in der Dämmerung schwer zu erkennen, schrieb Juliana damals ins Tagebuch. *Des Öfteren fragen wir nach dem Weg und stoppen an einem großen Haus. Wohl hundert überwiegend weiß gekleidete Männer sitzen dort im Innenhof an Tischen beim Kartenspiel und trinken Tee. Man bittet uns rein. Immer mehr Männer gesellen sich zu uns. Sie seien alle Mitglieder eines Sportvereins, Fußball und Tennis, hören wir.*

Juliana notierte damals weiter:

Eine nie zuvor erlebte Herzlichkeit! Ein Mann namens Kano serviert uns Tee. »Macht ein Foto von uns«, bitten sie. Die Sudanesen lachen, sind ausgelassen, nehmen Aufstellung. Und als wir uns verabschieden, um weiter in die aufziehende Nacht hineinzufahren, stehen sie draußen und klatschen. Ihre Gastfreundschaft und Herzlichkeit hat uns berauscht.

»Andere Zeiten, andere Gegebenheiten«, sage ich, während Juliana aus Jux die am Straßenrand liegenden Reifenreste zählt. Alle 100 Meter eine zerfetzte Karkasse; nach zweihundert weggeworfenen Reifen gibt sie das Zählen auf. Ich bin froh, als wir bei Meroe die ausgefranste und stark frequentierte Straße vorerst verlassen. Und so als habe man wie im Theater eine andere Kulisse vorgeschoben, verändert sich das Bild.

Man könnte die Pyramiden von Meroe aus der Ferne für die Spitzen von Wüstenbergen halten. Offenbar taten wir das auf unserer ersten Reise, denn wir waren schlichtweg vorbeigefahren.

Wir parkten Thunder und bestiegen zwei Kamele, die uns in die einstige Hauptstadt des Reiches von Kusch trugen.

Die Geschichte von Kusch, eine ägyptische Bezeichnung für Nubien, war eng mit der Ägyptens verknüpft. Lange regierten ägyptische Pharaonen hier, während der 25. Dynastie stellte dieses Wüstenreich auch die »Schwarzen Pharaonen« und herrschte über Ägypten. Nach siebenhundert Jahren Blüte versank das Reich von Kusch um 300 nach Christus in die Vergessenheit – und seine Pyramiden und Tempel im Wüstensand.

Noch stand ich unter dem Schock von Kairo und sah Khartoum mit einem Kribbeln im Bauch entgegen. Bei unserem Besuch vor 36 Jahren wohnte eine Dreiviertelmillion Menschen im Großraum Khartoum; jetzt waren es zehn Millionen, und ein Viertel davon lebte in der Hauptstadt selbst. Vor hundert Jahren waren es allerdings nur 70 000 gewesen ...

Nicht weit von dem Ort, wo Blauer und Weißer Nil zusammenfließen, liegt der Blue Nile Sailing Club, wo die meisten Globetrotter mit ihren Expeditionsmobilen übernachten.

Um es kurz zu machen: Das Navi brachte uns zuverlässig zum Ziel. Zwar herrschte in Khartoum dichter Verkehr, doch die Fahrer waren diszipliniert. »Hier finden ja alle ihre Blinkerschalter«, witzelte Juliana. Es schienen Verkehrsregeln zu gelten, und das alles funktionierte ohne Hupen und Abdrängen.

Der Blue Nile Sailing Club liegt zwischen Nile Street und dem Fluss. Als ich Thunder dort einparkte, sah ich einen Toyota Land Cruiser mit Schweizer Kennzeichen.

Sofort waren wir mit Alex und Annie aus Zürich im Gespräch.

»Wir kommen von Süden«, sagt Annie.

»In Äthiopien hatten wir viele Probleme«, fügt Alex hinzu. »Es begann schon bei der äthiopischen Botschaft in Nairobi, wo man uns die Visa verweigerte. Man warf uns quasi die Pässe vor die Füße«, empört er sich. Also sandten sie die Pässe per DHL zur äthiopischen Botschaft nach Genf. Von dort kamen sie unbearbeitet zurück mit dem Hinweis, die Konsularabteilung für Schweizer sei in Paris.

»Also schickten wir noch mal alles los«, sagt Annie. Diesmal klappte es, aber es hatte sie einige Wochen Warterei und außerdem rund 500 Euro gekostet.

»Wie hat euch Äthiopien selbst gefallen?«, frage ich.

»Wir waren froh, als wir wieder draußen waren«, entgegnet Annie. »In Addis Abeba wurde uns die Kamera gestohlen. Und im ganzen Land bettelten die Kinder und warfen Steine. Das Übernachten in freier Natur kannst du vergessen; es sind überall Menschen, und sie bedrängen dich, sobald du einparkst.«

Einstimmig sagen beide: »Wir sind froh, im Sudan zu sein!«

»Gestern trafen wir hier zwei Holländer«, erinnert sich Alex.

»Wie heißen die?«

»Wim und Annelies.«

Unsere Schicksalsgefährten aus Assuan und Wadi-Halfa! Ich rufe Wim auf dem Handy an.

»Wir sind in der *National Camping Residence*«, sagt Wim, »eine Art Jugendherberge für sudanesische Gruppen.« Stunden später trinken wir mit ihnen eiskaltes alkoholfreies Barbican-Bier und schmieden Pläne.

Beeindruckendes Schauspiel: Einige der Derwische von Omdurman tanzen
sich in Ekstase, bis sie umfallen.

Khartoums westeuropäisch wirkende Innenstadt mit modernen Gebäuden verblüfft, vor allem das *Burj al-Fateh Hotel*, dessen eigenwillige
Form an das Segel einer Dau, des typischen arabischen Segelschiffs,
erinnert.

Die Straße zum Airport ist zehnspurig. An ihrem Rand liegen
Fast-Food-Restaurants mit arabischen Namen, gut bestückte Läden
und die moderne Afra Mall.

Wer gerade aus der Wüste kommt, traut hier seinen Augen
nicht.

Aber der Großraum Khartoum besitzt auch andere Gesichter.

Tagebuchnotiz: *Freitag, 27. Januar: morgens*

Gnadenlos schrillt um 5 Uhr das erste Morgengebet des Muezzins aus
den Lautsprechern des nur 50 Meter von uns entfernten Minaretts. Um

6 Uhr das Gleiche. Macht nichts, ich bin sowieso seit einer Stunde hell-
wach.
Heute wollen wir zum Kamelmarkt von Omdurman.

Auf der Übersichtskarte sah alles so einfach aus: Die Nile Street
entlang, dann rüber über den Nil und weiter durch Omdurman;
schon wären wir im Souk Abu Zaid. Denkste ... 40 Kilometer legten
wir zurück und brauchten dafür anderthalb Stunden.

Auf dieser Reise erlebten wir die Metamorphose einer geordneten
modernen Innenstadt mit von sechzehn Polizisten »bewachten«
Verkehrskreiseln hin zu einem weiten Netzwerk sich verzweigender
Erdstraßen zwischen dicht an dicht gebauten Lehmhütten. Auch
dies ist die Metropolregion Khartoum.

»Traummotiv«, sagte ich zu Juliana, als uns ein uralter Bedford-
Lkw entgegenkam, auf dessen Dach auf übereinandergestapelten
Säcken vierzehn Männer hockten. Alle wirkten völlig entspannt.
Keiner war angeschnallt oder sonstwie gesichert. Als sie uns sahen,
winkten sie. Das waren Bilder, wie ich sie von früher in Erinnerung
hatte.

Irgendwann erreichten wir den Kamelmarkt von Omdurman.

»Das ist alles?«, entfuhr es Juliana. Da waren ja gerade mal siebzig
Kamele ... Dicht daneben wurden Fettschwanzschafe verkauft.

Wir nahmen unsere Kameras und schlenderten los.

Tagebuchnotiz:

Freitag, 27. Januar, nachmittags
Wir sind bereits eine Stunde auf dem Kamelmarkt, als ein Mann auf
mich zustürmt und mir die Kamera entreißen will. Ich wehre mich. Die
Menschen, mit denen wir uns eben noch freundlich unterhalten haben,
gehen auf Distanz.
Was ist los?

»Police!«, rufe ich.

Er sei von der Polizei, behauptet der grobe Bursche, während er versucht, mir die Kamera zu entwinden. Jetzt lässt er die Kamera los, zieht eine Brieftasche hervor und zeigt mir einen Ausweis mit seinem Bild neben arabischen Schriftzügen. Für mich kann das alles Mögliche bedeuten. »Ich will zur Polizei«, *beharre ich.*

Wir folgen ihm und den beiden Männern neben ihm hin zu einer unscheinbaren Bude, in der ein Uniformierter sitzt. Der fordert uns auf, Platz zu nehmen. Der Mann, der uns festnahm, ist offenbar tatsächlich ein Polizist in Zivil, ununterbrochen telefoniert er, wobei ich das Wort »Germania« *höre. Unsere Pässe wandern derweil von einer Hand zur anderen. Der Aggressive inspiziert meine Fotos auf dem Kamera-Display, kann aber offenbar nichts Verdächtiges entdecken.*

In diesem Moment wird dem Uniformierten auf einem Blechtablett das Essen gebracht: Bohnen mit Schafskäse, eingelegte Paprika und Brot.

Der Uniformierte bittet uns, zuzugreifen. Das ist kurios in dieser Situation ... Juliana sträubt sich. »Mach mit!«, *rede ich auf sie ein. Ich möchte die Situation entschärfen.*

Wir waschen uns die Hände und tauchen alle drei unser Fladenbrot in den Bohnenbrei, als ich sehe, dass bei dem, der uns festgenommen hat, der Griff einer Pistole aus dem Hosenbund ragt.

Da zerrt man einen Mann mit kurzer Hose und freiem Oberkörper in den Raum. Er wehrt sich, schlägt mit der einen Hand um sich, während die andere eine zusammengerollte Galabija an die Brust drückt. Der Mann hat glasige Augen, als hätte er gekifft. Die Polizisten ergreifen ihn. »Unser« *Polizist macht den Wortführer. Er hält jetzt ein langes Messer in der Hand. Was es damit auf sich hat, weiß ich nicht. Aber in diesem Moment fließen bei Juliana Tränen. Die Männer sehen es und reagieren. Ein freundlich wirkender Mann fährt uns einige Kilometer weit zu einem modern eingerichteten Gebäude. Ich ahne, dass es eine Zentrale der Geheimpolizei ist.*

Im Flur betet ein Offizieller auf einem ausgerollten Teppich.

»Wie lange müssen wir hierbleiben?«, *frage ich unseren Begleiter.*

»Five minutes!«, sagt er, schaltet aber für uns die Klimaanlage ein. Mehrfach erscheinen jetzt Männer, die unsere Pässe kontrollieren und fotokopieren.

»Was sollen wir tun?«, überlege ich. »Die deutsche Botschaft um Hilfe bitten?«

»Heute ist Freitag, also Wochenende ... da hat sie geschlossen«, erwidert Juliana.

Uns wird es unheimlich. Nach drei Stunden nervenaufreibenden Wartens erscheinen zwei gut Englisch sprechende Männer von etwa dreißig Jahren.

»Sorry, that was a mistake!«, sagen sie und entschuldigen sich für den Fehler, uns festgehalten zu haben. Weitere Erklärungen gibt es nicht.

Wo wir als Nächstes hinwollen?, fragen sie höflich. Eigentlich hatten wir für den Abend einen Besuch bei den tanzenden Derwischen vorgesehen.

»Zum Grab von Scheich Hamad Al Nil, zu den Derwischen.«

»No problems« – sie würden mit ihrem Pick-up-Truck vorausfahren und uns zu den Derwischen geleiten.

So geschieht es.

Als wir dort angekommen sind, winken sie uns wie alten Freunden zu, biegen links ab und sind verschwunden.

Es dauerte lange, bis der Schock dieses unfreiwilligen Intermezzos von uns abfiel.

Auf dem Friedhof am Grabmal des Heiligen Hamad Al Nil hatten sich bereits zahlreiche Menschen versammelt. Darunter auch einige Touristen, denn die Tänze der Derwische zählen zu den Highlights eines Omdurman-Besuchs. Wir trafen auch Wim und Annelies. Unbefangen fotografierten sie, so wie die anderen Besucher auch.

Ich sah, wie Wim sich mit einer aristokratisch wirkenden elegant gekleideten Frau unterhielt. Sie streckte ihm ihre kunstvoll mit Hennatattoos verzierten Hände hin und bat ihn, diese zu fotografieren. Sie sei eine Besucherin aus Saudi-Arabien, hörte ich.

Natürlich hätte auch ich gern fotografiert, aber ich stand noch zu sehr unter den Eindrücken des Polizeigewahrsams. Erst als die Derwische unter Trommelgedröhn einzogen und einer nach dem anderen durch ekstatische Tänze in Trance geriet, wagte auch ich ein paar Fotos zu machen.

Wir verließen Khartoum in Richtung Äthiopien und folgten dem im Äthiopischen Hochland entspringenden Blauen Nil. Das Land ist fruchtbar; Felder wurden bestellt, irgendwo sahen wir einen riesigen Claas-Mähdrescher. Wir wunderten uns über die vielen toten Ziegen, Kühe und Kamele am Fahrbahnrand. Ab Wad Madani ließ der Verkehr nach, auch die Bauten veränderten sich. Eben noch rechteckige Häuser aus gebrannten Lehmziegeln, jetzt mit Strohmatten bedeckte Rundbauten. In Gedaref tankten wir alle Kanister voll.

Wir fuhren jetzt durch fast menschenleere Buschsavanne. Der Bewuchs war gelbweiß vertrocknet, der Boden steinig, spröde und rissig. Der Himmel zeigte nur ein blasses Blau, feiner Staub lag in der Luft. Ein barfüßiges Kind hütete eine Ziegenherde. Dörfer gibt es hier kaum. Es ist einsam am Dach Afrikas.

Manchmal ertappte ich mich bei dem Gedanken: »Was machst du, wenn der Wagen liegen bleibt?« Dann rief ich mich zur Ordnung: »Denk positiv!« Thunder war in Topzustand. Wir führten alle erdenklichen Ersatzteile und Werkzeuge mit uns, und zwei linke Hände hatten wir auch nicht. Ich schob wieder Willie Nelsons *On the Road Again* in den CD-Player. Und während wir nach Südosten rollten, ging die Sonne unter.

Die Nacht verbrachten wir abseits der Straße in der Savanne. An diesem Abend war alles ganz anders als auf der bisherigen Reise. Um 20 Uhr hatten wir noch 38 Grad im Auto, um 23 Uhr zeigte unser Thermometer immerhin noch 26 Grad an. Erstmals schliefen wir unter unserem Moskitonetz; Tabletten gegen Malaria nahmen wir seit Khartoum. Auch weit nach Mitternacht klatschten riesige Heuschrecken gegen den Lkw.

Gerädert standen wir auf, und da unsere Körper klatschnass waren, duschte ich mich mit einem kleinen Handkanister draußen. Durch das Duschwasser verwandelte sich die schwarze Erde unter mir binnen Sekunden in einen Schlammbrei, in dem die Sandalen festklebten. Ich sah, dass sich ein Netzwerk von 30 Zentimeter tiefen und sehr breiten Rissen über den Boden zog.

Während der Regenzeit würde sich die Erde wie ein Schwamm vollsaugen und die Räder und Radkästen des Autos verkleben, bis sich gar nichts mehr drehte.

So wie damals, als wir uns mit unseren Reisebekannten Karin und Oskar hier durchschlugen. Da gab es noch keine befestigten Straßen – und es war Regenzeit.

»Komm, setz dich zu mir in den Schatten«, sagte Juliana. In der Hand hielt sie ein Bündel Kopien mit den Tagebuchaufzeichnungen von früher.

Gemeinsam blätterten wir in meinen alten Aufzeichnungen.

3. Juli 1976

Der diensthabende Polizeioffizier in Gonder hält die Piste nach Metemma während der Regenzeit für unbefahrbar. Er rät uns, vier Monate zu warten. Dann sei Trockenzeit ...

Nachmittags treffen wir zwei Iren, die im sudanesisch-äthiopischen Grenzgebiet von bewaffneten Banditen überfallen worden sind. Vorsichtshalber verstecken wir unsere Wertsachen hinter den Autoverkleidungen.

4. Juli

Gleich am Pistenbeginn Männer mit Gewehren. Einer sitzt auf einer erhöhten Stelle: Wie auf einem Ausguck, geht's mir durch den Kopf. Aber nichts passiert! Bei Tachostand 978 ein Erdrutsch; eine Stunde lang schlagen wir uns mit Brechstangen, Hämmern und Schaufeln eine Bresche.

Dann geht's Schlag auf Schlag: Pfützen, Schlammlöcher, Schlammberge. Als Oskar mich mit seinem Unimog überholt, rutscht er ab und hängt im Morast so dicht neben mir, dass ich Angst habe, er könne uns zerquetschen.

Ich höre, wie mein hinterer Dachgepäckträgerhalter durch die Dachrinne unseres Bullis bricht. Kurzerhand lassen wir den Gepäckträger samt Transportkiste, Benzinkanister und Grill am Pistenrand zurück.

Im Auto ist kein Bein mehr an den Boden zu kriegen. Unser Hund Addis spielt verrückt und springt mir ins Lenkrad. Längst schon haben wir Schneeketten aufgezogen, um im Schlamm besser voranzukommen. »Der Einbau der neuen Kolbenringe hat sich gelohnt«, jubele ich. »Unser 34-PS-Motor ist ein Herkules!«

Wo wir uns mit unserem VW-Bulli tagelang durch zähen Schlamm quälten, entstand unlängst eine Asphaltstraße

Montag, 5. Juli

Dauerregen; der Schlamm verklebt die Räder in den Radkästen. Ich stoppe alle 200 Meter, um sie zu säubern, derweil tastet Juliana sich zu Fuß voran, um die Schlammlöcher zu inspizieren. Bei Kilometer 027 liegen wir auf dem Bodenblech auf: Nichts geht mehr! Mit den Händen wühlen wir im Dreck und schieben Äste unter die Räder. Den Rest erledige ich mit Vollgas und schleifender Kupplung.

Wir sehen aus wie Schweine nach einem Schlammbad!

Die Materialschlacht fordert Tribut: Meine Bremse hat kaum noch Druck, die Handbremse ist schon längst ausgefallen. Bei Kilometer 044 verliert Oskar seinen Reservereifen: erneutes Anhalten und Reparieren.

In zehn Stunden haben wir 32 Kilometer geschafft.

6. Juli

Seit Gonder liegt mein Spritverbrauch bei 21 Litern auf 100 Kilometer – und das bei 34 PS!!! Nach endlosem Schieben erreichen wir den äthiopischen Grenzort Metemma. Zweieinhalb Stunden warten wir auf den äthiopischen Zöllner. Derweil spendiert ein betrunkener Polizist Tee.
Tagesleistung: 42 Kilometer.

7. Juli

Glück gehabt: Am letzten Gültigkeitstag unseres sudanesischen Visums erreichen wir den Sudan. Man stellt uns einen Begleitbrief für die Polizei in Gedaref aus, wo wir die sudanesischen Einreiseformalitäten erledigen sollen. Starke Militärpräsenz: Immer wieder sehen wir Soldaten auf Magirus-Deutz-Lastern mit deutschen G3-Sturmgewehren.

Einsteigen lohnt kaum: Meistens läuft Juliana wegen der sich aneinanderreihenden Schlammlöcher neben dem Bulli her. Unser Tagesmotto ist dasselbe wie gestern und vorgestern: Schieben, Schaufeln und Schwitzen!

In einem Dorf klettert ein Mann in einen 20 Meter tiefen Brunnen, um unsere Wasserkanister zu füllen. Eine Stunde später versagt mein Anlasser. Oskar schleppt mich ab, bis der Motor läuft. Dabei bleibt er selbst hängen. Eine Stunde lang versuchen wir ihn freizukriegen, während Juliana vom Bulli den inzwischen steinhart gewordenen Schlamm abmeißelt.
Tagesleistung: 33 Kilometer.

8. Juli

Wir bleiben an Ort und Stelle und zerlegen meinen Anlasser: Drinnen sind zwei Lötstellen gebrochen. Darauf entzünden wir ein Lagerfeuer, erhitzen einen dünnen Eisenstab und löten damit. Nachmittags Starkregen! Wenn das so weitergeht, ersaufen wir morgen im Schlamm.

Freitag, 9. Juli

Einer der schwärzesten Tage in Afrika!

Mehrmals zieht uns der Unimog durch den Dreck … bis er selbst fest-
hängt. Weder Schaufeln noch Schieben hilft: Der schwere Wagen liegt auf
dem hinteren Reservereifen auf, die Räder drehen durch. Drei Stunden
lang versuchen wir ihn flottzukriegen – vergeblich! Letztlich befestigen
wir ein Abschleppseil zwischen der Vorderachse unseres Bullis und Oskars
Reservereifen. Vollgas: Meine Schneeketten beißen in den Matsch. Und
Zentimeter für Zentimeter ziehe ich im Rückwärtsgang Oskars Reifen aus
der Radhalterung. Die ist danach zwar gebrochen, doch der Wagen ist
frei, und irgendwie wird's schon weitergehen …

Mittags habe ich Reifenpanne. Beim Radabnehmen entdecke ich einen
fünf Zentimeter langen Rahmenbruch.

Der Unimogmotor wird zu heiß. Oskar muss alle fünf Minuten stoppen,
um ihn abkühlen zu lassen. Nachmittags hat er Kabelbrand! Es gelingt,
das Feuer zu ersticken.

»Das ist ganz in der Nähe passiert …«, sagte ich zu Juliana. Wir legten die Blätter zur Seite und sahen in die Runde. Aber die Bilder von
damals waren verschwunden. Jetzt war Trockenzeit, und das neue
Asphaltband hatte hier das Leben verändert.

Wir setzten uns in Thunder und fuhren los. Und statt eines ein-
wöchigen Höllenritts genossen wir eine entspannte Tagesreise. Die
Horrorpiste zwischen Gonder und Gedaref ist Geschichte.

Am Horn von Afrika gelegen, landumschlossen, erhebt sich Äthiopien als natürliche Festung zwischen den flachen Trockengebieten Somalias, Nordkenias und des Sudan. Rund 80 Prozent aller über 3000 Meter hohen Berge Afrikas befinden sich hier.

Abgesehen von der kurzen, blutigen Eroberung und Besetzung durch das faschistische Italien war Äthiopien nie kolonialisiert.

Auf einer Fläche von der dreifachen Größe Deutschlands leben rund 90 Millionen Menschen; nach Nigeria die zweitgrößte Bevölkerung des afrikanischen Kontinents. Wenn das derzeitige Bevölkerungswachstum anhält, werden hier bis 2050 mit 180 Millionen doppelt so viele Menschen leben, und das Land wird sich unter den Top Ten der bevölkerungsreichsten Staaten der Erde wiederfinden. Zum Vergleich: 1950 hatte Äthiopien nur 18 Millionen Einwohner.

Zudem ist es ein extrem armes Land. Der Human Development *Index* der Vereinten Nationen, der Indikator für den Wohlstand aller Länder, listet Äthiopien auf Platz 174 von 187 Ländern auf. Auch die noch schlechter platzierten Länder liegen in Afrika.

Im äthiopischen Afardreieck wurde der 3,2 Millionen Jahre alte Knochen von »Lucy«, einem frühen Vorfahren des Menschen, entdeckt. Weitere Funde im Omoflusstal im Süden des Landes deuten darauf hin, dass auch unser unmittelbarer Vorfahre, der *Homo sapiens,* von hier stammt. Die Wiege der Menschheit stand in Afrika.

Um einreisen zu können, mussten wir am äthiopischen Grenzort Metemma erst mal zwei Stunden auf die Zöllner warten – so lange brauchten die für ihre Mittagspause. Dabei lernten wir, dass die Uhren in Äthiopien auch sonst anders ticken: Der Tag beginnt hier um sechs Uhr morgens europäischer Rechnung, dann ist es null Uhr in Äthiopien. Als wir nach meiner Uhrzeit um zwölf das Büro erreichten, war es hier sechs – für die Zöllner Mittagszeit.

»Ich fühle mich gleich jünger«, sagte ich, als ich auf einen Kalender schaute. Da in Äthiopien der Julianische Kalender gilt, liegt hier die Zeitrechnung knapp acht Jahre hinter unserer zurück. Eine weitere Überraschung war, dass die Einreisebehörde das volle Programm biometrischer Daten forderte: Fotos vom Gesicht und der Iris. Hand, Daumen und Zeigefinger wurden gescannt. Dies war die letzte Spitzentechnologie für lange Zeit …

Die Zöllner waren pünktlich und freundlich. An der mit Ölfarbe gestrichenen Stirnwand ihres Büros hing eine Karikatur von Präsident Obama mit der Überschrift: *Spider-Man*. Sie plauderten mit uns über politische Zusammenhänge in der Europäischen Gemeinschaft, wobei mich ihre guten Kenntnisse verblüfften. Derweil kontrollierten sie unseren Laptop, die Kameras, das GPS und die Technik unseres Fahrzeugs.

»*Good-bye*«, winkten sie; wir waren in Äthiopien.

Es ist schwer zu glauben, dass die neue Asphaltstraße von Metemma nach Gonder der Trasse unserer damals fast menschenleeren und einsamen Schlammpiste folgt. Aber es ist so. Abends werde ich im Tagebuch schreiben: *Ganz Äthiopien scheint auf dieser Straße unterwegs zu sein. Stabile Häuser sehen wir nicht, nur einfache aus Stämmen und kleinen Ästen zusammengefügte Hütten, die sich rechts und links der Straße auf einem schmalen Saum aneinanderdrängen. Davor liegt zum Verkauf gestapeltes Brennholz. In der Buschsavanne hacken Männer mit einfachen Äxten die letzten dickeren Bäume ab.*

Die Straße war voller Menschen, Esel und Rinderherden. Und innerhalb der nächsten zwei Stunden sahen wir mehr Männer mit Gewehren als während der gesamten bisherigen Reise – das Krisenland Israel inklusive. Keine modernen Waffen; zumeist alte Karabiner oder russische Kalaschnikows. Viele Männer trugen die Schießprügel quer über Nacken und Schultern, die Arme hatten sie wie zum Ausruhen darübergelegt.

Langsam erklommen wir die Straßen zum Dach Afrikas. Ich sah, wie Thunder dunkle Abgase paffte, was bei Dieselmotoren in großer Höhe nichts Ungewöhnliches ist. Mittlerweile waren wir 2000 Meter hoch. Die Abendsonne tauchte die malerisch erodierten Berge an der Abbruchkante des Äthiopischen Hochlandes in weiches Licht.

Das Klima war angenehm, die Vegetation grün. Vielleicht war es das, was vor knapp fünfhundert Jahren Kaiser Fasilides veranlasst hatte, sich in Gonder niederzulassen und es zur Hauptstadt seines Reiches zu machen. Mit Anhängern anderer christlicher Konfessionen ging der orthodoxe äthiopische Christ nicht zimperlich um; er verbannte und tötete die Jesuiten, später auch die Kapuziner. Obwohl hinter der glanzvollen Fassade Mord, Folter und Totschlag geschah, putzte Gonder sich zu einer prächtigen Stadt heraus. Eine Kirche nach der anderen entstand.

Von alldem sahen und spürten wir noch nichts.

»Augen aufhalten, ich möchte Gemüse und Obst kaufen!«, sagte Juliana. Vor allem aber achtete ich auf den Verkehr; weniger auf Autos als auf Kinder, die Grimassen schneidend vors Auto sprangen und tanzten, um unsere Aufmerksamkeit auf sich zu lenken.

Verglichen mit dem Angebot der Händler in Ägypten und im Sudan hatte man hier nur wenig Auswahl: Frauen saßen hinter Kleinstmengen Kartoffeln, neben denen ein paar Tomaten und Zwiebeln lagen. Der Verkaufserlös würde die Familienkasse aufbessern. Derzeit liegt das jährliche Pro-Kopf-Einkommen in Äthiopien bei 390 US-Dollar.

So gesehen war der Spritpreis von einem US-Dollar pro Liter Diesel hoch. Ich blätterte einen 50-Birr-Schein nach dem anderen auf den Tisch der Tankstelle. Schmutzige, schlabberige Geldlappen, die nicht wie Scheine knistern und den scharfen Geruch von Herdfeuern und Rauch verströmen.

In Gonder trafen wir unsere bislang aufgeschobenen Entscheidungen über den weiteren Routenverlauf. Wegen der Touristenmorde in der Danakilwüste und der Unruhen im somalisch-eritreischen Grenzbereich strichen wir die alte Königsstadt Aksum aus unserem Reiseplan. Die Danakilwüste war jetzt sowieso tabu. Später hörten wir einen Traveller sagen: »Ich war kurz nach den Morden dort. Es wimmelte zwar von Soldaten, Polizisten und ausländischen Beobachtern – aber die Danakil war zu dem Zeitpunkt der sicherste Platz in Äthiopien.« Mag schon sein, aber das ist nicht mein Ding ...

Lalibela hingegen galt als sicher, und seine Felsenkirchen standen an der Spitze meiner Wunschliste.

»Du weißt aber auch, was das bedeutet?«, meinte Juliana.

»Ja«, sagte ich. »Tagelanges Kriechen über Gebirgspässe, die oft weit höher sind als der Gipfel der Zugspitze.«

50 Kilometer südlich von Gonder liegt der Tanasee, aus der der Blaue Nil entspringt. Und da man als Globetrotter auf großer Fahrt gern mal das Plaudern mit Gleichgesinnten dem Abhaken touristischer Ziele vorzieht, folgten wir unserem GPS in Richtung *Tim & Kim Village*. Dieser Name mag hier exotisch klingen, steht aber für die Vornamen zweier Holländer, die in mehrjähriger Handarbeit am Ufer des Tanasees ein Camp für Individualreisende gebaut haben.

Was meine Sinne auf der Fahrt durch Äthiopien schärfen wird, sind Situationen wie diese:

Wie elektrisiert bleibt der etwa zehnjährige zerlumpte Junge stehen, als er erkennt, dass hinter dem Steuer ein Fremder sitzt. Wieselflink grapscht er auf den Boden und wirft eine Handvoll Steine in unsere Richtung. Ich sehe, wie die Steine übers Autodach fliegen und vorn auf die Motorhaube prasseln.

Der Werfer hat längst das Weite gesucht, als ich stoppe und die wertvollen Solarmodule auf dem Dach prüfe. Zum Glück sind sie ebenso wenig beschädigt wie unsere Windschutzscheibe. Die kleinen Dellen und Löcher im Lack sind zu verschmerzen. Doch am Ende der 50 Kilometer langen Piste zu Tim und Kim bin ich extrem angespannt, sehe in jedem der frenetisch schreienden, Grimassen schneidenden und wie aufgedreht in unsere Richtung gestikulierenden Kinder potenzielle Steinewerfer.

Im Ort Gorgora verfahre ich mich.

»Kim ... Tim ... ?«, frage ich in Richtung eines Jungen, der als Einziger an der Weggabelung steht. Sein Gesicht erhellt sich. Schwupp, schon ist der Knirps auf mein Trittbrett gesprungen und klammert sich an den Spiegel. Souverän dirigiert mich der Dreikäsehoch zu unserem Ziel.

Das Camp liegt unmittelbar am Ufer des Tanasees. Blickt man an klaren Tagen über das Wasser, sieht man ein oder zwei jener zwanzig Inseln, auf denen sich seit einem Dreivierteljahrtausend äthiopisch-orthodoxe Klöster befinden. Viele stehen Besuchern offen, einige jedoch nur Männern. Frauen sind tabu: »Die Mönche beten sogar darum, dass keine weiblichen Zugvögel über ihre Insel fliegen«, hören wir.

Als wir auf der Wiese unterhalb des Camps einparken, geht ein äthiopischer Arbeiter mit einer Ziege im Arm an uns vorbei zum Seeufer. Eine halbe Stunde später kommt er mit einem kopflosen, enthäuteten Körper zurück.

»Unser Abendessen für morgen«, sagt Kim Otte.

Sie ist Ende dreißig und betrieb bis vor wenigen Jahren zusammen mit ihrem Mann Tim in Holland einen Spielzeugladen. »Barbies und so«, meint sie. »Doch Tim wollte seinen Jugendtraum verwirklichen und in Afrika ein Projekt auf die Beine stellen, das sowohl den Menschen hier hilft als auch uns eine Zukunftsperspektive bietet.« Die letzten acht Jahre hat sie ihn bei der Umsetzung des Vorhabens unterstützt.

»Wir nennen es *Community Based Project*«, ergänzt Tim. Das Unternehmen wird von der Dorfbevölkerung mitgetragen. Achtzehn Arbeitsplätze waren dauerhaft geschaffen geworden: für Gärtner und Arbeiter, die beim Hüttenbau eingesetzt werden, Waschfrauen und Köche. Nachdem Tim und Kim jahrelang zwei- bis dreimal pro Jahr per Flugzeug zwischen Holland und Äthiopien gependelt waren, leben sie nun ständig hier. Klar, dass sich die Neuigkeit von einer solchen Oase bei Globetrottern herumspricht, vor allem unter holländischen Reisenden. Auch die Biker Ayso und Martijn, die wir von Assuan und Wadi-Halfa kannten, waren hier gewesen. Patrick und Joep, die wir in Khartoum getroffen hatten, sind noch da und reparieren gerade eins ihrer Motorräder. »Seit Ägypten läuft mein Bike unrund«, sagt Joep.

Äthiopische Biersorten tragen Namen wie St. George (der Nationalheilige) und Bedele. Dass sie sehr süffig sind, fanden wir heraus, als wir abends in fröhlicher Runde bei Tim und Kim zusammenhockten. Alles Holländer, die ein paar Wochen an dem Projekt Hand anlegten.

»Das Gelände haben wir gepachtet«, erzählt uns Tim. »Persönliches Grundeigentum gibt es in Äthiopien fast gar nicht. Das Land gehört entweder der Kirche oder dem Staat.«

Aber schon sind wir beim nächsten Thema. Während der Anfahrt waren uns Schilder mit Texten auf Englisch und Amharisch, der Amtssprache, ins Auge gesprungen: *Schützt unsere Kinder vor zu früher Heirat.* Auf einem anderen stand: *Schickt die Kinder nicht zur Arbeit, sondern in die Schule.*

»Kinder sind hier die Altersversorgung«, sagt Tim. »Doch was die

Eltern als Schutz vor Altersarmut betrachten, hindert Äthiopien daran, aus der Armut rauszukommen. Die Geburtenpyramide wächst! Jeder Zweite im Land ist unter fünfzehn. Während Europa altert, wird Äthiopien – wie das übrige Afrika – immer jünger!«

»Was wird dagegen unternommen?«, will ich wissen.

»Es gibt Aufklärungsversuche, wie ihr sie am Straßenrand gelesen habt.«

»Die Masse der Landbevölkerung kann doch gar nicht lesen ...«

»Aber die Weichen sind dahingehend gestellt«, erwidert Tim. »Es besteht Schulpflicht, auch wenn der längst nicht alle nachkommen. Der Schulbesuch ist kostenfrei; aber du kannst das Bildungssystem nicht mit europäischen Maßstäben messen. Um Akzeptanz zu erhalten, ist es richtig, dass die Schule sich auf die Lebensumstände der Landbevölkerung einstellt – etwa durch Unterricht für die einen am Vormittag und die anderen am Nachmittag. So wird sichergestellt, dass immer ein Kind zum Hüten der Rinder und Ziegen zu Hause ist.«

Schulklassen mit bis zu siebzig Kindern seien die Regel und die Lehrer oft schlecht ausgebildet. »Doch allein diese Basisbildung bringt auch Zündstoff in die Familien der Kinder, deren Eltern und Großeltern oft noch Analphabeten sind«, sagt Tim.

Bob ist einer der jungen Leute in unserer Runde.

»Vor zwei Jahren fuhren mein Vater und ich mit Motorrädern von Europa nach Kapstadt«, erzählt er. »Er auf seiner BMW 1200 GS, ich auf einer Honda Africa Twin. Wir hatten vier Monate Zeit. Das ist zwar nicht allzu viel, aber es reichte.«

Südlich der äthiopisch-kenianischen Grenze stürzte Bobs Vater, ein KLM-Berufspilot. »Es ging ihm nicht gut, und wir mussten seine BMW reparieren. Also übernachteten wir nahe der Piste. Da stoppte ein Militär-Lkw. ›In dieser Gegend gibt's Stammeskonflikte mit Schießereien‹, sagte ein Soldat. ›Hier zu übernachten, ist gefährlich.‹

Aber was sollten wir tun, wir konnten nicht weiter ... Nach einiger Zeit fuhren sie fort. Gegen Mitternacht hielt ein Geländewagen, dessen Scheinwerfer genau auf uns gerichtet waren. Wir sahen, wie ein Mann mit Schnellfeuergewehr auf uns zukam ... Noch heute läuft mir bei der Erinnerung ein Schauer über den Rücken ... Doch es war ein Polizist, der extra zu unserem Schutz abgestellt worden war.

Am nächsten Tag reparierten wir die Maschine. Da es meinem Vater leidlich gut ging, setzten wir unsere Reise fort.«

Vermutlich würden auch wir diese Piste befahren. Die Stammeskämpfe hatten seit Bobs Reise zugenommen. Über die Moyale Road hört man nichts Gutes.

Wir verließen *Tim & Kim Village* zwei Tage später kurz nach Sonnenaufgang.

»Vielleicht sind dann noch nicht so viele Steine werfende Kinder auf den Beinen«, sagte ich. Tim schmunzelte vielsagend.

Es flogen keine Steine. Vielleicht auch nur deshalb, weil Erwachsene wie Kinder wegen der Morgenkälte in dicke Tücher und Decken gewickelt waren.

Wir rollen durch archaisch anmutende Bilder: Frauen stehen mit gelben Wasserkanistern vor großen Handpumpen in einer langen Warteschlange. Ein Mann führt drei aneinandergebundene Ochsen über das auf dem Boden kreisrund ausgebreitete Getreide. Neben ihm wirft ein anderer das eben gedroschene Getreide mit einem Körbchen in die Luft, wo sich der Kern von der Hülle separiert.

Vor Gonder sehen wir mehr als fünfzig Soldaten in schwerer Uniform und Schaftstiefeln beim Langstreckenlauf. Offenbar ein militärischer Wettkampf, denn es werden Zeiten genommen.

»Die trainieren für den New York City Marathon«, witzele ich. Man hat sich daran gewöhnt, dass äthiopische und kenianische Athleten bei den internationalen Marathons Weltbestzeiten laufen. Wer hier sieht, welch riesige Entfernungen die schlanken und oft sportlich wirkenden Menschen zu Fuß zurücklegen, wundert sich über gar nichts mehr. Das Gehen über lange Distanzen ist pure Notwendigkeit, denn öffentliche Verkehrsmittel sind rar und für die meisten zu teuer.

Hinter dem *One for the Road*-Café biegen wir in Richtung Osten ab. Es sind knapp 250 Kilometer bis zu unserem Ziel Lalibela. Doch die steilen Gebirgspässe zum Dach Afrikas lassen uns nur langsam vorankommen. Thunder klettert auf 2330 Meter Höhe, dann auf 2820. Sorgfältig notiert Juliana die Angaben auf dem Display unseres GPS ins Tagebuch: 3241 Höhenmeter ist der Tagesrekord. »Knapp 300 Meter über dem Gipfel der Zugspitze«, sage ich.

Doch das Hochland von Abessinien, wie es in Anlehnung an die alte Staatsbezeichnung auch heißt, ist nur schwer mit den Alpen vergleichbar. Erst nach und nach rollen wir von einem Plateau, aus dem malerisch erodierte Bergstümpfe herausragen, in eine zerklüftete Gebirgslandschaft, auf deren Abhängen hier und da Terrassen für die Landwirtschaft angelegt sind. Auf einigen dieser Felder stehen seit Jahren verlassene Panzer, um die die Bauern herumpflügen.

»Konzentrier dich auf die Fahrbahn!«, rufe ich mich zur Ordnung, als ich einen den Abhang runtergestürzten Lkw sehe. Im Ort Nefas Mewcha muss ich stoppen. Eine Gruppe tanzender junger Männer blockiert die gesamte Durchgangsstraße. Sie drehen sich in Trance, singen, schwenken die Arme, bewegen sich langsam an uns vorbei. Um sie herum ein paar Dutzend Kinder. Als die uns entdecken, strecken sie ihre offenen Handflächen in unsere Richtung und schreien: *»Give! Give! Money! Money! Pencil!«*

Es passiert 30 Kilometer vor dem Abzweig nach Lalibela. Ich sehe, wie ein zwölfjähriger Junge blitzschnell eine Handvoll Kiesel in unsere Richtung wirft. Das heftige Prasseln auf der Windschutzscheibe lässt keinen Zweifel: Volltreffer! Wie durch ein Wunder ist die Scheibe zwar heil geblieben, hat aber mehrere kleine Einschläge, winzige Löcher.

Es wäre sinnlos, hinter dem Burschen herzulaufen; der ist längst verschwunden. Und wäre die Scheibe zerbrochen, hätten alle Rachegelüste nichts daran geändert, dass wir in diesem Moment ein Riesenproblem gehabt hätten: Windschutzscheiben für 710er Rundschnauzer gibt's nicht mehr, und eine individuelle Anfertigung ist laut Fachleuten wegen der Rundung der Scheibe nicht möglich. Wir wussten das. Mit Glück hatte ich vor Jahren noch eine Ersatzscheibe auftreiben können. Die lag allerdings auf unserem Dachboden – Tausende von Kilometern entfernt.

Die Handvoll Steine des Lümmels hätte fast unsere weitere Afrikaexpedition infrage gestellt. Ich war gleichermaßen stinksauer wie erleichtert, dass nichts wirklich Schlimmes geschehen war. Und mit dieser Gemengelage von Gefühlen lenkte ich Thunder auf die Erdpiste nach Lalibela. Die Sonne sank, und mir war klar, dass wir die Stadt der Monolithkirchen nicht mehr bei Helligkeit erreichen würden.

Hier in 2500 Metern Höhe hatten Steinmetze im 12. und 13. Jahrhundert aus rotem Tuffstein elf Felsenkirchen geschaffen, die zu den größten Monolithbauten der Welt zählen.

Es war schon lange dunkel, als wir Lalibela erreichten. Die Straßenbeleuchtung war spärlich, aber wir vertrauten unserer Open-Source-Software und erreichten schnell das im Navi vermerkte kleine Hotel. Als ich davor parkte, kam ein etwa dreißigjähriger Mann auf mich zu und erklärte, dass der Innenhof des Hotels zu klein für unser Fahrzeug sei. Er würde uns ein anderes Hotel zeigen. Ich erkannte, dass er recht hatte. Auf meinem Trittbrett stehend lotste er uns durch das Ortszentrum Lalibelas zum *Yemereha Hotel*.

Im eigenen Auto auf dem Hof oder im Garten eines Hotels zu übernachten, ist für Globetrotter nichts Ungewöhnliches. In der Regel zahlen wir in Afrika zehn US-Dollar pro Nacht, Personen und Fahrzeug inklusive. Wir haben die Sicherheit eines bewachten Platzes mit Dusche, und der Hotelbetreiber hat ein kleines Einkommen.

Unser Begleiter stellt sich vor: Er heiße Tilahun Abebaw, sei lizenzierter Guide und würde uns gern morgen früh die Felsenkirchen zeigen.

Wir hatten keine Vorstellung von den aktuellen Preisen und machten keine Zusage. Morgens um 8:30 Uhr wollte er wieder hier sein. Das sei keine Verpflichtung, wir könnten danach frei entscheiden.

Für einen, der sich auf eigene Faust außerhalb ausgetretener Pfade bewegt, ist es oft schwer, den fairen Preis zu finden. Der Anbieter siedelt seine Vorstellung hoch an, man selbst eher niedrig. Irgendwo dazwischen trifft man sich. Das macht Spaß, wenngleich ich in Ägypten immer den Eindruck hatte, trotz aller Verhandlungskünste über den Löffel barbiert zu werden. Im Sudan hingegen war das anders gewesen. Ich war auf Tilahuns Preisvorstellung gespannt.

Spätabends fiel die Anspannung von mir ab. Ich tastete noch einmal mit dem Zeigefinger über die Windschutzscheibe und sah, dass sich keine Risse gebildet hatten. Der Nachthimmel über Lalibela war schwarz. Aus dem Restaurant unseres kleinen Hotels drangen Stimmen. Es waren die der Angestellten; außer uns gab es keine Gäste.

Punkt 8:30 Uhr war Tilahun zurück. Wir folgten ihm auf steinigen Wegen hin zu den Monolithkirchen. Das erste Mal staunten wir über den happigen Eintrittspreis von 20 US-Dollar pro Person. Das zweite Mal, als uns Tilahun den Preis für seine Dienste als Guide nannte: 30 Dollar. Beim Vergleich nackter Zahlen ist das fast ein Zehntel des statistischen Jahreseinkommens eines Durchschnitts-äthiopiers. Klar, diese Rechnung galt nicht in einem Touristen-ort ... Trotzdem ist das für mich ein Teil der von Land zu Land ver-schiedenen Messlatte, die hilft, einen fairen Preis zu ermitteln. Tilahun bemerkte mein Zögern und bot an, uns unentgeltlich bis zur ersten Kirche zu führen. Da keine Verpflichtung bestünde, einen Führer zu nehmen, könnten wir von da an kostenfrei alles auf eigene Faust erkunden.

Tilahun war zurückhaltend, schien kompetent, und wir mochten ihn. Binnen Minuten hatten wir uns auf 25 US-Dollar geeinigt und gingen los.

»*Hi Juliana and Dieter!*«, hörten wir und trauten unseren Augen nicht: Danielle, die neuseeländische Motorradfahrerin, die wir am Berg Sinai und in Assuan getroffen hatten, lief auf uns zu.

»Komm mit uns, wir haben einen Guide«, lud ich sie ein und machte sie mit Tilahun bekannt. Wir wussten in diesem Moment nicht, dass wir bis über Addis Abeba hinaus gemeinsam mit Dani-elle reisen würden.

»Kaiser Lalibela war ein Auserwählter Gottes«, berichtet Tilahun, »dem die Engel auftrugen, hier ein neues Jerusalem zu bauen. ›Wie könnte ich das allein schaffen?‹, fragte der Kaiser sorgenvoll.

Da gab Gott ihm Engel zur Seite, die ihm halfen, elf Kirchen aus schierem Stein zu schlagen.«

Eine schöne Legende.

»In Wahrheit weiß man fast nichts über die Entstehung der Felsen-kirchen. Und wenn man bedenkt, dass damals mit einfachstem

Weltkulturerbe Lalibela: Unbekannte Künstler schufen hier mit Hammer und Meißel elf Kirchen aus purem Fels.

Handwerkszeug Tausende Kubikmeter Stein aus Felsen geschlagen und fortgeschafft wurden, wird klar, dass die elf Kirchen niemals während Kaiser Lalibelas Regentschaft fertiggestellt werden konnten«, ergänzt Tilahun.

Er regierte um das Jahr 1200. Doch schon achthundert Jahre zuvor hatte sich das Christentum in der alten Kaiserstadt Aksum etabliert.

»In Aksum befindet sich noch heute die Bundeslade des Alten Testaments mit den Zehn Geboten«, sagt Tilahun.

Zumindest glauben das die orthodoxen äthiopischen Christen. Auch dafür haben sie eine Legende parat.

»Die Königin von Saba reiste im 10. vorchristlichen Jahrhundert nach Jerusalem zu König Salomo. Sie fanden Gefallen aneinander, wurden intim, und als die Königin von Saba heimkehrte, war sie mit einem Sohn schwanger, den sie Menelik nannte. Der entwendete später bei einem Besuch Jerusalems die Bundeslade und brachte sie nach Aksum, wo sie bis auf den heutigen Tag bewacht wird«, erzählt uns Tilahun.

Wir standen jetzt auf einer ungesicherten, steil abfallenden Felskante. In der Mitte des aus dem Fels geschlagenen Rechtecks befand sich eine Kirche. Doch anders als fast alle anderen Kirchen der Welt war diese nicht Stein für Stein nach oben gebaut, sondern Stein um Stein tief aus dem Felsplateau herausgearbeitet worden. Zunächst hatte man einem freigelegten Steinquader die äußere Gestalt gegeben und dann das filigrane Kircheninnere herausgemeißelt. Eine Meisterleistung der frühen Menschheit.

Lalibela ist kein Freilichtmuseum, sondern noch immer ein heiliger Ort der äthiopischen Christen. Ein Zentrum tiefer, archaisch anmutender Gläubigkeit. Mönche und Priester leben und beten hier. Ich hörte nur mit halbem Ohr hin, als Tilahun von der Geschichte des Ortes erzählte, und ließ vor allem die Bilder auf mich wirken.

Wir tasteten uns durch schmale Gänge in rotem Vulkangestein von Kirche zu Kirche. Wie die Einheimischen zogen wir Schuhe aus, bevor wir durch die Türen – sie waren kaum mehr als Löcher im Fels – in das geheimnisvolle Halbdunkel traten. Jede Kirche wurde von einem Priester behütet. Meist saß er still neben den an die Felswand gelehnten Malereien vor einem farbigen Vorhang, der den Altar verdeckte. In der Hand hielt er das halbmeterlange äthiopische Kreuz. Auf vielen Bildern sah man eine mandeläugige Maria mit Kind oder den Drachentöter Georg.

Die Schlichtheit der Felsenkirchen von Lalibela ist weit entfernt von der barocken Üppigkeit so mancher sakraler Bauten bei uns daheim. Und wer oberhalb der wie ein Kreuz geformten Kirche des heiligen Georg steht, mag ergriffener sein als beim Besuch der prächtigsten Basilika Roms.

Es waren zutiefst gläubige Menschen, die im 13. Jahrhundert hier ein »Neues Jerusalem« schufen und sogar einen »Jordanfluss« mit Hammer und Meißel aus schierem Fels herausschlugen. Die UNESCO trug dieses einmalige Ensemble in die Liste der Weltkulturerbestätten ein. Dass die meisten Kirchen seit Jahren mit riesigen Baldachinen vor Sonne und Regen geschützt werden, mag das Gesamtbild stören. Um die weitere Erosion der Felsenkirchen zu verhindern, ist es aber wohl notwendig.

Wir sahen kaum mehr als eine Handvoll Besucher aus Europa, unter denen uns ein etwa 25-Jähriger mit ungebändigten Rastazöpfen und T-Shirt mit deutscher Aufschrift auffiel. Schnell kamen wir mit Leo aus Süddeutschland ins Gespräch, einem Steinmetz, der seit Jahren als Wandergeselle auf der Walz ist. »Bei meinem Beruf liegt's doch auf der Hand, Lalibela einen Besuch abzustatten!«, lachte er.

Der Morgen danach war für mich von bewegender Spiritualität. Es war Sonntag, und Tilahun hatte uns ans Herz gelegt, möglichst früh im heiligen Bezirk zu sein: »Dann sind die Kirchen vom Gesang und vom Klang der Trommeln erfüllt.«

Es war noch dunkel, als wir durch den weitläufigen Ort gingen. Zaghaft zeigte sich das erste Tageslicht. Die Läden waren noch geschlossen. Einige in weiße Tücher gewickelte Menschen gingen denselben Weg wie wir. Und je näher wir den Felsenkirchen kamen, umso dichter wurde der Zug der Gläubigen. Sie kamen aus Hütten und aus Seitengassen. Alle wortlos und in weißen Gewändern, die sie bis über die Köpfe gezogen hatten.

Schon von Weitem hörten wir liturgische Gesänge; getragen, melancholisch. Dazwischen erklang dumpfer Trommelwirbel. Diese Bilder hatten nichts mit denen zu tun, die ich, der Lutheraner, aus meiner Kirche kannte. Dies waren Bilder der frühen Christenheit. Der Strom der weißen Gestalten erreichte mit uns das Tor zum Kirchenkomplex. Nach und nach verteilten sich die Menschen entlang der Außenmauern der Kirchen und am Rand der Gänge im Fels, wo sie regungslos verharrten, den liturgischen Gesängen lauschten und beteten. Niemand sprach. Das fahle Morgenlicht verlieh der Szene etwas Geheimnisvolles, Mystisches. »Ein Bild wie im Film *Stadt der Engel*«, flüsterte ich.

Tagebuchaufzeichnungen:

5. Februar: von Lalibela zum Hayk Lake
Bei der Herfahrt lag alles im Dunkeln, jetzt im weichen Morgenlicht sehe ich eine gewundene Piste, die sich malerisch durchs wild zerklüftete Bergland schlängelt. Unser GPS zeigt 3520 Höhenmeter.
»Mir ist kalt auf dem Motorrad«, sagt Danielle. Das ändert sich, als wir fast 2000 Meter runterfahren – dort ist es 20 Grad wärmer.
Während die Bewohner des Hochlandes oft dunkle und zerrissene Kleidung trugen, bestimmen hier farbige Kleidungsstücke das Bild. Überall ist Aktivität: Menschen pflügen, dreschen oder hüten Rinder- und Ziegenherden. Nachmittags wirft ein Kind Danielle einen Stein gegen den Kopf.
Beim Ort Woldiya erreichen wir die Nord-Süd-Straße zwischen Eritrea und Addis Abeba. Ein heißes Pflaster: Östlich liegen das Afardreieck und Dschibuti. Nach Somalia ist es per Luftlinie nicht weiter als bis nach Gonder.
Wir übernachten am Ufer des Hayk Lake vor einem kleinen Hotel, dessen Wachmann mit Karabiner und aufgepflanztem Bajonett auf uns aufpasst.

6. Februar: Watussirinder und Marabus
Morgens weckt uns das Klatschen ausgeworfener Fischernetze. Hundert Marabus lassen mich zum Fotografieren bis auf wenige Meter an sich herankommen. Ein toller Platz! Wir bleiben. Während wir frühstücken, wird eine Herde Watussirinder durch unser Camp zum Saufen an den See getrieben.

Das Konzert unzähliger Frösche liefert die musikalische Untermalung des Abends. Bei Mondschein öffne ich eine Flasche herben äthiopischen Rotweins. »Lässt sich trinken«, meint Danielle und spitzt die Lippen.

»Wie lange willst du noch reisen?«, frage ich. »Solange das Geld reicht!«, antwortet sie. Ein paar Sponsoren bringen etwas Geld in ihre Reisekasse, vielleicht wird sie in Südafrika jobben, trotzdem muss sie extrem sparsam leben. »Schließlich steht noch Südamerika auf meiner Wunschliste …«

Da haben wir etwas gemeinsam. Drei ehemalige Senfgläser mit äthiopischem Rotwein klingen aneinander: »Prost«, sage ich, »in Patagonien treffen wir uns wieder!«

7. Februar: durchs Hochland nach Addis Abeba

Weiterfahrt zwischen 1300 und 1500 Höhenmetern.

»Die Westgrenze des Afardreiecks ist ein durchgängiges Straßendorf«, maule ich. Überall Menschen und Tiere, vor allem mit Säcken oder Schilfrohr beladene Esel. Ziegen-, Schaf- und Rinderherden nehmen die gesamte Straßenbreite ein. Und zwischen alledem versuche ich, eine Lücke für den Lkw zu finden. Hupen ist zwecklos; weder Tiere noch Hirten reagieren.

Die Männer haben lange, fast wadenlose Beine. Statt Hosen tragen sie karierte Tücher, die wie indonesische Lungis um die Hüften gewickelt sind. Ihre Kopfbedeckungen sind gefaltete, über den Nacken herabhängende Tücher. Die nackten Füße stecken in Plastiksandalen.

In einem kleinen Dorf stehen sich hundert teils bewaffnete Männer angriffslustig gegenüber. Die Stimmung ist aufgeheizt. Mich interessiert nicht, was hier abgeht – ich will nur mit heiler Haut durch. Geschafft!

Qualmwolken paffend arbeitet sich Thunder von 1500 auf 3246 Höhenmeter empor. Während wir eben noch ein Schild mit der Aufschrift Financed by the European Union *am Straßenrand sahen, wurde der atemberaubende Abschnitt über den Tarmaberpass gerade von den Chinesen fertiggestellt.*

Drei Unfälle mit tief hinabgestürzten Lkw lassen meine Nackenhaare senkrecht stehen. Die ständige Bremsbereitschaft, Tiere, Menschen und das andauernde Kurbeln über steile Gebirgspässe haben mich erschöpft. Müde nähern wir uns Addis Abeba.

Unser Ziel ist Wim's Holland House. *Doch trotz richtiger Koordinaten führt uns unser Navi im Kreis. Letztlich quartieren wir uns im* Baro Hotel *ein.*

8. Februar: Treffpunkt der Afrikafahrer

Ein klappriges Lada-Taxi bringt uns zu Wim's Holland House.

Riesenüberraschung: Berni und Annette mit ihrem alten 207er Mercedes sind hier, ebenso die holländischen Brüder Joep und Patrick. Das Motorrad, das sie bereits in Khartoum und am Lake Tana repariert haben, liegt auseinandergenommen auf dem Rasen. »Der hiesige Motorradmechaniker ging zwar vor drei Tagen schwungvoll an die Sache ran, hat sich aber seitdem nicht wieder hier blicken lassen«, *grollt Patrick.*

Wim's Holland House *ist die Anlaufstelle für die in Addis Abeba lebenden Holländer. Drei Stellplätze für Geländewagen und Overland-Trucks machen es zudem zum angesagten Treff für Afrikafahrer.*

Hier begegnen wir auch Julie und Tim, zwei Weißen aus Simbabwe. Nach einer Anreise durch Botswana, Sambia und die Länder Ostafrikas hatten sie von Kenia kommend die Piste durch das äthiopische Omotal genommen. Nahe dem Ort Konso fuhren sie durch ein stark bevölkertes Gebiet, als eine siebzehnjährige junge Frau erschreckt vom Motorgeräusch zur Seite sprang – genau vor ihr Fahrzeug.

»Schrecklich!«, *sagt Julie.* »Haut und Muskeln waren durch den Vorderreifen förmlich vom Beinknochen abgeschält worden.«

Die Dorfbewohner reagierten aggressiv und bewarfen ihr Auto mit Steinen, wobei eine Scheibe zu Bruch ging. Die Polizei beschlagnahmte zunächst ihren Toyota, und drei Wochen warteten sie auf einen Gerichtstermin.

»Der Prozess wurde von den Stammesführern dominiert«, *berichtet*

Julie. »Aber er war fair. Wir wurden zu einer Zahlung in Höhe von 3000 US-Dollar verurteilt: 1000 Dollar für die Medikamente und ärztliche Behandlung, 1000 Dollar Schmerzensgeld für die junge Frau und 1000 Dollar Schmerzensgeld für ihren Bruder, der neben ihr gegangen war. Der hatte zwar nichts abbekommen, zog aber vor Gericht erfolgreich eine mitleiderregende Show ab.«

Julie und Tim wollen Äthiopien schnellstmöglich verlassen und in den Sudan einreisen. »Unser Ziel ist London.«

»Die Omoroute ist zwar reizvoll, und die Tellerlippen-Frauen dort wirken, als kämen sie aus einer vergangenen Welt«, sagt Tim. »Aber die Gegend ist gefährlich. Während wir auf unser Gerichtsverfahren warteten, hörten wir von einem Unfall, bei dem das Auto einer internationalen Hilfsorganisation beteiligt war. Ein Äthiopier war ums Leben gekommen. Sofort schlugen die Einheimischen mit Stöcken auf das Auto und den Fahrer ein. Als die Polizei eingriff, kam es zu Schießereien, bei der ein Polizist und einer aus der Menge starben.«

»Vorgestern trafen wir Franz, einen österreichischen Rucksackreisenden«, mischt sich Berni ein. »Sein Trip verlief glatt, bis zum Omo Valley ... Zum Fotografieren setzte er dort seinen Rucksack ab. Da stürzte ein Bursche vor, schnappte sich den Rucksack und flüchtete – samt Geld und Pass. Die Polizei protokollierte nicht mal den Vorfall, sodass Franz nichts in der Hand hatte, um den Schaden bei seiner Reiseversicherung nachweisen zu können. Last, but not least war der von seiner Botschaft ausgestellte Übergangspass so knapp befristet, dass er seine Reise abbrechen und nach Hause fliegen musste. Das Geld dafür hatte ihm ein Freund vorgeschossen.«

Noch am selben Tag ziehen Thunder, Juliana und ich zu den Globetrottern in Wim's Holland House um.

9. Februar: Hauptstadtbummel

Ein blauer Uralt-Lada mit rumpelnder Hinterachse bringt uns zur kenianischen Botschaft. Morgen sollen wir die Visa erhalten.

Eine fröhliche Marktfrau südlich von Addis Abeba will uns getrocknete Chilischoten verkaufen.

Nachmittags kaufen wir bei der größten Versicherung des Landes die COMESA Yellow Card, eine für alle Länder Ostafrikas gültige Kfz-Haftpflichtversicherung.

Der Rückweg zu Wim's Holland House führt uns durch die City. Als die alten Königsstädte Aksum und Gonder längst standen, dachte noch niemand an Addis Abeba: Die Hauptstadt ist erst 120 Jahre alt. In dieser Zeit mauserte sie sich zum Wirtschaftszentrum, in dem einige bedeutende Organisationen ihren Sitz haben – etwa die Organisation für Afrikanische Einheit. Doch vergeblich sucht man städtebaulichen Chic; verglichen mit Khartoum ist Addis Abeba eine graue Maus.

Fliegende Händler bieten CDs an, andere Weltkarten, in deren Zentrum Äthiopien liegt. Beeindruckend das wandelnde Buchgeschäft: Auf einem Gestell vor der Brust präsentiert ein Verkäufer stolz sein Inventar von zwanzig Büchern. Gleich daneben liegen Bettler in Lumpen auf schmutzi-

gen Fußwegen. Der Pastry & Coffee Shop *gegenüber, in dem wir einen Espresso trinken und Gebäck naschen, ist modern und sauber, die Kundschaft westlich gekleidet und wohlhabend.*

In Wim's Holland House *plaudern wir mit dem Gastgeber.* »Ich kam vor 22 Jahren im Auftrag einer holländischen Speditionsfirma in den Sudan«, *erzählt er. Dort verliebte er sich in eine Frau aus Eritrea und heiratete sie.*

»Sechs Jahre später verließ ich den Sudan und gründete in Addis Abeba eine Autoreparaturwerkstatt. Meine Kunden waren vor allem die NGOs, die Hilfsorganisationen. Der Betrieb war mehr als nur eine Werkstatt, ich wollte auch Waisenkindern eine berufliche Zukunft geben. Mehr als siebzig Waisen wurden bei mir ausgebildet. Ich beschäftigte 35 Handwerker, und der Laden lief gut. Offenbar zu gut ...«, *meint er,* »denn der äthiopische Staat überführte kurzerhand meinen Betrieb in Staatsbesitz.« *Da ist er heute noch.*

»Also eröffnete ich* Wim's Holland House.« *Er zeigt mir das Foto seiner Frau.* »Bei einem Besuch in ihrer Heimat Eritrea erkrankte sie an Salmonellen. Die Ärzte behandelten sie mit verdreckten Spritzen, sie bekam Aids und starb. Unser Sohn lebt heute in Holland. Er will nicht hierher zurück. Er sagt: ›Afrika hat meine Mutter getötet.‹«

10. *Februar:* »Morgen geht's los!«

Applaus für Joep, als seine BMW *nach ganztägiger Reparatur endlich wieder läuft. Ich checke unseren Lkw und schmiere mehr als dreißig Schmiernippel ab. Der Wagen ist danach reiseklar, ich aber sehe aus wie ein Ferkel.*

Mit hängenden Köpfen kehren Julie und Tim von der sudanesischen Botschaft zurück: »Wir leben zwar von Geburt an in Simbabwe, doch Tim hat einen britischen und ich einen australischen Pass«, *sagt Julie bedrückt.* »Ich würde sofort ein Visum kriegen, aber Tim benötigt das Dokument irgendeines Sicherheitsorgans – und dessen Beschaffung dauert ein bis zwei Monate.« *Die beiden wissen nicht, wie es weitergeht ...*

Wir erhalten unsere kenianischen Visa und vereinbaren mit Berni und Annette, die Problemstrecke südlich des kenianischen Grenzorts Moyale miteinander zu fahren.

11. Februar: Flamingos am Abijattasee

Aufbruchstimmung: Auch Danielle, Patrick und Joep starten mit uns. Die »Horrorstrecke« in Nordkenia werden wir im Konvoi, also mit drei Motorrädern, Bernis Camper und unserem Lkw, zurücklegen. Da die drei Biker deutlich schneller sind als wir, werden wir uns allenfalls etappenweise treffen und nur auf der Moyale Road zusammen sein.

Die Straße nach Süden folgt dem Afrikanischen Grabenbruch, in dem einige tiefe Seen liegen. Ein großes Schild mit der Aufschrift Abijatta-Shalla Lakes National Park und dem Bild eines Pelikans macht uns neugierig.

»Ja«, sagt der freundliche Ranger am Parkeingang, »Pelikane gibt's hier zwar, doch die Zahlen von einst, als unsere Pelican Island einer der bedeutendsten Brutplätze in Afrika war, werden nicht mehr erreicht.«

Der Bevölkerungsdruck habe zugenommen, das Wasser sei zu stark abgezapft worden, woraufhin der Pegel sank, das Restwasser versalzte und die Fischbestände zurückgingen. Die Folge war, dass viele Pelikane fortblieben. Allerdings habe der nachfolgende Algenwuchs zu einem Anstieg der Flamingopopulation geführt.

Wir zahlen unseren Eintritt und fahren hinein.

Noch ein paar andere Bemerkungen des Rangers klingen mir im Ohr: »Die rasch wachsende Bevölkerung benötigt Holz und hat viele Bäume im Nationalparkgebiet zu Holzkohle verarbeitet.«

Ich spüre, wie der Boden unter unserem schweren Fahrzeug nachgibt. »Bis hierher und nicht weiter«, sage ich.

»Autos, die zu weit an den See ranfahren, werden unrettbar versinken. Aus dem weichen Untergrund kommen sie nie wieder raus«, hatte der Ranger am Tor gewarnt.

Ich parke und sehe auf einmal, wie aus mehreren Hundert Metern Entfernung von allen Seiten junge Burschen auf uns zulaufen. Minuten später sind wir von zwanzig Mann umringt. Alle wollen unsere Führer sein. »Nein danke!«, sagen wir. Schließlich ist der See nur 500 Meter entfernt.

Annette traut dem Frieden nicht und verriegelt sich im Auto. Berni, Juliana und ich marschieren los, die zwanzig Burschen im Gefolge. Auf dem Wasser leuchten Tausende rosarote Flamingos. Ein herrliches Bild.

»Ihr solltet die Kameras schussbereit machen«, schwatzt einer unserer Begleiter. Gleich würde er mit einem Stein die Vögel aufscheuchen – und wir bekämen gute Fotos. Er strahlt, als fände er seine Idee gut.

»Und dafür will er hinterher noch Geld haben«, brummt Berni.

Unser Tross geht uns auf die Nerven. Doch bevor wir umkehren, stecke ich meinen anderthalb Meter langen Wanderstab in den Boden. Er versinkt widerstandslos wie in einem Brei. Wer zu dicht an diesen See ranfährt, wird sein Fahrzeug verlieren …

Zurückgekehrt, starten wir die Motoren. Ein frenetisches »You! You! Money! Money! Pen! Pen!« verfolgt uns. Ein paar Burschen bewerfen Bernis Fahrzeug mit Steinen.

Die Nacht verbringen wir im Schutz der Rangerstation.

12. Februar: im Afrikanischen Grabenbruch

»Ein traumhafter Morgen!«, schwärmen wir und haben fast schon den Stress des vergangenen Abends vergessen.

Wir sitzen auf unseren Stühlen zwischen Akazien und erzählen uns Geschichten. »Wie kamst du eigentlich aufs Reisen?«, frage ich Berni.

»Ich war siebzehn und verschlang Reiseberichte von Leuten, die mit dem Fahrrad um die Welt gefahren waren. Bald war mir klar, dass ich so etwas auch tun müsste. Aber zunächst kauften mein Freund Schmalz und ich uns einen alten Camper, mit dem wir durch Europa tourten. In Italien ließen wir das Auto stehen und trampten nach London. Dort schliefen wir zwischen den Büschen des Hyde Park und aßen mit Hare-Krishna-Jüngern. Weiter ging's nach Paris, wo wir wie Clochards unter den Brücken der Seine schliefen. Wir lebten von trockenem Kuchen und Wasser; das war das Billigste, was wir kriegen konnten. Aber von morgens bis abends waren wir in Paris unterwegs und staunten ... Zurück beim Auto, fuhren wir nach Rom, wo uns unsere Kamera gestohlen wurde. Das war hart, alle Erinnerungen futsch!«

Anfangs waren die beiden jungen Männer frustriert, dann aber packten sie den Stier bei den Hörnern.

»›Dann beschaffen wir uns eben neue Erinnerungen‹, sagten wir und schritten zur Tat. »Ich kaufte mir ein gebrauchtes Fahrrad, das neun Jahre auf dem Buckel hatte, Schmalz kriegte für 80 Euro ein altes Fahrrad von seiner Oma. Wir packten die Bikes in Kartons und flogen mit ihnen nach Bangkok.«

Sie schlugen sich bis Indien durch und radelten von dort die gesamte Strecke zurück nach Bayern.

»Hut ab, Berni!«, sage ich. »Aber jetzt müssen wir aufbrechen.«

Der Blick auf die von einer schmalen Landzunge getrennten Abijatta und Shalla Lakes ist spektakulär. Deutlich erkennen wir die steile Abbruchkante des Afrikanischen Grabenbruchs. In diesem Moment wirbelt eine dunkelbraune, zehn Meter breite Windhose trockenes Gras, Blätter und Zweige 100 Meter hoch in den Himmel.

Später stoppen wir im Ort Shashemene, um Eier und Brot zu kaufen. Ich stehe gerade an Bernis Camper und unterhalte mich mit Annette, als die plötzlich ruft: »Vorsicht – hinter dir!!!«

Im selben Moment spüre ich feuchte, sabbernde Lippen auf meiner Wange. Reflexhaft stoße ich eine in dreckige, zerrissene Lumpen gekleidete Gestalt zurück. Ein Bettler? Ein Kranker? Ein Irrer? Ich weiß es nicht und will es nicht wissen. Der Typ starrt mich mit aufgerissenen Augen an. »Mit Kath vollgedröhnt oder betrunken«, meint Berni.

In Dila stoppen wir bei der Missionsstation Don Bosco. Der Missionschef Pater Roberto steht gerade im Fußballdress im Tor, während seine äthiopischen Kicker dem Ball nachjagen.

»Kein Problem«, sagt der Pater. Wir könnten gern die Nacht hier verbringen. »Ich komme später vorbei.«

Seit 29 Jahren arbeitet Pater Roberto in Äthiopien. Hier auf der Don-Bosco-Missionsstation unterhält er eine Schreinerei, Kfz- und Elektrowerkstatt. »Mit 150 Schweinen, vielen Kühen und einem großen Garten versuchen wir weitgehend unabhängig zu sein. Auch dreihundert obdachlose Kinder und dreißig alleinstehende Frauen wollen versorgt sein. In unserer Schule unterrichten wir 2000 Schüler«, sagt er.

»Der richtige Ort, um unsere gebrauchte Kleidung sinnvoll an den Mann zu bringen«, meint Berni und schleppt zwei große Plastiksäcke an. Ursprünglich hatten die beiden geplant, die Kleidungsstücke an Menschen in Äthiopien zu verschenken. Doch Berni und Annette hatten schnell von dieser Idee Abstand genommen. »Wahllos und ohne Gegenleistung Almosen zu verteilen, ist für die Empfänger demütigend und fördert doch nur die Bettelei«, sagen sie.

13. Februar: vom Hochland in die Savanne

Julie und Tims Horrorbericht klingt in mir nach: Selten zuvor habe ich so viel gehupt wie hier, überall sind Menschen unterwegs. Ein Dorf reiht sich ans andere.

Fast läuft ein Achtjähriger mit einem Stab, an dessen Spitze sich ein Propeller dreht, vor mein Fahrzeug. Daneben spielen Kinder Tischtennis. Wir stoppen im Ort Agere Maryam, um einzukaufen. »Hier gibt's ja Latte macchiato«, strahlt Berni. Wir setzen uns in das kleine Restaurant und genießen den guten äthiopischen Kaffee.

Danach verändert sich das Bild: Schlagartig verschwinden die Menschenmassen und die Bananenplantagen rechts und links der Straße. Stattdessen tiefroter Boden, aus dem spitze Termitenhügel ragen. »Bilder wie in Westaustralien«, staunt Juliana.

Statt der in Europa oder Amerika abgelegten Altkleider, die den Menschen im übrigen Äthiopien erbärmlich um die Körper schlotterten, tragen sie hier hübsche farbige Tücher.

Dann stoppen wir bei einem Lkw, auf den Kamele verladen werden. »Wir bringen die Tiere nach Dschibuti«, sagt einer der Fahrer. »Von dort reisen sie per Schiff nach Saudi-Arabien, wo sie als Delikatesse auf dem Tisch reicher Saudis landen.«

Die Nacht verbringen wir auf der Missionsstation der Holy Spirit Fathers. Pater Irdy aus Holland lebt seit vierzig Jahren hier. Er betreut im Ort Yabelo eine Schule für fünfzig Jungen und dreißig Mädchen. »Es kommt durchaus vor, dass in einer Klasse ein Fünfzehnjähriger neben einem Acht-jährigen sitzt«, sagt Pater Irdy. »Für die Familien auf dem Land ist die körperliche Arbeitskraft eines Kindes immer noch wichtiger als eine auf Schulbildung basierende Zukunftsperspektive. Kinder sind im Familien-verbund Arbeitskräfte. Also hüten sie so lange Kühe, bis das nächste Kind alt genug ist, diese Aufgabe übernehmen zu können. Dann erst darf das ältere die Schule besuchen.«

Der einzige Grund, nach Moyale zu fahren, ist der, schnell wieder von Moyale wegzukommen. Das klingt wirr, stimmt aber. Moyale ist der einzige offizielle Grenzübergang zwischen Äthiopien und Kenia. Ein Flaschenhals, durch den sich jeder zwängen muss, der hier auf der Nord-Süd-Achse Afrikas unterwegs ist. An Moyale kommt keiner vorbei. Allerdings ist dies einer der gefährlichsten Streckenabschnitte, über den jeder Reisende im äthiopisch-kenianischen Grenzgebiet seine eigene Geschichte beisteuern kann.

Meine persönlichen Erfahrungen reichen bis zum 21. Juni 1976 zurück, als wir knapp 20 Kilometer nördlich von Moyale von einer etwa zehnköpfigen Gruppe wild mit Gewehren fuchtelnder Männer gestoppt wurden. Damals notierte ich: *Somalische Banditen hatten Hirten die Herde gestohlen und waren dabei von bewaffneten Straßenarbeitern gestört worden. Beim nachfolgenden Schusswechsel hatten die Straßenarbeiter ihre Munition verschossen und wollten in unserem Auto nach Moyale flüchten. Sie öffneten die hintere Campertür und drängten in unseren Bulli. Resolut jagte Juliana alle bis auf vier Mann raus. Mit denen fuhren wir zurück zur Polizeistation von Moyale.* Später heißt es in meinem Tagebuch: *Heißes Pflaster, vor Kurzem haben Banditen hier einen weißen Touristen erschossen.*

Die Moyalepiste, egal ob nördlich oder südlich des Ortes, ist seitdem nicht sicherer geworden. »Seit jeher gibt es Landstreitigkeiten zwischen den Völkern der Borana und Garri, die oft mit Gewalt, Mord und Totschlag enden«, klangen uns noch die Worte des Missionars in Yabelo im Ohr. Tausende äthiopische Flüchtlinge hatten seit Kurzem ihr Land verlassen und lebten in Flüchtlingscamps in Nordkenia.

»Füllt hier alle Tanks mit Sprit voll«, hatte Pater Irdy gesagt. Der Tipp war gut, denn in Mega, jenem Ort, in dessen Nähe damals der Banditenüberfall stattgefunden hatte, wird auch heute Diesel nur in Kleinstmengen aus Kanistern verkauft.

Es ist eine der ärmsten und vom Schicksal am meisten gebeutelten Regionen der Welt: Seit Jahren warnen die großen internationalen Hilfsorganisationen vor einer humanitären Katastrophe, ausgelöst durch bewaffnete Konflikte, dramatisch angestiegene Lebensmittelpreise, vor allem aber durch Dürre, die seit drei Jahren wie ein Fluch über Nordkenia und Äthiopien lag. Das Vieh war weitgehend verendet, jetzt waren vor allem Kinder, werdende und stillende Mütter und alte Menschen gefährdet.

Dürreflüchtlinge sahen wir nicht, doch die von Kindern gehüteten Rinder waren so mager, dass die Knochen spitz unter der Haut hervorstanden. Busse kamen uns entgegen, auf deren Dächern sich Hunderte gelber Wasserkanister türmten. Die Menschen waren auf dem Weg zu den Brunnen. Vor den wenigen Handpumpen, die wir sahen, warteten Frauen in langen Schlangen darauf, endlich ihre Kanister mit Wasser füllen zu können. Danach würden sie sich den 20-Liter-Behälter auf den Rücken heben lassen und ihn mit einem vor der Brust verknoteten Tuch sichern. Und so beladen würden sie Kilometer für Kilometer zurück zu ihren Hütten gehen.

»Fünf vor zwölf«, durchzuckte es mich, als wir die äthiopische Grenzstation in Moyale erreichten.

»Schnell, vielleicht schaffen wir es noch, durch die Grenze zu kommen, bevor die Zöllner ihre zweistündige Mittagspause einlegen!«

Es klappte. Binnen weniger Minuten hatten die Offiziellen alle Grenzformalitäten abgewickelt. Das war ein neuer Rekord.

Im Schritttempo durchqueren wir die Senke, die den Grenzverlauf markiert. »Links fahren!«, hämmere ich mir ein. Von nun an herrscht

Linksverkehr. Berni und ich betreten das kenianische *Custom Building*.

»*Welcome!*«, strahlt uns ein fröhlicher Zöllner an. Und während er flink unsere Carnets abstempelt, zeigt er auf einen Blumenstrauß. Ob wir wüssten, was für ein Tag heute sei, fragt er.

»Keine Ahnung!«

»Lasst das nicht eure Frauen wissen! Heute ist Valentinstag. Schenkt euren Lieben Blumen!« Dann schiebt er uns die Zolldokumente zu und sagt: »*Hakuna matata!*«

Spätestens seit Walt Disneys *König der Löwen* weiß man, dass das Kisuaheli ist und »Mach dir keine Sorgen« heißt.

Der Auftakt für Ostafrika könnte besser nicht sein!

Wir empfingen eine SMS von den Motorradfahrern Danielle, Joep und Patrick: »Im Morgengrauen haben wir uns gestern einem Lkw-Konvoi nach Marsabit angeschlossen.« Also würden nur Berni, Annette und wir gemeinsam fahren.

»Die Marsabitpiste ist gefährlich!«, sagt der hünenhafte Polizei-Captain namens Robert und quetscht meine Hand, dass es kracht.

»Hier leben kriegerische Stämme wie Borana, Gabbra, Burji, Garri und Rendille. Und ein Stückchen weiter Turkana und Samburu.«

Viehdiebstähle gelten traditionell als Mutprobe. Doch das Ganze sei aus dem Ruder gelaufen. Jetzt gehörten Überfälle und Kämpfe mit Gewehren, Pfeil und Bogen zum Alltagsgeschehen. »Erst vor wenigen Tagen hatte es mitten in Moyale bei Schießereien Tote gegeben.«

»Was sollen wir tun?«

»Der Konvoi verlässt Moyale jeden Morgen um sechs«, sagt der Captain.

»Fraglich, ob ich mit meinem Auto da mithalten kann«, überlegt

Nordkenia: Die Samburu-Frauen sind freundlich, doch brutale Stammeskämpfe machen diesen Abschnitt zum gefährlichsten unserer Reise.

Berni. Schließlich ist die vor uns liegende Piste die schlimmste der
gesamten Ostafrikaroute.

»Oder eine Polizeieskorte ...«, meint der Polizeichef.

Wenig später sitzen wir in seinem Büro.

»Das kostet 100 US-Dollar«, eröffnet er uns. Die Uniformierten
würden uns im Polizeifahrzeug bis zur Siedlung Turbi begleiten und
sich dabei unserer Geschwindigkeit anpassen.

Wir verhandeln noch etwas und einigen uns auf 80 Dollar.

»Six o'clock sharp«, sagte der Captain. Punkt 6 Uhr morgen früh
geht's los. Und noch mal knacken unsere Hände, als er uns seine
Bärentatze reicht.

Als wir um 5 Uhr aufwachten, waren Berni und Annette bereits auf
den Beinen. Ich bemerkte ihre Anspannung. Berni sorgte sich wegen

seines Campers, Annette wegen der Überfälle. »Wenn mein Auto die 500-Kilometer-Horrorpiste überlebt, werde ich den ersten Meter Asphalt küssen!«, sagte Berni.

Zum Glück war sein Dauerproblem, aus dem Motorblock austretendes Kühlwasser, in Addis Abeba durch ein Wundermittel behoben worden.

»Der Meister bei Mercedes, ein Schweizer, riet mir, Pfeffer ins Kühlerwasser zu schütten und den Motor eine halbe Stunde lang laufen zu lassen«, erzählte Berni. »Es klingt unglaublich, aber seitdem ist der Motorblock dicht.«

Kurz nach sechs verließen wir Moyale. Die Erdstraße war rot, staubig und ausgewaschen wie ein Bachbett nach Starkregen. Rechts und links von uns lag flache Buschsavanne, aus der ein paar Hügel ragten. Perlhühner liefen aufgeregt über die Fahrbahn, ein zerbrechlich wirkendes Dikdik, eine Zwergantilope, die kaum größer als ein Hase ist, zupfte frische Triebe. Ein Schakal kreuzte unseren Weg. Die langen Hälse zweier Strauße ragten aus dem Busch. Einem offenbar erst kürzlich verlassenen Dorf sah man an, dass hier Kämpfe stattgefunden hatten; das Dach des kleinen Schulgebäudes war zerstört, die Außenwände vom Rauch der Flammen geschwärzt.

Die vier mit modernen Gewehren bewaffneten Polizisten saßen in unserem Begleit-Land Cruiser. Mal überholten sie uns, mal fielen sie ein Stück zurück, waren aber immer präsent.

Nur einmal sahen wir Menschen auf der Straße: Drei Frauen trieben acht Esel an, von denen jeder 80 Liter Wasser in gelben Kanistern schleppte. Die anmutigen Frauen trugen lange, farbige Kleider und winkten fröhlich.

Von Kilometer zu Kilometer wurde die Moyalepiste schlimmer. Die Ränder waren weggebrochen, und man konnte unschwer erkennen, wo sich während der Regenzeit Lastwagen einen Meter tief eingebuddelt hatten. Berni bestimmte das Tempo. Ich sah sein Autoheck wie den Schwanz einer Bachstelze auf und ab wippen. Abends stellen wir fest, dass beide hinteren Stoßdämpfer abgerissen waren.

»Ich glaub's nicht!«, entfährt es mir. Der uns entgegenkommende rote Renault 4L stoppt, aus ihm schälen sich ein Siebzigjähriger und zwei deutlich jüngere Männer heraus. Vater, Sohn und ein Freund, der die beiden vorübergehend begleitet. Vor acht Monaten waren sie in Portugal gestartet, durch Westafrika nach Süden gefahren und von Kapstadt der Ostroute nordwärts gefolgt. Und all das mit einem winzigen, schwach motorisierten R4. Ich hatte dieses auf den Straßen Europas einst allgegenwärtige Fahrzeug schon lange nicht mehr gesehen. »Bei uns in Portugal wurde der R4 noch bis vor zwanzig Jahren gebaut«, sagen die Männer.

Schweizer, Holländer, Deutsche oder Engländer trifft man überall in der Welt. Aber keine Portugiesen ... Eine tolle Begegnung. Ihr Gefährt und seine Aufmachung erinnern mich an die siebziger und achtziger Jahre. Auf dem Dach ihres Autos war eine selbst gezimmerte Gepäckkiste mit der Aufschrift *Mama Afrika* befestigt, und hinten las ich die Internetadresse *not2latetrip.com*.

In Turbi, einer winzigen Siedlung, verabschiedeten sich die Polizisten von uns. »Ab hier ist die Strecke einigermaßen sicher«, sagten sie.

Als die Sonne sank, übernachteten wir abseits der Piste in der Savanne. Um niemanden auf uns aufmerksam zu machen, hantierten wir ohne Licht. Es war völlig dunkel. Nur die Sterne funkelten, in der Ferne brüllten Kamele.

Schon bald wird sich hier viel verändert haben. Das riesige chinesische Straßenbaucamp und eine von Bulldozern neu geformte

Trasse zeigten, wo in wenigen Jahren die neue Asphaltstraße verlaufen wird. Die Direktroute vom Nordkap nach Kapstadt wird dann durchgängig asphaltiert sein.

Wir unterhalten uns mit einem kenianischen Straßenbauingenieur. »Chinesische Firmen bauen den nördlichen Straßenabschnitt zwischen Moyale und Marsabit«, sagt er. »Die Europäische Union finanziert das südliche Teilstück zwischen Marsabit und Isiolo.«

Doch während die Umsetzung bei den Chinesen immer ruck, zuck gehe, habe man bei den Auflagen der EU den Eindruck, als wolle sie Kenia »ein zweites Mal kolonialisieren«. Ich ging auf diese Bemerkung nicht weiter ein und verkniff mir auch zu sagen, dass das wirtschaftlich boomende China vermutlich schon bald als Gegenleistung für sein unbürokratisches Entgegenkommen den Zugang zu Rohstoffen einfordern würde. Der Einfluss Chinas auf dem »Schwarzen Kontinent« ist so dramatisch gewachsen, dass einzelne afrikanische Führer bereits eine neokoloniale Abhängigkeit fürchten.

Marsabit ist ein weitläufiger Ort mit ausgefahrenen Erdstraßen. Neben dem kleinen Zentrum mit ein paar steinernen öffentlichen Gebäuden befindet sich der Markt. Dort parkten wir. Sogleich fielen uns die Samburu-Krieger mit den schlanken unbekleideten Oberkörpern auf, die sich lediglich bis zu den Knien reichende Tücher um die Hüften gewickelt hatten. Ihre bunten Perlenketten leuchteten an Hals und Stirn. Während bei unserem früheren Besuch hier die Samburu-Männer ausnahmslos zwei Meter lange Speere mit messerscharfen Spitzen getragen hatten, führten sie jetzt nur Stöcke mit sich.

Ein paar Männer kamen und unterhielten sich mit uns in ausgezeichnetem Englisch. Einer fiel mir besonders auf: ein stattlicher Mann von sechzig oder siebzig Jahren. Der sorgfältig gestutzte Bart war mit Henna gefärbt und leuchtete dunkelorange. Während ein karicrtes Tuch, ähnlich dem der Palästinenser, seinen Oberkörper bedeckte, trug er auf dem Kopf ein kreisrundes Käppi. Eine würdevolle Erscheinung.

Wir kamen ins Gespräch. Die verheerende Dürre der letzten drei Jahre habe seinen gesamten Rinderbestand dahingerafft, alle 36 Tiere seien verdurstet. »Ohne die Hilfe Amerikas und Europas hätten wir nicht überlebt«, sagte er.

Wir fragten ihn nach einer Werkstatt für Bernis Mercedes, dessen Hinterachsdifferenzial stark tropfte. Er führte uns hin. Auch beim Marktbummel begleitete er uns und half, unsere Einkaufstaschen zu tragen. Er führte uns zum besten Obst und den preisgünstigsten Eiern. Mir war längst schon klar, dass dafür eine Gegenleistung erwartet würde. Er bekam sie und dankte auf freundliche, vornehme Art.

»In jungen Jahren habe ich im Marsabit National Park als Ranger gearbeitet und den Elefantenbullen Achmed vor Wilderern beschützt«, erzählte er. »Achmeds Stoßzähne reichten fast bis auf den Boden, und jeder wog mehr als 50 Kilo.«

Der Eingang des Marsabit National Park war nicht allzu weit. Die Antwort auf unsere Frage nach Campingmöglichkeiten im Park war ernüchternd: »Das Camp ist seit heute geschlossen.«

»Warum?«, frage ich die junge Rangerin.

»Wilderer haben gestern dort einen meiner Kollegen erschossen.« Trotz strengster Überwachung ist die illegale Jagd auf Elfenbein in vollem Gange.

Wir lernten schnell, dass Wasser in Marsabit ähnlich geschützt wird wie Elfenbein. Nirgendwo gab es öffentliche Wasserhähne. Ein Motorradtaxi brachte mich zur zentralen Wasserstelle. Er sei nicht befugt, Wasser auszugeben, sagte ein Bediensteter dort, er müsse den Chef fragen. Der begleitete uns zu dem zentralen Wasserhahn, den er mit einem speziellen Schlüssel öffnete.

Der Norden Kenias mag ein gefährliches Pflaster sein – doch freundliche und hilfsbereite Menschen sorgten dafür, dass wir uns hier auf Anhieb wohlfühlten.

Mehrere erloschene Vulkane erinnerten daran, dass wir uns hier am Rand des Ostafrikanischen Grabens befanden. Marsabit liegt 1000 Meter hoch. Während unserer Zeit im Hochland des Mount Marsabit erlebten wir ungewohnten Nebel, und kurzfristig fielen ein paar Regentropfen. Das Umland aber blieb, wie seit Jahren schon, regenfrei. Elefanten sahen wir zwar nicht, doch eine fünfzigköpfige Pavianbande wartete nur darauf, dass wir unsere Bananen einen Moment unbewacht ließen.

Wir hatten geglaubt, die schlimmsten Streckenabschnitte hinter uns zu haben. Doch Abbrüche und tiefe Risse ließen uns in einer guten Stunde nur neun Kilometer vorankommen.

Natürlich war der weiße Land Rover, der sich von hinten näherte, schneller. Schließlich hatte er auch keine empfindliche Reiseausrüstung geladen. Der Fahrer, ein Mann von Mitte fünfzig, stoppte und begrüßte uns auf Deutsch. Er war hier Bischof der anglikanischen Kirche. Aufgewachsen in Celle bei Hannover, wo sein Vater als britischer Soldat Dienst getan hatte, freute er sich, wieder einmal ein paar Worte Deutsch sprechen zu können.

»Von wo kommt ihr jetzt?«, wollte er wissen.

»Direkt aus Deutschland.«

»Über Ägypten und Sudan ...?«

»Ja«, sagte ich.

»*You must be crazy*«, meinte er und lachte.

»*Of course!*«, sagte ich.

Rendille-Frauen mit großen Holzbündeln kamen uns entgegen. Im Schatten eines Baumes palaverten vier Samburu-Krieger. In einem Dorf sah ich eine blutjunge Mutter von höchstens sechzehn Jahren;

ein Kleinkind hatte sie auf dem Rücken, das andere Baby an ihrer Brust. Junge Burschen machten mit der offenen Hand eine Trinkbewegung. Wir stoppten und gaben ihnen Wasser.

Wir waren überrascht, als ein mit mehreren uniformierten Polizisten besetzter Land Cruiser von der Straße abbog und direkt auf unser Nachtlager zuhielt. Die Sonne war eben erst aufgegangen, und über der trockenen Savanne lag die Stille des jungen Morgens. Kein Lüftchen ging, nur ein mir unbekannter Vogel zwitscherte. Das Fahrzeug stoppte. Einer der Polizisten kam zu uns und grüßte.

»Hier zu übernachten ist gefährlich«, sagte er. »Somali-Banditen treiben in dieser Gegend ihr Unwesen.« Sie hätten es vor allem auf Viehherden und Elfenbein abgesehen, würden aber auch die Wertsachen von Autofahrern nicht verschmähen.

»Wir fahren noch heute weiter«, sagte ich.

Die Polizisten eskortierten vier australische Radfahrer, die wenig später auf der Piste vorbeiradelten.

Kurz danach erreichen wir den Ort Merrill, eine der wild gewachsenen Siedlungen mit weit verstreuten Rundhütten, deren Dächer mit Stroh und Stofffresten abgedichtet sind. Die Kirche mit dem großen Kreuz ist unübersehbar. Ein Dutzend kleiner Läden drängt sich um das in knalligem Rot gestrichene *Nomad's Hotel,* auf dessen Veranda die Radfahrer mit Softdrinks sitzen.

Die vier Radler stammen aus Melbourne in Australien. Inspiriert durch einen Fernsehbericht über einen organisierten Fahrrad-Marathon durch Afrika hatten sie sich »deutsche Fahrräder mit Rohloff-Schaltungen« zugelegt und sich eine Auszeit von vier Monaten genommen. In dieser Zeit wollen sie von Kairo bis Kapstadt radeln. Bis zu 190 Kilometer pro Tag!

»Letztes Jahr sind Radfahrer hier von Banditen ausgeraubt worden«, sagen sie. »Deshalb leisten wir uns die Eskorte von Moyale bis

Bis zu 190 Kilometer am Tag: Auf deutschen Fabrikaten radeln diese
Australier in vier Monaten von Kairo nach Kapstadt.

Isiolo. Durch vier geteilt ist der Preis von 100 Dollar pro Tag zu ertragen. Außerdem ist es ganz praktisch so; die Polizei transportiert
unser Trinkwasser. «

Ein paar Kilometer weiter südlich erfüllt Berni sein Versprechen und
küsst den ersten Meter Asphalt.

27 UMOJA – STARKE FRAUEN IM SCHATTEN DES MOUNT KENYA

Rebecca Lolosoli verließ ihren Mann und trotzte damit gesellschaft-lich-kulturellen Zwängen. Dadurch wurde die Samburu-Frau aus Archer's Post international bekannt. Ein Buch von ihr mit dem Titel *Mama Mutig* ist unlängst in Deutschland erschienen. Rebecca sprach vor einem UN-Gremium über das Los der Samburu-Frauen, wurde von der amerikanischen Außenministerin Hillary Clinton empfangen und stellt sich der Wahl zu dem von Männern dominierten Samburu-Rat.

Doch diese Erfolgsstory begann zunächst damit, dass sie, die Häuptlingstochter, für ein paar Dutzend Kühe an ihren künftigen Mann verkauft wurde und sich später von ihm trennte – bislang undenkbar für die traditionell orientierten Samburu.

Von alledem wusste ich nichts, als wir durch eine Gegend fuhren, die an die monumentalen Landschaften in John Fords Westernfilmen erinnerte – erodierte rote Felsstümpfe wie im amerikanischen Monument Valley. Wie trutzige mittelalterliche Festungen ragten sie aus dem Gelb der Savanne. Wir sahen hier Elefantenlosung, eine Giraffe und Strauße …

Der Ort Archer's Post ist kaum mehr als ein kurzer Straßenabschnitt, an dessen Rand sich Verkaufsstände, einfache Restaurants und kleine Kneipen drängen. Das alles wäre kein Grund, hier zu verweilen, wäre da nicht der Blick auf den Mount Kenya, der massig und wolkenverhangen im Südwesten liegt. Außerdem hat man gute Chancen, hier Elefanten, Büffeln und anderen Stars der afrikanischen Wildnis zu begegnen.

Eine Gruppe junger Männer umlagerte uns, einer wollte uns zu den besten Mangos, der andere zum Brot- oder Wasserverkäufer bringen. Da schob sich ein Mann dazwischen und sagte, er würde uns gern zum *Umoja Camp* führen. Vom Flussufer dort hätten wir einen Traumblick auf den Mount Kenya.

Mohammed, so hieß er, stieg auf sein kleines Motorrad und knatterte vor uns über die staubige Erdstraße zu dem Camp mit dem Namen, der uns damals noch unbekannt war.

Es war einer der bislang schönsten Plätze unserer Afrikareise. Wir parkten am Rand des Steilufers, während im Südwesten die Sonne über den in der Ferne liegenden Mount Kenya wanderte und im Westen hinter den breiten Schirmen der Akazien versank. Still zog der nur fünfzig Meter breite Fluss unter uns dahin. Vereinzelt ragten Sandbänke aus dem seichten Wasser hervor. Uns gegenüber dehnte sich, so weit das Auge reichte, Savanne. Die Sonne war jetzt untergegangen. Ein roter Schimmer lag über dem Land jenseits des Flusses, wo Löwen, Hyänen und Elefanten zu Hause waren. Mohammed legte uns ans Herz, unter keinen Umständen abends an den Fluss zu gehen, den er Ewaso Ng'iro – brauner Fluss – nannte. »Dann kommen die Krokodile raus …«

So unscheinbar Archer's Post selbst ist, so beeindruckend sind die umliegenden Wildschutzgebiete. Offenbar gab es hier eine Menge zu entdecken. Und noch immer wusste ich nicht, was sich hinter dem Namen Umoja verbarg.

»Mein Samburu-Name ist Leresh, aber man rief mich schon als Kind Mohammed Leresh«, sagte unser Führer.

Über dem Gipfel des Mount Kenya hatten sich jetzt Wolken zusammengezogen, aus denen wie ein feiner grauer Vorhang Regen fiel. Und wir hatten den Logenplatz bei diesem Schauspiel der Natur …

»Ich weiß nicht, wie alt ich bin«, fuhr Mohammed Leresh fort. »Vermutlich dreißig Jahre. In meinem Dorf gibt es kein Geburtsregister.« Dann erzählte er vom Leben dort.

»Jede Familie im Dorf hat eine kleine Herde; Ziegen, Kühe, Schafe, vielleicht auch ein paar Kamele. Wir leben sehr traditionell. Auch ich musste als Junge Ziegen hüten ... und aufpassen, denn die wilden Tiere waren immer irgendwo in der Nähe. So wie letzte Woche auf der gegenüberliegenden Flussseite. Dort hatte ein Löwe zwei Rinder gerissen und sich satt neben den toten Tieren zum Schlafen gelegt. Aber die Anwohner bekamen das schnell mit und bewarfen den Löwen so lange mit Steinen, bis er sich grollend aus dem Staub machte. Man schlachtete die Rinder und konnte das verbliebene Fleisch noch nutzen.«

Jetzt zuckten Blitze aus den Wolken über dem Mount Kenya.

»Während ich damals als Junge hier am Fluss meine Ziegen hütete, bekam ich mit, wie Rebecca und die anderen Frauen ihr Dorf bauten. Ein Zufluchtsort vor der Gewalt ihrer Ehemänner, sagten sie. Sie nannten das Frauendorf auf Kisuaheli Umoja, was so viel wie ›gemeinsam‹ heißt. Das ist auch das Motto der Frauen. Noch heute kommen Geschiedene, Ausgestoßene oder Frauen, die vor ihren Männern fortlaufen, hierher.«

Unser Camp heißt also nach dem Frauendorf, das nur ein paar Hundert Meter entfernt liegt und Besuchern gegen ein Eintrittsgeld offensteht. Mit den Einnahmen aus dem Camp und dem Verkauf von Perlenschmuck finanzieren die Bewohnerinnen ihre Unabhängigkeit.

»Rebecca hatte sich schon früh für die Rechte vergewaltigter Frauen eingesetzt«, berichtet Mohammed Leresh. »Da sie dabei keinen Rückhalt bei ihrem Mann fand, verließ sie ihn. Ihr Schwiegervater ließ sie durch gedungene Schläger verprügeln, um sie zur Rückkehr in den Kreis der Familie zu bewegen. Das machte sie nur noch stärker.«

Frauen arbeiten von morgens vier bis nachts um zehn für ihre Familie, während die Männer sich bedienen lassen und im Schatten der Bäume schlafen. »Wir Samburu-Frauen werden wie Sklaven gehalten, wir müssen zwar alles tun, haben aber keine Mitbestimmung, und uns gehört nichts«, sagt Rebecca Lolosoli. Sie kämpft zwar vorrangig für die Rechte der Samburu-Frauen in Nordkenia, gleichzeitig aber auch im Namen all jener in Afrika, die gegen Genitalverstümmelung, die Zwangsehe von oft dreizehnjährigen Mädchen mit alten Männern und die Vielweiberei sind.

Die Region Archer's Post ist voller wilder Tiere. Bis zum Verbot der Großwildjagd Ende der 1940er Jahre gab es hier auch Jagdcamps. Zum Glück sind sie seither verschwunden. Trotz Wilderei und Bevölkerungsdruck sind die Tierbestände stabil, wovon man sich in den Schutzgebieten wie Shaba, Samburu und Buffalo Springs National Reserve überzeugen kann. Doch weder die Anzahl der Tiere noch die Zahl der Besucher kann mit den berühmten ostafrikanischen Tierparks Amboseli oder Masai Mara mithalten. Anders als dort hat man hier aber die Chance, ohne ausgetüftelte Infrastruktur und ohne Besucherkolonnen ein Stück ursprüngliches, kaum vermarktetes Afrika zu erleben.

Wir wussten allerdings auch, was auf uns Individualreisende mit ausländischem Kfz-Zeichen zukommen würde: Tageseintrittspreise in Höhe des Durchschnitts-Jahreseinkommens eines Kenianers oder Tansaniers. Der Fremde muss ein Vielfaches mehr als ein Einheimischer bezahlen, auch wenn der Millionär ist. So beträgt in Tansania der Tageseintritt für die Serengeti für zwei Personen mit ausländischem Autokennzeichen rund 400 US-Dollar, wovon allein 300 Dollar auf ein Fahrzeug in der Größe Thunders entfallen. Preise, von denen der Pauschaltourist nichts ahnt, die aber den Individualreisenden auf großer Fahrt schmerzen. Klar, dass darüber unter Afrikafahrern heftig diskutiert wird.

Daher hatten wir uns vorgenommen, die Besuche der Tierparks in Kenia, vor allem aber der sehr teuren in Tansania auf wenige zu beschränken. Stattdessen würden wir den Schwerpunkt auf die Tier-

Endlich im Tierparadies Ostafrika angekommen: Bei Archer's Post findet sich pünktlich zum Sonnenuntergang der erste Elefant ein.

schutzgebiete in Sambia, Malawi und Namibia legen. Diese sind weniger stark besucht, nicht minder tierreich, oft noch reizvoller, weil ursprünglicher, und haben »normale« Preise. Hinzu kommt, dass Juliana und ich einige der berühmten Nationalparks Ostafrikas von früheren Reisen kannten. Auch das nahm etwas vom Druck auf unseren Geldbeutel ...

Allerdings wollten wir auch nicht knausern, denn der Anblick der Big Five, Elefant, Büffel, Nashorn, Löwe und Leopard, in der Wildnis ist das, was einen Besuch Afrikas einmalig macht.

Wir fuhren unter dem im Zebramuster gestrichenen Torbogen mit dem riesigen Büffelschädel durch und waren im Buffalo-Springs-Reservat. Eine Savannenlandschaft südlich des Ewaso-Ng'iro-Flusses, aus der sich vereinzelt Schirmakazien erhoben.

Es war später Nachmittag, eine gute Zeit, denn das Wild würde jetzt das schattig-kühle Dickicht verlassen und zum Fluss ziehen. Wir sahen Büffel, Impala-Antilopen und Zebras. Das war unser Platz! Berni und Annette hatten aus Kostengründen ihren Camper vor dem Parkeingang gelassen und krochen jetzt mit uns aus unserer »MG-Luke« auf Thunders Dach.

Es war wie bei jedem »ersten Mal«: ein unbeschreiblich schönes Gefühl, mitten in dem unberührten Tierparadies zu sein. Wir staunten. Auf dem Lkw-Dach waren wir außerhalb der Reichweite von Löwen. Über uns raschelten die Wedel der Doumpalmen. Da entdeckten wir einen mächtigen Elefanten, der keine 100 Meter von uns entfernt durch eine sumpfige Senke des Ewaso-Ng'iro-Flusses zog.

»Leute – uns geht's doch gut!«, schwärmte Berni. Wir genossen diesen Moment und beobachteten, wie die Sonne flach über dem Horizont nach Westen wanderte. Um den 2000 Meter hohen Gipfel des Mount Lokokwe im Norden lagen ein paar Wolken, so wie auch um den gut 5000 Meter hohen Mount Kenya im Süden. Dann sank die Sonne.

»Ich glaube, mein Luftfilter ist verstopft!«, rief Berni. Doch schon bald war klar, dass es nicht am Luftfilter lag: Die Straße war so steil, dass unsere Autos nur langsam zum Fuße des Mount Kenya hochkrochen. Wir hatten uns jetzt von 1000 auf 2500 Meter hinaufgearbeitet. Nun boten sich uns ganz andere Bilder als am Morgen, wo wir beim Frühstück auf Thunders Dach sitzend die Tiere der Savanne beobachtet hatten.

Hier fuhren wir durch Getreidefelder, auf denen neueste Mähdrescher arbeiteten. An riesigen Gewächshäusern, in denen Rosen für internationale Märkte gezüchtet werden, las ich *Uhuru Flowers Corporation*. Auch die Lobelia Farms züchten Schnittblumen für Europa. Dass dies ein fruchtbares Land ist, erkannten bereits die englischen Kolonialherren Anfang des 20. Jahrhunderts und legten riesige Rinderranches und Getreidefarmen an, deren Weitläufigkeit mich an den Westen der USA erinnerte.

Unser Ziel war die Kleinstadt Nanyuki direkt am Äquator. Sie ist das Sprungbrett für die Besteigung des Mount Kenya. Außerdem steckte die Telefonnummer eines gewissen Wanjohi aus Nanyuki in meiner Tasche, die mir der Chef der Wasserversorgung in Marsabit gegeben hatte: »Ein Spezialist für Rundschnauzer-Lkw. Wanjohi repariert auch unseren Mercedes-Tankwagen.«

Es waren zwar nur Routinejobs zu erledigen, aber sie mussten sein: Motorölwechsel, Abschmieren, Kupplungsspiel korrigieren und ein paar Schrauben nachziehen.

Außerdem lag noch der rote Staub der Moyalepiste auf Thunder. Ich wollte ihn waschen lassen und ging zur Tankstelle, um einen Termin abzumachen. Thunder parkte derweil neben einer Hauswand, auf der das riesige Bild einer schwarz-weißen Kuh für die Futterprodukte der Kenya Farmers Assosiation warb.

»Wie an einem milden Frühlingstag daheim«, meinte Juliana. Die Sonne schien aus einem azurblauen Himmel, und die Temperatur lag bei 25 Grad. Wir fühlten uns auf Anhieb wohl in Nanyuki.

Nanyuki hat zwei Highlights: Mount Kenya und den Äquator. Ansonsten gewinnt der knapp 40 000 Einwohner zählende Ort keinen Schönheitswettbewerb: Jakarandabäume säumen die Hauptstraße, hinter der sich zahllose kleine Läden, ein paar Banken, zwei Tankstellen und ein moderner Supermarkt befinden.

Der nahe gelegene 5199 Meter hohe Mount Kenya ist der höchste Berg des Landes und nach dem Kilimandscharo der zweithöchste des afrikanischen Kontinents. Der Batiangipfel ist alpinen Kletterern vorbehalten, während der 4985 Meter hohe Point Lenana auch Hochgebirgswanderern wie uns zugänglich ist.

Mount Kenya ist der Namensgeber für Kenia, und die hier beheimateten Kikuyu hatten durch ihren Mau-Mau-Aufstand wesentlich zur Befreiung vom kolonialen Joch der Briten beigetragen. 1963 wurde Kenia unabhängig.

In den ersten Jahren seiner Unabhängigkeit galt Kenia als afrikanisches Vorzeigeland mit gutem wirtschaftlichen Erfolg. Doch Korruption und politische Unruhen führten zu Einbrüchen. Unter der Regierung von Präsident Kibaki erholte sich das Land. Kenias Bruttosozialprodukt liegt deutlich über dem der Nachbarländer, seine Volkswirtschaft ist so groß wie die von Tansania, Uganda, Ruanda und Burundi zusammen. Und doch lebt die Hälfte der kenianischen Bevölkerung unterhalb der Armutsgrenze; ein Viertel der Gesamtbevölkerung muss mit weniger als einem US-Dollar pro Tag auskommen. Nicht zuletzt auch wegen des immensen Bevölkerungswachstums ...

In Nanyuki verblüfften mich die vielen britischen Militärfahrzeuge. Die erste Nacht verbrachten wir im *Kongoni Camp*, einem großzügigen Hotel- und Restaurantkomplex, wo ich mehr Weiße sah als auf der gesamten bisherigen Reise seit dem Verlassen Israels. Nur wenige der Männer waren älter als dreißig, alle wirkten durchtrainiert und sportlich, hatten einen kurzen Haarschnitt und sprachen Englisch untereinander.

»Hier werden britische Soldaten für Extremeinsätze in Wüste und Urwald trainiert«, hörten wir.

Das Essen im *Kongoni Camp* war gut, das Bier kalt, es gab Internetanschluss und einen Fernseher, auf dem Berni das Champions-League-Spiel Bayern München gegen Basel sah. Aber nach der Stille auf den Pisten Nordkenias war es uns hier zu laut ...

Tags darauf zogen wir auf einen ruhigen Platz am *Old House Hotel* um. Das dachten wir zumindest ...

Als wir das parkartige Gelände in der Dämmerung erreichten, begann in den hohen Bäumen ein Höllenlärm: grelle Schreie, irres Lachen, manchmal tiefes Knurren. Eine Kakofonie, die sich von Baum zu Baum fortsetzte, bis der ganze Park sich vor Lachen zu biegen schien.

»Eine Art afrikanischer Kookaburra?«, überlegte ich.

Falsch. Wie wir anderntags an der Hotelrezeption erfuhren, waren es Baumschliefer, nachtaktive murmeltierähnliche Säugetiere, die auf Bäumen leben.

Nach 32 Tagen gemeinsamer Reise trennten sich hier Berni und Annette von uns. Während wir einige ostafrikanische Berge besteigen wollten, würden sie zügig bis Südafrika durchfahren.

In Nanyuki treffen wir Leslie, einen jungen Münchner, der sich vor wenigen Tagen zwei Hektar Land außerhalb des Ortes gekauft hat.

»Wie kamst du denn auf diese Idee?«, erkundige ich mich.

Einfallsreich und bunt: In Nanyuki am Äquator muss eine Hauswand als Reklamefläche herhalten.

»Ich hatte schon immer diesen Traum«, strahlt er. »Mit 6000 Euro pro Hektar ist das Land erschwinglich.« Formale Probleme beim Landerwerb habe es auch nicht gegeben. Man könne es langfristig pachten oder gemeinsam mit einem kenianischen Partner erwerben. Da er hier einen verlässlichen Freund hat, wählte er letztere Variante. »Mit dieser Investition schaffe ich ein paar Arbeitsplätze. Mein hiesiger Partner übernimmt die Bewirtschaftung.«

Da er in Deutschland als Golflehrer arbeitet, bleibt ihm im Winter genügend Zeit, um sich auch persönlich vor Ort um sein Projekt kümmern zu können. »Wir werden Kartoffeln anbauen«, sagt er.

Für uns hat Leslie einen guten Tipp parat: »Mohammed, ein guter Bekannter, ist *mountain guide* für den Mount Kenya. Er ist zuverlässig und kennt sich aus.«

Wir treffen Mohammed im schattigen Garten des *Comfort Hotel* am Nanyuki River. Er ist Ende dreißig, schlank, wirkt durchtrainiert und hat die schmalen Gesichtszüge eines Somalis.

Seit dem Verlassen der Schule ist er am Berg unterwegs: Nachdem er zunächst als Träger gearbeitet hatte, avancierte er zum Koch und schließlich zum *mountain guide*. Seit acht Jahren ist Mohammed selbstständiger Bergführer am Mount Kenya.

»Allerdings bin ich zurzeit ausgebucht. In vier Tagen führe ich einen Japaner auf den Point Lenana«, sagt Mohammed. »Wenn ihr allerdings Gesellschaft mögt, könnt ihr euch anschließen.«

Während die anderen Guides im Ort mindestens 150 US-Dollar pro Tag und Person verlangen, liegt Mohammeds Preis um 20 Prozent darunter. Sechs Tage sollte die komplette Überquerung des Massivs vom Sirimon Gate nach Chogoria dauern.

Wir überschlafen die Sache und schlagen ein.

Meine Beziehung zum Mount Kenya reicht bis in die Tage unserer ersten Afrikadurchquerung zurück. Gemeinsam mit unseren Reisefreunden Udo und Josef hatte ich damals eine Trekkingtour unternommen. Juliana, die sich zuvor am Fuß verletzt hatte, war im Schutz der Rangerstation im VW-Bulli zurückgeblieben.

Zu jener Zeit war alles noch nicht so durchorganisiert wie heute, und um Geld zu sparen, hatten meine Kumpels und ich beschlossen: »Wir gehen auf eigene Faust, ohne Führer, Koch und Träger.«

Speis und Trank waren spartanisch; Wasser schöpften wir aus Bächen, zum Frühstück gab's Haferbrei, zum Abendessen Kartoffelpüree aus der Tüte und mittags Trockenbrot und Käse. Wir trafen unterwegs nur zwei Engländer, deren Bergkarte ich kopierte. Sie beschrieben uns, wo das alte Skelett eines Elefanten zu finden sei. Das musste ich sehen, und so suchten wir einen halben Tag danach. Leider erfolglos.

Es war Anfang Januar, und die Nächte waren bitterkalt. Wir schleppten Holz herbei und entzündeten ein Lagerfeuer, in das wir Steine legten, die wir uns später zum Wärmen in die Schlafsäcke schoben. Morgens bedeckte dicker weißer Raureif das Land und unsere Zelte. Das Wasser, das ich eben noch am Bach geschöpft hatte, war kurz darauf mit einer Eisschicht bedeckt. Irgendwann verloren wir im Nebel den Trail, was aber nicht weiter dramatisch war – wir brauchten nur bergab zu gehen, um wieder auf Menschen zu treffen.

Wenn wir auf die Losung von Elefanten oder die Fährten von Raubkatzen stießen, war das für mich ebenso spannend wie die Besteigung des Gipfels, die uns diesmal versagt blieb.

Nach vier Tagen kehrten wir zu Juliana zurück. Doch der Wunsch, eines Tages doch noch auf dem Mount Kenya zu stehen, wurde im Laufe der Jahre immer größer.

1. Tag: Nanyuki – *Old Moses Camp*

Wir sind neun Personen: Takashi Matsuoka aus Japan, der erst vor zwei Tagen in Kenia gelandet ist, Juliana und ich, Mohammed als Chief Guide, Sam, der zweite Guide, Patrick, unser Koch, John, Küchenhelfer und Träger, sowie die beiden Träger Cyrus und Bonface. Sechs Begleitpersonen für drei Trekker hört sich zunächst einmal viel an …

Anders als beim Kilimandscharo sind Führer und Träger am Mount Kenya auch heute nicht obligatorisch. Wir hätten also auch auf eigene Faust gehen können. Dank inzwischen halbwegs brauchbarer Karten und GPS hätte es beim Aufstieg keine nennenswerten Orientierungsprobleme gegeben. Doch engt es den Bewegungsspielraum erheblich ein, wenn man Lebensmittel für sechs Tage plus Schlafsäcke, Ausrüstung und Kleidung auf dem eigenen Buckel schleppen muss. Zudem sind die Personalkosten hier, im Gegensatz zum staatlichen Eintrittsgeld, akzeptabel und bezahlbar. Hinzu kommt, dass die Menschen hier von »ihrem« Berg leben. Es ist oft ihre einzige Einnahmequelle. Wenn wir Mohammed und seinen jungen Begleitern einen fairen Preis zahlen, um unsere Bandscheiben zu schonen und den Berg mehr genießen zu können, ist das für beide Seiten eine gute Lösung. Außerdem freuen wir uns auf die Gesellschaft.

Wir verstauen unsere Rucksäcke auf dem Dach des Matatu, eines Sammeltaxis, und quetschen uns ins Innere. Wenig später hält der Minibus. »Einen Moment bitte«, sagt Patrick, der Koch, steigt aus und kauft einen großen Sack Holzkohle. Am Mount Kenya ist es heute verboten, Holz zu sammeln und zu verbrennen.

20 Minuten später erreicht das Matatu das Sirimon Gate des

Mount Kenya National Park in 2650 Metern Höhe. Ab hier geht es zu Fuß weiter. Das mit Natursteinen gemauerte Parkzentrum ist von außen ähnlich ansprechend wie die in den USA, wo in Yellowstone die Nationalparkidee ihren Anfang nahm.

»Wanderkarten vom Berg gibt's bei uns nicht«, sagt uns die Parkbedienstete, bei der Mohammed den Eintrittspreis für uns *non-residents* bezahlt. Die saftigen Preise sind gleich in US-Dollar angeschlagen: 270 US-Dollar pro Person! Derweil hat Patrick einen kleinen Lunch zubereitet. Während wir essen, prasselt sintflutartiger Regen vom Himmel, kurz danach scheint die Sonne. Die Erde dampft.

Noch ist der Himmel verhangen, doch ab und zu geben die Wolken den Blick auf die in der Ferne liegenden Gipfel frei. Von hier wirkt der zweithöchste Berg Afrikas wie der riesige Buckel einer Schildkröte.

»Der Mount Kenya befindet sich östlich des Great Rift Valley, des Großen Afrikanischen Grabenbruchs«, erläutert Mohammed. Als Vulkan war der Berg einst 2000 Meter höher als heute und sah damals wohl so perfekt wie der Fudschijama aus. »Es gibt zwölf permanente Gletscher«, weiß Mohammed. »Doch durch die zunehmende Erderwärmung tauen sie rasant ab. Seit 1997 steht der Mount Kenya als Weltnaturerbe in der UNESCO-Liste.«

Sam ist unser Guide. Auf seinem offenen Gesicht liegt stets ein freundliches Lächeln. Er schleppt Julianas Rucksack. Cyrus den meinen. Wir selbst haben Daypacks, Tagesrucksäcke, auf dem Buckel.

»Wie fühlst du dich?«, frage ich Juliana.

»Gut!«, beruhigt sie mich.

Bei Hochgebirgstouren hat sie gelegentlich Probleme. Ein gemächlicher Aufstieg mit einer schrittweisen Anpassung an die Höhe kann einer Höhenkrankheit vorbeugen. Außerdem hat Mohammed in 4200 Metern Höhe einen Akklimatisierungstag eingeplant.

Jetzt erreichen wir das Schild *Welcome to the Southern Hemisphere*, überqueren den Äquator und sind auf der Südhalbkugel. Kurz bevor wir unser Tagesziel erreichen, zeigt Sam auf eine Herde von gut fünfzig Elenantilopen.

Noch ist die Vegetation üppig. Später werden wir nach und nach über die alpine Tundra in die zerklüftete Felsregion kommen.

Das in 3300 Metern Höhe gelegene *Old Moses Camp* ist eine Ansammlung grün gestrichener, wellblechgedeckter Holzhütten. Chic und Komfort darf man hier nicht erwarten. Dass in den tief durchhängenden Matratzen des Schlafraums wohl schon die Wanderer der siebziger Jahre lagen, stört uns nicht weiter, denn wir sind hundemüde. Zunächst herrscht wenig Betrieb, doch nach und nach füllt sich das *Old Moses Camp* mit ein paar Engländern, Italienern und drei Schotten. Es ist kalt, zwischendurch prasseln Hagelkörner auf das Blechdach.

Der gemütlichste Platz ist die Küche, wo Patrick in einem kleinen Eisengrill ein Holzkohlenfeuer entfacht hat. Er ist in seinem Element, schält Kartoffeln und schneidet Gemüse, während in einem Kochtopf Popcorn springt. Die Stimmung ist großartig: »Wir lieben unsere Arbeit«, strahlt Patrick, während er uns Popcorn serviert. »Ohne diesen Berg hätten wir alle keine Jobs. In unserer Region gibt es sonst nichts zu tun.«

Ein fröhlicheres und engagierteres Team hätten wir uns nicht wünschen können. Inzwischen sind wir auch mit Takashi warm geworden. Anders als viele mir bekannte Japaner hat er keine Scheu, Englisch zu sprechen. Vor ein paar Jahren war er mit sechzig als Mathematiklehrer in Südjapan pensioniert worden. »Aber ich liebe meinen Beruf«, sagt er. Also arbeitete er zwei Jahre lang als Mathematiklehrer auf den Philippinen. Eine seiner Töchter hatte die Mount-Kenya-Besteigung für ihn arrangiert: »Sie lebt in Mombasa und arbeitet als Biologin an einem Tierprojekt im Tsavo National Park.«

Wenig später kommen wir mit den drei Schotten ins Gespräch, den Geschwistern John und Frances, beide um die dreißig, dazu Johns Freundin Katie. Aber schon bittet Patrick uns zu Tisch, wo wir regelrecht verwöhnt werden: frisch zubereitete Kürbissuppe als Vorspeise, gebratene Hähnchenteile, Kartoffelpüree und Spinat als Hauptgang. »Ich fühle mich wie ein Pascha auf einer Expedition des 19. Jahrhunderts«, grinse ich, und Patrick strahlt.

2. Tag: *Old Moses Camp – Shipton's Hut*
Zwölf Gäste schlafen in der *Old Moses*-Hütte, vier draußen in Zelten. Da auf jeden Wanderer im Mittel zwei Mann vom Träger-team kommen, sind rund fünfzig Leute im Camp. Und da die Köche bereits in aller Herrgottsfrühe lautstark bei der Frühstücksvorberei-tung sind, ist für uns morgens um fünf die Nacht vorbei.

Ich gehe vor die Tür: Fahlgelbes Licht fließt über den Berg, an dem Wolkenfetzen entlangjagen. Die großen Wolkenlücken am Himmel scheinen Mohammeds Optimismus von gestern zu bestätigen: »Morgen wird das Wetter besser.«

Ich war davon ausgegangen, dass wir von unserem Team gut versorgt würden. Doch Patricks Frühstück übertrifft alle Erwartun-gen. Leider hat Juliana keinen rechten Appetit »Die Höhe …«, sagt sie. »Wobei wir in Äthiopien mit dem Auto deutlich höher waren«, erwidere ich. »Wir sind doch nur 3300 Meter hoch.«

»Immerhin 350 Meter über dem Gipfel der Zugspitze«, lächelt sie schwach zurück.

Die Sonne ist durchgebrochen, als wir unsere Wanderung fort-setzen.

Unter meinen Füßen federt der Boden, aus dem zwischen Tussock-Grasbüscheln meterhohe Pflanzen hervorragen: Riesenlobelien. Anderenorts nur sehr klein, haben sie sich im Hochgebirgsklima Ostafrikas zu riesiger Größe entwickelt. Es ist ein Gang durch einen Naturgarten: Was von fern wie ein Schneefeld wirkte, entpuppt sich aus der Nähe als silbrigweiß leuchtendes Strohblumenfeld. Gigantische Pflanzen mit dem sperrigen Namen Riesenkreuzkraut, auch Riesensenezien genannt, säumen den Pfad wie urzeitliche Wächter. In der Sonne sitzen pummelige Klippschliefer, sie glotzen uns mit hochgezogenen Mundwinkeln an, als würden sie belustigt über uns grinsen. Die Vegetation ist noch dichter geworden. Überragt wird alles von der drei Meter hohen *Lobelia telekii*, benannt nach Sámuel Graf Teleki, einem österreichisch-ungarischen Forscher, der als erster Weißer den Mount Kenya besteigen wollte. »Im Volksmund nennen wir sie Straußenfederlobelie«, sagt Sam.

15 Uhr: Unsere kleine Gruppe hat sich weit auseinandergezogen. Ich bilde das Schlusslicht, weil ich immer wieder neue Fotomotive entdecke. Gegen 16 Uhr passiere ich das grüne Schild *Shipton's Camp: 4200 Meter*.

Wir sind rund zwei Dutzend Leute, die auf den Berg wollen. Zwei Israelinnen plaudern mit drei Italienern, die als Einzige den 5199 Meter hohen Batiangipfel mit Seil und Pickel erklimmen wollen. Einer der Bergsteiger sagt: »Vor drei Jahren hatte ich beim Bier die Idee.« Man erklärte ihn für verrückt, doch er suchte und fand zwei weitere Verrückte – »na bitte, hier sind wir«. Nach einem weiteren Akklimatisierungstag wollen sie aufsteigen.

Ich setze mich zu den drei Schotten Katie, Frances und John, die ihre Köpfe über einem dicken Vogelbestimmungsbuch zusammenstecken. »Die Ornithologie war schon immer ein wichtiges Hobby in unserer Familie«, sagt John. Akkurat haben die drei Buch geführt. »Heute sahen wir Laubnektarvögel, Almenschmätzer, Regenbogenspinte, Kapdrosseln und Zimtflügelstaren.«

Ich gehe danach vor die Tür und beneide diejenigen, die in der Stille des Berges im Zelt übernachtet haben. Der Himmel ist jetzt klar, nur der Hauptgipfel des Mount Kenya ist wolkenverhangen.

3. Tag: Akklimatisierung – *Shipton's Hut*

Um zwei Uhr morgens geistern die Lichter der Stirnlampen derjenigen durch unseren Schlafsaal, die gleich mit dem Aufstieg beginnen werden. Juliana liegt seit Längerem wach, so wie ich: »Die Höhe«, sagt sie, »ich kann nicht schlafen ...« Das Rauschen der nur zwei Meter von ihr entfernten Toilettenspülung dringt ungedämmt durch das dünne Wellblech. Bald darauf sind auch die letzten Trekkingteilnehmer auf dem Trail. Morgen werden wir ihnen folgen.

Ab 5:30 Uhr übertönt das Klappern von Kesseln und Töpfen das lautstarke Palaver der Köche.

6:20 Uhr: Erstes Dämmerlicht fällt in unsere Hütte; ich hebe den Kopf, schaue aus dem Fenster und bin mit einem Satz auf den Beinen. Tiefrotes Morgenlicht liegt auf dem gegenüberliegenden Berghang. Just in dem Moment, als ich mit der Kamera draußen bin, treffen die ersten weichen Lichtstrahlen auf den Gipfel des Batian. Die schlaflose Nacht ist vergessen.

Mount Kenya liegt wie eine rot glühende Festung vor mir. Solche Momente sind die Belohnung für die Strapazen des Reisens. Auch wenn ich von nun an keinen weiteren Meter mehr aufsteigen könnte, hätte allein dieser Moment allen Aufwand gelohnt. Wir bringen Tisch und Stühle nach draußen und frühstücken mit Blick auf das gewaltige Massiv.

Fünf Stunden lang steigen wir von 4200 auf gut 4600 Meter Höhe – und von dort wieder nach unten zurück. Das mag wenig erscheinen, ist aber für einen Akklimatisierungstag die richtige Dosierung. Wir treffen eine junge englische Ärztin; ihr Freund, ebenfalls Arzt, hat massive Höhenprobleme und musste in der *Shipton's Hut* zurückbleiben. Wir wissen, dass am Kilimandscharo Hochgebirgswanderer durch Herz- und Kreislaufversagen ums Leben gekommen sind. In großer Höhe ist also Vorsicht geboten!

Oberhalb der 4500-Meter-Marke lassen wir die Riesenlobelien

und das Riesenkreuzkraut zurück. Nur noch gelbe Blüten leuchten hier aus den Ritzen der Felsen. »Wir sind auf dem Dach Afrikas angekommen!«, strahle ich. Juliana lächelt. Ich deute das als Zeichen dafür, dass es ihr gut geht.

Begleitet von Sam bestiegen wir ein paar Erhebungen und genossen die Kulisse der Bergriesen, deren schroffe Felswände und Gletscher mich an die Rocky Mountains erinnerten. Beim Abstieg wählten wir eine andere Route, vorbei an einem kleinen, nur 200 Meter langen flachen Gletschersee, an dessen Ufern wie grüne Kerzenständer Straußenfederlobelien standen. Klippschliefer wuselten hier über die Felsen, andere dösten faul vor ihren Höhleneingängen.

»Dieser Gletschersee war einst deutlich größer«, erklärte Sam. »Doch seit dem Rückgang der Gletscher fließt immer weniger Wasser nach.«

Als wir zurückkehrten, saß niemand mehr draußen. Ein kalter Wind pfiff über *Shipton's Camp*. Um 20 Uhr lagen wir alle in den Schlafsäcken.

Ich sah, wie das Licht von Stirnlampen durch den Schlafsaal geisterte. Die junge englische Ärztin betreute ihren Freund, der wie ein Häufchen Elend mit dem Rücken zur Wand auf seinem Bett saß. »Sein Zustand hat sich verschlimmert«, sagte die junge Frau. Die beiden werden nicht mit uns aufsteigen.

4. Tag: in 4985 Metern Höhe – Point Lenana

2 Uhr morgens: Patrick bringt uns heiße Zitrone mit Honig. Trotz der kurzen, unruhigen Nacht sind wir fit. Draußen ist es stockfinster; nur die Leuchtpunkte unserer Stirnlampen huschen wie Glühwürmchen durch die Dunkelheit.

2:30 Uhr: Aufbruch.

Ich schätze, dass wir zwölf *clients* sind, Kunden, wie Mohammed uns bezeichnet. Dazu die Guides und ein paar zusätzliche Träger. Alles in allem dürften 25 Personen auf dem Trail zum Point Lenana sein.

Juliana scheint es besser zu gehen. Wir steigen langsam auf, obwohl ich genügend Kraftreserven für einen schnelleren Gang hätte. Aber so wie ich bei Schlittenhunderennen in Alaska das Tempo meiner Tiere anfangs drosselte, damit sie auch nach 1800 Kilometern noch Kraft für den Endspurt hätten, so mache ich es jetzt bei mir und setze gemächlich einen Fuß vor den anderen.

»Die Akklimatisierung war gut!«, höre ich Juliana sagen. Ansonsten fällt kein Wort.

Unser Atem geht stoßweise. Niemand spricht. Eisiger Wind trifft uns wie eine Ohrfeige, als wir aus dem Windschatten eines Berghangs auf einen schmalen Grat steigen. Wir sind bereits seit mehreren Stunden unterwegs, die kleinen Gruppen haben sich jetzt auseinandergezogen, die »Glühwürmchenpunkte« der Stirnlampen leuchten in immer größeren Abständen. »Wir liegen prima im Zeitplan«, sage ich. Ansonsten konzentriere ich mich auf den Aufstieg; die Felsen sind jetzt vereist.

»Noch 15 Minuten bis zum Gipfel.« Mohammed nimmt sein Daypack vom Rücken und setzt sich in den Windschatten eines Felsens. Takashi, Juliana, Sam und ich folgen seinem Beispiel.

Wie ein Irrlicht glimmt in einem Wolkenspalt das erste Rot des Tages. Und mit dem Gespür des erfahrenen Guides für die Dramaturgie des Gipfelsturms verkündet Mohammed: »Lasst uns aufbrechen. In 15 Minuten geht die Sonne auf!«

Es geschieht blitzschnell: Kaum ist die Sonne über die Bergkette geklettert, wird sie von Wolken verschluckt. Die glühen jetzt so rot wie der Himmel darüber. Doch schon wirbeln Höhenwinde alles durcheinander.

Ich reiche Takashi meine Kamera, um diesen Moment mit Juliana und mir im Bild festzuhalten. Als wir uns Sekunden später vor dem kleinen Gipfelkreuz postieren, hat dichter Nebel die Bergspitze um-

Unser Guide Sam in 4000 m Höhe zwischen Riesen-Senezien und Lobelien

hüllt. Gleich danach überschüttet uns die Sonne mit Farben, die nicht von dieser Welt sind: Pink, Rot, Purpur, Gelb und Orange. Dazwischen schieben sich Nebelfetzen und Wolken, die uns sekundenlang die Sicht rauben. Wo sie aufreißen, zeigen sich für die Dauer eines Wimpernschlags schroffe Bergspitzen. Aber schon rasen erneut Wolken über den Gipfel. Die Kapuzen der Jacken tief ins Gesicht gezogen, duckt sich jeder von uns gegen den eisigen Wind. Unsere Gesichter sind verquollen, die Lippen aufgeplatzt. Dennoch fotografiere und filme ich wie im Rausch.

»Mein Kameraverschluss klemmt bei der Kälte«, schimpft ein Tscheche und deutet auf seine brandneue Canon. In diesem Moment sehe ich, wie bei Juliana ein paar Tränen kullern. Die Folge der Strapazen und Anspannung ...! Ich lege den Arm um sie.

Wir beide verlassen den Gipfel des Point Lenana als Letzte. Als wir aus 4985 Metern Höhe absteigen, weiß ich, dass dies mehr als nur der höchste Punkt des bisherigen Trips war – es ist einer der großen Höhepunkte unserer Reise durch Afrika!

Wir steigen aus der Steinwüste des Gipfels durch die Armee der Riesenlobelien und gigantischen Senezien hinab. Das Tal ist eng geworden, erinnert an die Felskulisse im kalifornischen Yosemite Valley. Und plötzlich fällt mein Blick auf einen wildromantisch von Felswänden umschlossenen See. »Lake Michaelson«, sagt Sam.

»Ein Geheimtipp«, hatte Mohammed verraten. »Da kommt kaum ein Gebirgswanderer hin. Wir werden dort erstmals unsere Zelte aufbauen.« Danach würden wir zur Chogoriaroute emporsteigen und auf ihr zu der Nanyuki gegenüberliegenden Seite des Massivs wandern.

Aber zunächst folgen wir einem glasklaren Gebirgsbach, dessen Murmeln vom Gesang der Vögel übertönt wird. Zwischen Straußenfederlobelien leuchtet eine rote Gladiole.

Erschöpft, aber glücklich erreichen wir Lake Michaelson, sinken ins Gras und schlafen sofort ein.

Der Platz, wo wir unser Camp aufschlagen, liegt wunderschön. Cyrus gelingt das Kunststück, mit bloßen Händen in einem Bach drei Forellen fürs Abendessen zu fangen. So etwas kannte ich bisher nur aus amerikanischen Westernfilmen ...

Abends plaudern wir mit Sam.

»Mit achtzehn Jahren wurde ich Träger«, sagt er. Das war vor zehn Jahren. Wie sein Chef Mohammed hatte Sam sich zum Koch und dann zum Guide hochgearbeitet.

Während wir im Windschatten eines Felsens um ein kleines Holzkohlefeuer sitzen, zeigt Sam auf das abgebrochene Rotorblatt eines Hubschraubers, das uns als Windschutz für die Feuerstelle dient.

»Vor Jahren stürzte im dichten Nebel ein Helikopter in den See.

Die Gäste, die zum Angeln hierherfliegen wollten, kamen ums Leben. Der Hubschrauber liegt noch auf dem Grund des Sees.«

5. und 6. Tag: Lake Michaelson – Chogoria

Von Lake Michaelson folgten wir 18 Kilometer dem Chogoria Track bis zur Ostseite des Mount Kenya. Die Nacht wollten wir dort in der *Mount Kenya Lodge* verbringen. Tags darauf würden sich unsere Wege im Ort Chogoria trennen: Takashi würde nach Nairobi fahren, wir nach Nanyuki.

Es war eine entspannte Wanderung durch dichte Buschsavanne. »Hier gibt es auch Büffel!«, warnte Sam. Die als Kaffernbüffel bezeichneten Muskelprotze mit den gewaltigen Hörnern zählen zu den gefährlichsten Tieren Afrikas. Vereinzelt entdeckten wir Elefantenlosung.

Bergab zu gehen, ließ uns ausreichend Puste zum Plaudern. »Januar und Februar sind die besten Monate für den Mount Kenya Track«, sagte Sam. »Juli und August ist bei uns Hochsaison … allerdings muss man dann am Gipfel schon mal mit 20 Zentimetern Schnee rechnen.«

Als wir rasteten, verriet uns Takashi, dass er als Schüler in Japan deutsche Lieder gelernt hatte. »Sing bitte eins!«, baten wir. Er kam dem Wunsch mit einem Schubert-Lied nach. Von einer früheren Motorradreise durch Japan ist mir noch gut in Erinnerung, wie begierig man dort deutsche Volkslieder hören wollte. Zum Glück hatten wir ein kleines Repertoire, aus dem wir zur Freude der Japaner etwas schmetterten.

Das Zwitschern eines Vogels, ähnlich dem der Lerche, ließ mich aufhorchen. »Ein Cistensänger«, wusste Sam.

Abends erreichten wir die *Mount Kenya Lodge*. Das Highlight hier war die erste Dusche seit fünf Tagen. »Sieh nur den Heißwasserboiler dort …« Ich folgte Juliana hinter unsere Holzhütte, wo unter einem Metallfass ein offenes Feuer loderte. Das heiße Wasser wurde von dort über Rohre in unsere Hütte geleitet.

Ein wichtiger Punkt war noch zu erledigen: das Trinkgeld. Den Lohn zahlte Mohammed jedem Teammitglied von dem ihm vorab ausgehändigten Expeditionshonorar. Aber das von allen erwartete Trinkgeld löhnt der *client* persönlich. Ich hatte vorab mit Mohammed darüber gesprochen.

»Am Mount Kenya ist es anders als am Kilimandscharo, wo Träger oft aggressiv ihren *tip* einfordern«, sagte er. »Ich habe meinen Leuten klargemacht: Trinkgeld ist eine Anerkennung für besonders gute Leistung. Deswegen bitte ich meine Kunden, ihren Obolus jedem Einzelnen persönlich in die Hand zu drücken.«

Takashi und wir hockten noch lange Zeit zusammen, überlegten, rechneten und zählten Scheine ab. Alles in allem gaben wir 300 US-Dollar Trinkgeld. Entsprechend der Hierarchie im Team fiel es hier etwas höher, dort etwas niedriger aus.

Dass über Nacht eine Herde wilder Büffel durchs Camp gezogen war, bemerkten wir erst am Morgen danach. Ein alter Land Rover wartete bereits auf uns. Wir verstauten die Rücksäcke auf dem Dachgepäckträger und quetschten uns in den Wagen. Die Rückfahrt begann.

Von Fußballtrainerlegende Sepp Herberger ist der Satz überliefert: »Nach dem Spiel ist vor dem Spiel.« Umgemünzt auf uns heißt das: Den Mount Kenya haben wir bestiegen, wer ist als Nächster dran?!

»Kilimandscharo, Mount Elgon, Mount Meru, Ruwenzorigebirge ...?«, überlegte ich laut. Auch wenn diese Gipfel auf der Afrikakarte relativ dicht beieinanderzuliegen scheinen, trennen sie tage- oder gar wochenlange Autofahrten. Während man Informationen über den Kilimandscharo blitzschnell aus dem Internet bezieht, weiß man über Mount Elgon oder das Ruwenzorigebirge nur wenig.

Auf dem Kilimandscharogipfel hatte ich bereits gestanden. Gleichwohl schloss ich ihn aus meinen Überlegungen nicht aus, auch wenn wir dafür 3000 US-Dollar auf den Tisch blättern müssten. Dass sich zur Spitzenzeit an einem einzigen Morgen schon mal ein paar Hundert Menschen auf dem Uhuru Peak drängen sollen, gefiel mir ganz und gar nicht.

Aber zunächst konzentrierten wir uns auf den Mount Elgon in Uganda.

Uganda war Neuland für uns. Nachdem uns der Despot Idi Amin bei der ersten Afrikadurchquerung die Einreise verweigert hatte, war ich neugierig, denn ich hatte viel Interessantes über Uganda gehört. Zudem war es – nach all den politischen Turbulenzen – touristisch weniger erschlossen als Kenia und Tansania. Gerade das reizte mich.

Gegenüber der Direktroute vom Mount Kenya zum Kilimandscharo bedeutete das allerdings einen riesigen Umweg. Wobei wir auch die aufziehende Regenzeit nicht außer Acht lassen durften ...

Ich rechnete sowohl die Entfernungen wie die Kosten der nächsten Etappe durch, während Juliana mit der Nachbereitung des Bergtrips begann. Eine Leistung, die ganz offensichtlich beeindruckender war als meine: Sechs Meter Wäsche flatterten auf ihrer Leine!

Nachmittags kommen wir mit dem Lübecker Martin Stüwe ins Gespräch. Seit über vierzig Jahren ist er in der Welt zu Hause. »Alles begann 1969«, sagt er, »als ich mit einem Bus nach Barcelona fuhr und mich von dort mit dem Schiff auf die Kanarischen Inseln übersetzen ließ. Ein Kapitän, der mit seinem Frachter Holz aus Afrika hierher gebracht hatte, nahm mich als ›arbeitenden Passagier‹ mit nach Dakar im Senegal.«

Der Arzt und Theologe Albert Schweitzer war sein Vorbild, und so trampte er zu dessen Urwaldkrankenhaus Lambarene im westafrikanischen Gabun. Wieder daheim bewarb er sich bei einer deutschen Handelsfirma, die ihn nach Nigeria schickte. Danach arbeitete Martin Stüwe lange in Papua-Neuguinea. Zwanzig Jahre lebte er im australischen Cairns.

»Wenn ich damals von Australien auf ›Heimaturlaub‹ nach Deutschland ging, versuchte ich immer, Flüge mit einer Zwischenlandung in Afrika zu kriegen. Der Kontinent hatte mich seit 1969 nicht mehr losgelassen ...« Vor sieben Jahren kam er nach Afrika zurück.

An den Wänden seines Hotelzimmers in Nanyuki hängen Bilder von Lübeck, auf dem Tisch liegen Fotos aus Kenia und ein Bild von 1990, das ihn mit einem jungen Orang-Utan im Arm auf Sumatra zeigt. Seine Leidenschaft ist nach wie vor die Zoologie, vor allem die Primatenforschung. Daneben engagiert er sich in Nordkenia für die Interessen der Samburu, vor allem für deren Wasserversorgung.

Abends treffen wir Mohammed, der mit seiner Familie ein kleines Haus außerhalb Nanyukis bewohnt. Die Erdstraße zu ihm hat tiefe Löcher, Straßenbeleuchtung gibt es nicht.

»Das ist Rachel«, stellt Mohammed seine Frau vor. Aber schon flitzen ihre beiden kleinen Söhne um uns herum: Samuel und Mbugua, beide benannt nach den Großvätern.

»Obwohl wir Kikuyu sind, sprechen Rachel und ich mit unseren Kindern nur Kisuaheli«, erzählt uns Mohammed. Kisuaheli und Englisch seien die wichtigsten stammesübergreifenden Sprachen, und das bringe den Kindern einen Vorsprung fürs spätere Leben.

Rachel gießt uns warmes Wasser zum Waschen über die Hände. Dann serviert sie Ugali, einen festen Maisbrei, Hühnerfleisch und Gemüse. Mohammed, die Söhne und wir essen, während sie sich in die Küche zurückzieht. Derweil wird im Fernsehen ein Langstreckenlauf gezeigt.

»Die weltbesten Marathonläufer gehören zur Bevölkerungsgruppe der Kalenjin und kommen aus der Region Nakuru-Eldoret. Dort, wo ihr als Nächstes hinfahrt …«, sagt Mohammed.

Vierzehn Tage nach unserer ersten Ankunft verließen wir die Stadt am Mount Kenya, umfuhren die Berge der Aberdare Range und hielten uns in Richtung Nordwest. Unerwartet klatschten ein paar Regentropfen auf die Windschutzscheibe. Ausreichend Wasser und ein kühles Klima machen die Gegend um den in gut 2300 Metern Höhe gelegenen Ort Nyahururu nahe den Thomson's Falls fruchtbar und wohlhabend. Wir verbrachten die Nacht auf dem Gelände der stilvollen *Thomson's Falls Lodge*: ein Bild wie in *Jenseits von Afrika*. Doch mit aller Kolonialromantik war Schluss, als wir bei Nakuru eine der Hauptstraßen Afrikas erreichten: die Verbindung zwischen Indischem Ozean und Kongo, über die die meisten Güter in das Herz des »Schwarzen Kontinents« transportiert werden.

Mehrfach überquerten wir an diesem Tag den Äquator. In 2550 Metern Höhe passierten wir am Subukia Viewpoint ein großes Schild mit der Karte Afrikas und dem Hinweis: *Great Rift Valley, 9600 Kilometer from Israel to Mozambique.*

Von dieser Abbruchkante führte die Straße hinunter in den Afrikanischen Graben, um schon bald danach wieder anzusteigen.

Die schmale, gewundene Straße von Nakuru nach Eldoret ist eine der gefährlichsten dieser Afrikareise; die von Lkw in den Asphalt gedrückten Fahrspuren sind zehn Zentimeter tief. Und so wie andere Fahrer auch schlingerte ich mit 50 Stundenkilometern Richtung Mount Elgon. Es war, als umklammerten die Rillen dieser dahingepfuschten Straße die Reifen. Wenn ich die Fahrspur wegen irgendwelcher Hindernisse wechseln musste, geriet Thunder ins Trudeln. Wir sahen abgestürzte Lkw, auch Tanklaster. Wo Wagen auf der Straße liegen geblieben waren, hatten die Fahrer zur Absicherung statt eines Warndreiecks kopfgroße Steine quer über die Straße gelegt. In der Regel blieben die zurück, wenn der Lkw weitergefahren war. Wer auszuweichen versuchte, hatte ein weiteres Problem, denn die Straßenränder waren verklumpte, erstarrte Asphaltwülste, deren Rand steil abfiel.

Alle paar Kilometer erreichten wir ein Dorf, an dessen Beginn und Ende mehrere 20 Zentimeter hohe, quer zur Fahrbahn verlaufende *speed breakers* aus Beton gebaut waren. Und genau da, wo ich bei diesen »Entschleunigern« in die Bremsen steigen, kuppeln und schalten musste, pries ein Dutzend Männer und Frauen Kartoffeln, Tomaten oder Eier an …

Als ich bei Eldoret auf die *Naiberi River Campsite* zufuhr, war ich fix und fertig. Doch nachdem wir das von einem Wachmann gesicherte Tor der parkartigen Anlage durchfahren hatten, schien es mir, als wären mit dem Schließen des Tores die Probleme Afrikas draußen geblieben.

Drinnen war alles gepflegt und sauber. An der Rezeption verkündete eine Messingtafel, dass Microsoft-Gründer Bill Gates hier im Dezember 2009 eine Nacht verbracht hatte.

Ankunft auf dem Dach Afrikas. Drei Viertel aller afrikanischen Gipfel über 3500 Meter Höhe befinden sich in Äthiopien.

In den Felsenkirchen von Lalibela: Begegnung mit einem archaisch anmuten-den Christentum.

Beim Frühstück im Schatten von Thunder: mit Danielle und Watussi-Rindern am Lake Hayk.

Markttag in Zentraläthiopien: Die Verkäuferinnen sind fröhlich und freundlich – und das Paprikaangebot ist üppig.

Am Afrikanischen Grabenbruch: Auf der Fahrt zum Lake Shala wirbelt eine Windrose braunen Wüstenstaub über die Piste.

Am Morgen des dritten Trekkingtags auf dem Mount-Kenya-Massiv in 4200 Meter Höhe.

Vierter Trekkingtag: eisige Götterdämmerung auf dem Mount Kenya.

Erschöpft, aber zufrieden: auf dem 4985 Meter hohen Gipfel des Point Lenana.

Nahezu unbekannte schlummernde Vulkane erheben sich aus dem Hochland Ostafrikas: im Hintergrund der Mount Hanang in Tansania.

Mit Ranger Alex auf 4000 Meter Höhe zwischen den riesigen Senezien und Lobelien des Mount Elgon.

In West-Uganda an der Grenze zum Kongo: Affentheater mit Banane.

»Was führte Bill Gates hierher?«, fragte ich später den Eigentümer Raj Shah, dessen Vorfahren aus Indien stammten.

»Soziale Projekte, unter anderem eins gegen Aids und eine Milchfarm.« Raj fragte, wo wir hinwollten.

»Zum Mount Elgon.« Ich erzählte, dass wir die landschaftlich reizvollere Route über den Ort Kitale und dann auf ugandischer Seite direkt am Berg entlang ins Auge gefasst hatten.

»Aber nicht zu Beginn der Regenzeit!«, rief Raj. »Das ist eine Piste, wo der Boden bei Regen schlimmer klebt als Kleister.«

»Dann bleibt uns wohl nichts anderes übrig, als auf diesem ausgelutschten und zerfransten Horror-Highway über Eldoret nach Uganda zu fahren«, sagte ich. Raj zuckte die Achseln, was nur »Ja!« heißen konnte.

»Diese Straße wurde von der Europäischen Union finanziert und erst vor zwei Jahren durch kenianische Bauunternehmen gebaut«, hören wir. Ganz offensichtlich war ein Gutteil des Geldes für ein anderes Projekt verwandt worden …

Dass diese Straße starken Belastungen ausgesetzt ist, war allerdings unübersehbar. Viele der schweren Tankwagen trugen Kennzeichen von Uganda, Südsudan und Kongo.

»Alles Länder, die von den Raffinerien in Mombasa mit Sprit versorgt werden«, sagte Raj Shah.

Eldoret erkannte ich nicht wieder; ein expandierendes Wirtschaftszentrum. Die Stadt besitzt zudem einen internationalen Flughafen und die Moi-Universität. Großprojekte, die unter dem aus dieser Gegend stammenden früheren Präsidenten Daniel arap Moi forciert worden waren.

Da in Eldoret der Verkehr kaum vorankam, parkte ich am Straßenrand. Ein selbst ernannter Parkplatzwächter lief mit einem Ticketblock wedelnd auf mich zu. Wir einigten uns über den Preis fürs Parken, dann fragte ich ihn: »Wo ist die Barclays Bank?«

»Zu weit von hier!«, sagte er, pfiff auf zwei Fingern und winkte ein Boda-Boda-Taxi herbei: ein Fahrrad, auf dessen Gepäckträger ein Polster lag. Von solchen Taxifahrerjobs leben Hunderte in Eldoret und Umgebung. Boda-Bodas sind heute in Ostafrika weit verbreitet, hatten aber hier an der kenianisch-ugandischen Grenze ihren Ursprung, wo man auf ihnen *from border to border* fuhr. Daraus wurde »Boda-Boda«.

Ich stieg auf, klammerte mich ans Jackett des Fahrers und schaukelte mit ihm zwischen den Stoßstangen von 30-Tonner-Lkw zur Bank. Als er mich unversehrt zurückgebracht hatte, drückte ich ihm erleichtert ein ordentliches Trinkgeld in die Hand.

Es dauerte geraume Zeit, bis wir weiterfahren konnten, denn Schüler demonstrierten mit der Losung »*Pflanzt mehr Bäume!*« Irgendwann entwirrte sich der Verkehrsknoten, und wir rollten Richtung Uganda.

Die Kette der Tanklaster vor der kenianisch-ugandischen Grenze ist zwei Kilometer lang. »Drei Stunden Wartezeit ...«, sagt mir ein Trucker. »Aber ihr habt kein kommerzielles Fahrzeug, also fahrt doch daran vorbei ...!«

Als ich die Grenze erreiche, stürmt ein Dutzend »Grenzorganisierer« auf uns zu. Wir entscheiden uns für einen Burschen namens Abdullah. Höflich, aber bestimmt übernimmt er das Kommando. Und ähnlich unbürokratisch wie die Einreise nach Kenia wird die Ausreise erledigt.

»Jetzt gibt's einen neuen Stern auf unserer Weltkarte«, sage ich, als wir den schmalen Grenzfluss nach Uganda überqueren.

Der Grenzer lächelt freundlich und stempelt das Visum in den Pass. Die Zollbeamtin, eine hübsche, schlanke, junge Frau, erklärt uns, dass die Straßengebühr in Uganda nach der gefahrenen Strecke bemessen werde. Sie nennt uns den Preis. »Geld wechseln können Sie in der oberen Etage bei der Stanbic Bank«, sagt sie. Dort warten

Alltägliche Bilder in Uganda: Kleinst-Fuhrunternehmer mit Kochbananen auf dem Weg zum Markt

bereits zwölf Menschen am Schalter. Wir stellen uns hinten an. Nein, wir sollten gleich nach vorn kommen, sagt ein Mann, der als Nächster an der Reihe wäre. Ich blicke in die Gesichter der Wartenden, alle nicken. Ich bin verblüfft. »*Thank you!*«

»Alle Computer sind ausgefallen«, eröffnet uns wenig später die hübsche Zollbeamtin, als wir bei ihr die *road tax* bezahlen wollen. »Die Straßendokumente können erst in ein paar Stunden erstellt werden ...« Aber da es bereits dunkel wird, dürfen wir im Zollbereich übernachten.

Die ersten Eindrücke von Uganda könnten besser nicht sein.

Als ich zu Thunder zurückkomme, sehe ich Juliana im Gespräch mit zwei Jungen. Soi ist zwölf, Michael zehn. Gerade sagt Soi in bestem Englisch: »*Please give us some business to support our school.*« Was so viel heißt wie: »Lasst uns irgendeinen Job für euch erledigen, damit wir Schulhefte und Ähnliches kaufen können.« Sie wollen uns Samosas, gefüllte Teigtaschen, besorgen. Aber danach steht uns nicht der Sinn. Derweil zählt Soi blitzschnell die Namen der Kicker unserer Nationalelf auf. Wo wir aus Deutschland herkämen, will er wissen. »Aus der Region Hannover.« Schon erzählt er mir mehr über die Spieler von Hannover 96, als ich je wusste. Die Burschen sind klasse!

»Wir wissen, dass Kinderarbeit in eurem Land verboten ist«, sagt Michael, »aber würden wir nicht unsere Familien unterstützen, hätten wir alle nicht genug zu essen.« Morgens um fünf gingen sie zur Schule, nachmittags verdienten sie als Laufburschen an der Grenze ein Zubrot.

»Okay, wir hätten gern zwei Coke Zero«, sage ich. Michael sprintet los und kommt nach fünf Minuten mit zwei kalten Getränken zurück. Das wird mit einem guten Trinkgeld belohnt.

Die beiden möchten einen Blick in unser Fahrzeug werfen, was wir ihnen gern erlauben.

Ungläubiges Staunen! Den Satz, den Soi in diesem Moment von sich gibt, notiere ich gleich danach wortwörtlich im Tagebuch: *»Ich werde das Erlebnis, euer Auto von innen gesehen zu haben, nie vergessen.«*

Nicht allzu viele Europäer verirren sich in das kenianisch-ugandische Grenzgebiet zwischen Kitale und Mbale, aus dem sich der erloschene Vulkan Mount Elgon erhebt. Es gibt gute Gründe für die Zurückhaltung, denn noch bis vor wenigen Jahren tobten auf der kenianischen Seite Kämpfe zwischen Milizen der hier ansässigen Sabaot und dem kenianischen Militär. Die Sabaot waren während der britischen Kolonialzeit am Fuße des Berges angesiedelt worden. Als jedoch im Jahr 2000 die Nationalparkgrenzen am Mount Elgon ausgeweitet wurden, mussten die in höheren Bergregionen lebenden Ogiek in das jetzt von den Sabaot beanspruchte Gebiet ausweichen. Diese sahen sich dadurch von der Regierung benachteiligt und griffen zu den Waffen. Die Folge waren schwere Auseinandersetzungen und Menschenrechtsverletzungen. Zu solchen Konflikten kommt es, wenn der Naturschutz mit den Spätfolgen der Kolonialpolitik und einer gleichzeitig expandierenden Bevölkerung kollidiert. Seitdem ist es am Mount Elgon etwas ruhiger geworden, wenngleich vor einigen Jahren auf kenianischer Seite eine belgische Hochgebirgswanderin von Rebellen erschossen wurde.

Mount Elgon ist das vierthöchste Bergmassiv Ostafrikas, durch seine Mitte verläuft die kenianisch-ugandische Grenze. Der Wagagai, mit 4321 Metern der höchste Gipfel, liegt auf ugandischem Territorium. Ihn wollen wir besteigen.

Wanderkarten gibt es nicht. Aber so viel haben wir in Erfahrung gebracht: In der Provinzstadt Mbale gibt es ein Nationalparkbüro, und der Ort Budadiri ist ein guter Startpunkt für den Aufstieg. Alle weiteren Informationen müssen wir uns vor Ort beschaffen.

Unsere ersten Eindrücke hier waren ganz anders als im kenianischen Grenzgebiet: So viele Schüler in ordentlichen Schuluniformen wie hier hatten wir lange nicht gesehen; in jedem kleinen Dorf lasen wir *Primary School*. Viele Häuser waren blau gestrichen, sehr häufig stand über der gesamten Hausfront die Werbung des Farbenherstellers: *Sadolin – colour your world*. Frauen schleppten Fässer auf den Köpfen oder gelbe Wasserkanister in den Händen. Radfahrer transportierten mehrere Meter hoch übereinandergestapelte Kochbananenstauden. Im Ort Lwamba sahen wir den Stand eines fliegenden Händlers mit Hunderten bunter Büstenhalter. Dunst lag über dem Land, es war schwülwarm. Zweimal stoppte uns die am Straßenrand postierte Polizei: zunächst, um die Kraftfahrzeugversicherung zu begutachten, dann um die Pässe zu kontrollieren. Vor allem aber plauderten wir nett mit den Beamten … Schon am ersten Tag stellten wir fest, dass man sich hier hervorragend mit Englisch verständigen kann. Neben Kisuaheli ist es in Uganda die offizielle Amtssprache.

Durch Schatten spendende Alleen fuhren wir in Mbale zur Nationalparkverwaltung. Nachdem ich Thunder außerhalb des Tores geparkt hatte, gingen wir hinein.

Verblichene Fotos vom Mount Elgon hingen an den Wänden des Büros, in dem hinter einem aufgeräumten Schreibtisch ein Mann von Mitte dreißig saß. Er erhob sich, gab uns die Hand und stellte sich als Michael vor. Aufmerksam hörte er sich unser Anliegen an.

»Es kommt nicht allzu häufig vor, dass Besucher den Mount Elgon besteigen«, meinte er und versprach, kurzfristig alles Nötige zu veranlassen.

Anders als in Kenia oder Tansania kümmern sich hier keine privaten Guides, sondern die Beamten der staatlichen Nationalparkverwaltung um die Organisation einer Trekkingtour. Allerdings sind die Preise gesalzen. Eine dreitägige Tour kostet umgerechnet 600 US-

Dollar; in Landeswährung wären das weit mehr als 1,5 Millionen Uganda-Schilling. Zwei Träger, ein Koch und zwei bewaffnete Ranger sind obligatorisch und in diesem Preis inbegriffen.» Trinkgelder eingeschlossen, müssten wir mit 750 US-Dollar hinkommen«, flüsterte ich Juliana zu. »Okay«, sagte ich laut.

»Übermorgen kann es losgehen«, erklärte Michael. Er wollte Steven, den verantwortlichen Chefranger in Budadiri, informieren, der alles Weitere organisieren würde.

In der Kleinstadt Mbale kauften wir ein. Das Angebot war nicht so vielfältig wie in Kenia, aber allemal üppig genug. Anders als auf dem Mount-Kenya-Trip mussten wir unsere Vorräte selbst kaufen und auch die Mahlzeiten zusammenstellen. Die Details würden wir morgen mit unserem Koch abstimmen.

Ich staunte wie schon so oft in Afrika, als mich beim Einschieben meiner Kreditkarte das Display des Bankautomaten namentlich begrüßte und er mir ruck, zuck das Geld ausgab. Wir zahlten bei Michael, erhielten Quittungen und machten uns auf den Weg zum Bergdorf Budadiri, von wo aus wir starten wollten.

Einen Tag lang organisierten und packten wir. Zwischendurch trafen wir Alex und Isaiah, unsere bewaffneten Ranger-Guides. Alles in allem würden uns mit den beiden Führern fünf Personen begleiten; dazu gehörten neben John, dem Koch, auch Francis und Wilson, unsere Träger. Die Anzahl der Begleitpersonen war von der Nationalparkverwaltung vorgegeben. Das galt auch für die beiden Ranger-Guides, die nur die eine Aufgabe hatten, uns sicher auf den Gipfel und wieder zurückzugeleiten. Von Chiefranger Steven erfuhren wir, dass 20 Prozent unserer Gebühren den Bewohnern des Mount Elgon unmittelbar zugutekommen würden. »Das Geld fließt in Projekte in den Dörfern wie Schulen und Brunnen. Das erhöht die Akzeptanz für den Nationalpark, den viele als Eingriff in ihre Land- und Siedlerrechte empfinden.«

Aus dem gleichen Grund bedienten die Ranger sich aus einem Pool von Trägern und Köchen. Reihum bekommt jeder so die Chance auf ein Zusatzeinkommen durch den Bergtourismus. Ein vernünftiger Ansatz. Die Arbeitslosenquote ist hoch in der Bergregion, wo ansonsten Ackerbau und Viehwirtschaft die einzigen Einnahmequellen sind.

In den Dunst über dem Land am Mount Elgon mischte sich der Rauch vieler kleiner Feuer. Durch Brandrodung wurden Fakten geschaffen: Denn wo kein Busch mehr ist, können Menschen sich ausbreiten ... Und der Bevölkerungsdruck ist immens in Uganda.

Einige Hähne krähten. Während wir packten, hörten wir rhythmischen Gesang und gleichmäßige Tritte: »Das sind Schüler, die zweimal die Woche joggen«, erklärte Rose, die Betreiberin der kleinen Pension, bei der wir campten.

Vor dem Tor des Anwesens hatten sich mittlerweile vier Motorradfahrer eingefunden. Auf ihren auch hier als Boda-Boda bezeichneten Motorradtaxis würden wir bis zu jenem Ort fahren, aus dem Koch und Träger stammten. Dort sollte unsere Wanderung beginnen.

Kinder bolzten mit faustgroßen Stoffknäueln, die als Fußball herhalten mussten. Eine angebundene Kuh reckte ihren Hals nach einem Grashalm.

Auf halber Strecke stoppte mein Fahrer. Wir stiegen von seinem kleinen indischen Bajaj-Bike. Er öffnete den Tankverschluss, rüttelte an der Maschine und machte ein besorgtes Gesicht. Dann legte er sein Motorrad ganz auf die Seite und sog mit dem Mund am Benzinschlauch. Offenbar reichte, was er anlutschen konnte, denn der letzte Tropfen Sprit brachte uns bis zum Bergdorf.

Ich zog einen Batzen Geldscheine hervor und bezahlte die Boda-Boda-Fahrer.

Ein kleiner Junge rief: »*Muzungu, muzungu!*« Damit war ich gemeint, der Fremde, der Weiße. Zu zweit, also im Plural, waren wir die *bazungu*. Das war nicht abschätzig gemeint. Manchmal standen sogar Zweijährige am Weg, die uns mit großen Augen ansahen und ein erstauntes »*Bazungu!*« hervorhauchten. In Ostafrika sind Weiße eben *bazungu*, auch für Marktfrauen, die uns mit diesem Ruf auf ihr Gemüse aufmerksam machen.

Wir ließen unser Gepäck in der Obhut der Träger zurück und wanderten los. Vor uns war Alex, hinter uns Isaiah. Beide trugen schlichte grüne Uniformen und waren mit russischen Kalaschnikows bewaffnet.

Während die Gewehre von der Nationalparkverwaltung gestellt wurden, steuerte jeder Ranger seine persönliche Ausrüstung selbst bei. Alex trug Gummistiefel, um einen gut 4300 Meter hohen Berg zu besteigen …!

Beide waren Anfang vierzig und sehr bemüht, uns auf die tausend kleinen Dinge am Rande des Trails aufmerksam zu machen. Wir hielten an einer Bananenstaude: »Das ist Matoke«, sagte Alex, »Kochbanane. Die Früchte isst man. Aus ihrem Stamm wird Medizin gewonnen, und ihre Blätter dienen uns bei Regen als Schirme. Allerdings dichten die Blätter auch Erdlöcher ab, in denen wir mit Maisbrei und Hefe Bier brauen.« Wir sahen weiß blühende Kaffeepflanzen und Felder, auf denen Yams- und Maniokwurzeln angebaut wurden. Die Tomaten hier waren dick, und auf den Äckern wuchsen Zwiebeln. Zwei zehnjährige Mädchen kamen uns mit gelben Wasserkanistern auf den Köpfen entgegen. Wir ließen Ziegen den Vortritt und stoppten wegen einer vorbeiziehenden Kuh. Vor einer Hütte aus Lehmziegeln kicherten zwei ärmlich gekleidete Mädchen: »*Bazungu! Bazungu!*« Die Erwachsenen, die mit Hacken die steinige Erde bearbeiteten, grüßten: »*Jambo!*«

Die Felder endeten abrupt, als wir nach gut einer Stunde Fußmarsch die Nationalparkgrenze erreichten.

Schon nach einigen Hundert Metern war bei mir »Urwaldgefühl« aufgekommen: Von ausladenden Baumkronen hingen Lianen herab. Vögel kreischten. Alex zeigte nach oben, wo es raschelte: »*Blue monkeys.*« Diademmeerkatzen. Wenig später hallte ein schnarrender Warnlaut durch den Urwald: »*Black and white colobus monkeys.*« Schon flogen die Stummelaffen oder Colobusaffen, wie sie auf Deutsch heißen, über unsere Köpfe hinweg. In sicherer Entfernung verbargen sie sich hinter Zweigen und beobachteten uns.

»Es leben viele Tiere im Nationalpark«, erklärte Alex, »vor allem Büffel. Auch Hyänen, vereinzelt Löwen und Leoparden.« Doch die Raubkatzen bekomme man fast nie zu Gesicht.

»Die Menschen am Berg sind traditionell Honigsammler«, sagte Isaiah. »Um ihr Überleben zu sichern, gestattet ihnen die Parkverwaltung, Honig und totes Holz zu sammeln und Bambus zum Hüttenbau zu schneiden.« Spezielle *community conservation wardens* würden zwischen den Interessen der Anwohner und der Nationalparkbehörde vermitteln. Doch mehr als Schlichtung und kleine Zugeständnisse sei nicht drin. »Wenn Büffel Felder zerstören oder eine Pavianbande die Obsternte klaut, gibt's keinen Schadenersatz.«

Nach dem Bambuswald erreichten wir in 3000 Metern Höhe eine offene Heidemoorlandschaft. Um uns erhoben sich Riesensenezien. »Diese *Dendrosenecio elgonensis* gibt es nur auf dem Mount Elgon«, wusste Alex. Diese sieben Meter hoch wachsende urzeitlich wirkende Pflanze wirft ihre trockenen Blätter nie ab, sondern lässt sie zum Schutz gegen Hitze und Kälte schlaff am Stamm herabhängen.

Wir verbrachten die Nacht im 3500 Meter hoch gelegenen Camp, wo wir lange in der verräucherten Kochhütte zusammensaßen.

»Ich gehöre zum Bagisu-Stamm«, erzählte uns Isaiah. »Alex ist ein Sabiny. Er hat acht Kinder, ich vier. Aber da mein Bruder mit 38 Jahren verstarb, muss ich elf Personen durchfüttern.«

»Woran starb dein Bruder?«

»An Aids!«

Der Anteil der HIV-Infizierten liegt in Uganda bei rund sieben Prozent der Bevölkerung. Im Vergleich zu Swasiland und Südafrika ist das zwar niedrig, im Vergleich zum Rest des Kontinents jedoch hoch.

»Die Schulen betreiben Aufklärung, doch viele Aidskranke sagen sich: ›Nach mir die Sintflut‹ und verhalten sich beim Sex entsprechend ungeschützt.«

Wir schliefen schlecht; vielleicht wegen der ungewohnten Höhe von 3500 Metern, vielleicht auch weil der Wind am Zelt rüttelte.

Um drei Uhr morgens standen wir auf, um vier ging's los. Eine schweigsame Wanderung, wir froren. Anders als unser gut ausgerüstetes Begleitteam beim ersten Bergabenteuer hatten Isaiah und Alex nur Wollmützen, Handschuhe und leichte Pullover übergezogen. Und ich war mir sicher, dass Alex in seinen Gummistiefeln barfuß ging.

Just als die Sonne über den Horizont stieg, erreichten wir den Gipfel des Mount Elgon, den 4321 Meter hohen Wagagai, der kaum mehr als ein Felsstumpf am Kraterrand ist. Gewiss gab es keine spektakulären Felsformationen wie auf dem Mount Kenya, wo man auf wilde Schluchten, Gletscher und alpine Gipfel blickte. Doch hier fühlten wir uns eher auf dem »Dach Afrikas«, denn wir hatten freie Aussicht auf Uganda und Kenia. Knorrige Senezienstämme standen wie schwarze Scherenschnitte vor dem rot glühenden Himmel. Eiskalter Wind pfiff über das von silbrig-weißen Strohblumen bedeckte Hochland.

Wir duckten uns in den Windschatten eines Felsens, tranken heißen Tee aus der Thermoskanne und tauten etwas auf.

Neun Stunden nach unserem Aufbruch kehrten wir ins Camp zurück.

Wir hatten Alex und Isaiah als weltoffene, gut informierte Zeitgenossen mit modernen Ansichten schätzen gelernt. Umso erstaunter war ich, als Isaiah von sich aus auf *circumcision*, die Beschneidung, zu sprechen kam. Obwohl sie Christen waren, schien dieser Brauch wie andere uralte Riten und Handlungsweisen tief in ihrer Kultur und ihrem Bewusstsein verankert zu sein.

»Die Beschneidung praktizieren alle Stämme am Mount Elgon; sowohl mein Stamm, die Bagisu, als auch die Sabiny«, erzählte Isaiah. »Bei uns sind es allerdings nur die Jungen, während bei den Sabiny, zu denen Alex gehört, früher auch die Mädchen beschnitten wurden.«

»Die Regierung hat das allerdings mittlerweile verboten und verfolgt es strafrechtlich als Genitalverstümmelung«, fügte Alex hinzu.

»Was steckt hinter diesem Brauch?«, fragte ich.

»Wir Sabiny sind traditionell Viehzüchter. Die Männer waren früher mit den Tieren oft monatelang unterwegs und von ihren Frauen getrennt. Durch die Beschneidung wollte man das Verlangen der Frau nach einem anderen Mann gar nicht erst aufkommen lassen. Aber das ist Geschichte! Und falls die Beschneidung eines Mädchens vereinzelt doch noch vorkommt, dann allenfalls in entlegenen ländlichen Regionen.«

Ganz anders sieht es mit der Beschneidung der Jungen aus, die bei beiden Bergstämmen als großes Fest öffentlich zelebriert wird.

»Sie findet in geraden Jahren statt, und nur im Dezember, weil dann die Schulen geschlossen sind«, erzählt mir Isaiah.

Gewöhnlich erfolgt die Beschneidung im Alter zwischen fünfzehn und achtzehn Jahren. Wer sie anschließend noch nicht hinter sich gebracht hat, wird allerdings gefragt: »Warum du nicht?« Dann wird es Zeit für ihn ... »Das ist wie die Begleichung von Schulden gegenüber dem Clan«, meint Isaiah.

Seit Wochen haben sich die Familien auf die Zeremonie vorbereitet, aus Maismehl und Hefe Bier gebraut, einen Ochsen geschlachtet. Doch die spirituelle Vorbereitung hat bereits viel früher begonnen: Ein Clanältester, zumeist ein Onkel, besucht den Jungen schon Monate vorher. Mit einem brennenden Bambusstab in der Hand steht er vor dem Heranwachsenden, sieht ihm tief in die Augen und fragt: »Bist du für die Beschneidung reif?«

In der Regel wird der Junge sagen: »Ja, Onkel. Bitte!« Dann wird der Onkel antworten: »Es ist sehr, sehr schmerzhaft, und du musst es klaglos durchstehen, um den Clan nicht zu beschämen. Du musst es aufrecht stehend ohne äußere Regung ertragen, denn viele werden von weit her kommen, um dabei zuzusehen.«

Und der Junge antwortet mit einem Kopfnicken.

Früher fanden die Beschneidungsrituale in der höheren Urwaldzone des Mount Elgon statt, dort wo die Colobusaffen leben. Die Ausweitung des Nationalparks erschwert das heute. Wer dennoch darauf besteht, bekommt einen Ranger zur Seite gestellt, der dafür sorgt, dass alles nationalparkkonform verläuft.

Aber es gibt noch weitere staatliche Vorgaben: »Ein Junge, ein Messer«, heißt die Formel, um Aids vorzubeugen. Manche Eltern lassen ihre Söhne auch vom Arzt beschneiden. Doch das ist nicht so hoch angesehen wie die traditionelle öffentliche Beschneidung durch den Clan.

Auf dem Mount Elgon: Rast mit unseren schwer bewaffneten Ranger-Guides
Alex (rechts) und Isaiah (links)

»Wenn der Zeitpunkt näher kommt, findet ein Treffen statt, bei dem
ein Clanältester mit der Ausführung beauftragt wird. Er muss verheiratet, gutherzig und lebenserfahren sein. Er wird den Jungen in
Begleitung der anderen in den Wald unter einen großen Baum führen. Sieht der dort eine Schlange, ist das ein Zeichen, dass er noch
nicht reif für die Beschneidung ist. Wir haben eine tiefe innere Bindung zu unseren Vorfahren«, sagt Isaiah. »Wir wissen auch, dass ihr
Geist dem Jungen helfen wird, bei der Beschneidungszeremonie wie
ein ganzer Kerl dazustehen.«

Die Tage vor der Beschneidung verbringt der Junge trommelnd,
singend und tanzend mit den anderen. In der Hand hält er einen
Wedel mit dem schwarz-weißen Schwanz des Colobusaffen; auch
das ist Teil der Zeremonie.

Dann kommt der große Moment:

Vor dem Haus des Clanältesten, der ihn spirituell bis zu diesem Punkt geführt hat, steht ein Junge neben dem anderen. Aber jeder für sich allein.

Dann der Schnitt!

»Die Beschneidung geschieht ohne Betäubung, und jeder sieht zu, wie der Junge mannhaft den Schmerz erduldet«, sagt Alex. »Wenn er weder zuckt noch jammert, weiß jeder, dass er auch im späteren Leben vor nichts zurückschrecken wird. Nach dem Schnitt bist du ein Mann ...«

Wenn der Junge die Beschneidung klaglos überstanden hat, wird er von den Clanmitgliedern beglückwünscht. Man überreicht ihm Geschenke: Geld, Hühner, Ziegen.

»Er darf jetzt heiraten, auch wenn er erst fünfzehn ist«, sagt Alex. »Gewöhnlich zahlen die Eltern des jungen Mannes den Eltern der Braut einen Preis von sechs bis zehn Kühen.«

»Aber was ist, wenn der Junge bei der Beschneidung Angst hat oder weint?«

»Für den Clan ist das eine Schmach, noch schlimmer aber ist es für die Familie, über die der Sohn Schande gebracht hat. Und der Vater wird zur Zielscheibe beißenden Spotts: ›Dein Sohn hat versagt. Vielleicht fließt in seinen Adern das Blut eines anderen ... Bist du dir wirklich sicher, dass er dein Sohn ist?‹«

Nach drei Tagen Fußmarsch kehren wir vom Mount Elgon-Gipfel zum Auto zurück. Als ich Thunder vorsichtig durch das Tor von *Rose's Last Chance* manövriere, winken uns Steven, der Chefranger von Budadiri, Alex und Isaiah zu: wieder einer dieser vielen kleinen und großen Abschiede, aber in der Wehmut darüber schwingt auch die Vorfreude aufs nächste Abenteuer mit ...

Jetzt am helllichten Morgen sehe ich die Bilder deutlicher als an jenem Abend, als Thunder sich mühsam den Berg hocharbeitete. Fast durchgängig säumen Lehmhütten den Pfad. In den Gärten blühen Hibiskus und Weihnachtsstern. Reife Papayas und Avocados hängen an den Bäumen. Ein Schneider näht auf einer alten Singer-Nähmaschine. Nebenan beim Metzger wartet eine von der Ladendecke herabbaumelnde Lammhälfte auf Käufer. Vor einer Wellblechkneipe spielen schon morgens um neun junge Männer Billard.

Unser Zwischenziel ist die Hauptstadt Kampala. Alle Reisedetails sind noch offen. Fest steht nur, dass wir über Ruanda nach Tansania in Richtung Moshi am Kilimandscharo fahren werden.

Die Durchgangsstraße nach Kampala wurde vor nicht allzu langer Zeit asphaltiert. Es hätte also eine entspannte Fahrt sein können ...

War es aber nicht. Entlang der Straße reihte sich auf Hunderten Kilometern Hütte an Hütte: »Ganz Uganda ist ein großes Dorf«, brumme ich. Natürlich ist es bequem, so zu leben: Minibusse und Boda-Bodas halten vor der Haustür, und die Straßenränder sind gleichzeitig Open-Air-Märkte. Für Schüler ist die Straße im wahrsten Sinne des Wortes »Schulweg«. An diesem Morgen sehen wir Hunderte, wenn nicht gar Tausende.

Spätestens bei einer Überlandfahrt wird klar, dass Uganda an der Spitze der bevölkerungsmäßig am schnellsten wachsenden Länder Afrikas liegt. 1950 hatten hier fünf Millionen Menschen gelebt. In vierzig Jahren wird sich die Bevölkerung gegenüber dem Stand von 1950 verzwanzigfacht haben! Die Hälfte der Ugander ist unter fünfzehn ...

Beim Blick auf die Karte fällt auf, dass Ugandas Süden von großen Seen umschlossen ist; Lake Albert, Lake George, Lake Edward und der riesige Lake Victoria. Die drei erstgenannten liegen im Westlichen Rift des Zentralafrikanischen Grabens, das sich über den Tanganjikasee zum Malawisee nach Süden fortsetzt. Sie zählen zu den zehn größten der Welt, und der Tanganjikasee ist mit 1460 Metern der zweittiefste der Erde. Reichlich Superlative, zumal dieses Land auch die letzten Lebensräume für Gorillas und Schimpansen bietet. Winston Churchill schwärmte von Uganda als »Perle Afrikas«.

Als wir bei Jinja am Victoriasee den noch jungen Nil überqueren, sagt Juliana: »Wenn du hier einen Brief ins Wasser wirfst, kommt er am Mittelmeer raus.« Wir vertrauen im *Red Chilli Hideaway* eher dem Internet und unserem PC. Das *Red Chilli* in Kampala ist die Anlaufstelle für Overland-Trucks und nennt sich selbst *The hottest place to stay in Uganda*. Bis zu unserer Ankunft lag der Altersdurchschnitt der Gäste bei unter 25.

Draußen im offenen Restaurant saß ein Dutzend junger Leute und futterte die Spezialität des Hauses: frisch gebackene Pizza. Im Schatten ausladender Bäume waren Zelte aufgebaut, davor parkten Overland-Trucks.

Das Geschäftsmodell der Overland-Reisen kennen wir seit Jahren: Zu Expeditionsfahrzeugen umgerüstete Bedford-Lkw waren früher von London quer durch den Kontinent nach Kapstadt gerollt. Hinten auf ihrer Ladefläche saß eine bunt zusammengewürfelte internationale Schar von Travellern mit Abenteuerblut. Bei Sonnenschein wurde die Plane an der Fahrzeugseite hochgerollt, dann gab's Frischluft satt; bei Regen wurde sie heruntergeklappt, aber man wurde trotzdem nass ... Das Modell der Overlander funktionierte, wurde verfeinert, und über die Jahre wurden auch die Fahrzeuge komfortabler.

Overland-Reisen von Europa quer durch Afrika bilden heute die Ausnahme. Stattdessen sind zwei- oder dreimonatige Touren von Kampala oder Nairobi bis Kapstadt angesagt. Wer weniger Zeit hat, steigt in Uganda zu und nach zwei Wochen wieder aus. Um die Routen der Overland-Trucks hatte sich im Laufe der Jahre ein Netzwerk sicherer Übernachtungsplätze etabliert – wie das *Red Chilli Hideaway*.

Ich wusste, dass es bei den Overlandern oft ab vier Uhr morgens geräuschvoll zugeht, und parkte abseits. Dann gingen wir an die Rezeption. Dort fiel mein Blick auf eine Gedenktafel mit der tragischen Geschichte von Steve Willis, dem Gründer von *Red Chilli*: Geboren 1967 in England, kam er 1995 im diplomatischen Dienst nach Uganda. Das Land gefiel ihm. Steve quittierte den Dienst und eröffnete das *Red Chilli Hideaway*. Er hatte Erfolg und baute ein weiteres Camp an den Murchison Falls. 2005 erreichte Steve Willis ein Notruf von Gästen. Er wollte helfen und wurde von bewaffneten Rebellen erschossen.

»Norduganda klammern wir aus«, stellte Juliana klipp und klar fest. Im Grenzbereich zum Südsudan und zur Zentralafrikanischen Republik war es zwar wieder etwas sicherer geworden. Dennoch trieben die Rebellen der Lord's Resistance Army dort noch immer ihr Unwesen.

Wir hatten nur zwei Probleme in Kampala: uns von den Pavianen des *Red Chilli Hideaway* nicht das Frühstück klauen zu lassen und zum anderen nicht vom Boda-Boda zu fallen. Auf solch einem Motorradtaxi knatterten wir zu dritt durch die Stadt. Natürlich trägt keiner hier einen Sturzhelm!

Am meisten beeindruckten mich die Boda-Boda-Fahrer an Kreuzungen: Überall auf der Welt bedeutet der dem Fahrer zugewandte Rücken eines Verkehrspolizisten: »Stopp!«

Nicht so in Kampala ... Und das Tollste ist: Keiner regt sich darüber auf!

Als ich im Vorschulalter war, hatte Kampala 50 000 Einwohner, heute sind es mehr als 1,5 Millionen ... Solche Zahlen führen mir immer wieder vor Augen, welche Probleme auf Länder wie Uganda zukommen werden ... Länder, die schon heute nicht in der Lage sind, ihre Bevölkerung zu ernähren!

So wie in den anderen Ländern Ostafrikas sind auch hier internationale Hilfsorganisationen eine feste Größe. Auch viele der jungen Leute im Overland-Truck waren temporäre Mitarbeiter solcher NGOs und nutzten das Ende ihres Aufenthalts für eine Safari.

Wir haben vor, mit John Hunwick von Rwenzori Trekking Services einen Gipfel der Ruwenzoriberge zu besteigen.

John betreibt in Kampala das *Backpackers Hostel*, das auch eine Art Basiscamp für seine Trekkingtouren in den Ruwenzoribergen ist. Dort treffen wir ihn.

»Ich bin gebürtiger Australier und kam 1990 als Landwirtschaftslehrer nach Uganda. Ich verliebte mich in das Land und blieb. Auf der Suche nach einem Haus bot man mir dieses Grundstück an. Es hatte vor Jahrzehnten einem Minister gehört. Doch da der Despot Idi Amin alle Intellektuellen hasste, ließ er ihn abschlachten. Die nächsten

22 Jahre stand das Haus leer. Da sich das große Grundstück gut für ein Backpackers Hostel eignete, kaufte ich es«, berichtet John Hunwick.

»Der Tourismus steckte damals noch in den Anfängen, und es kamen nur wenige Besucher. Doch bei denen hörte ich immer heraus, dass sie gern im Ruwenzorigebirge auf Trekkingtour gehen würden. Ich selbst bestieg schon ein Jahr nach meiner Ankunft den Margherita Peak. Die Idee, Gäste auf die ›Mondberge‹ zu führen, nahm langsam Gestalt an.«

Doch es dauerte vierzehn Jahre, bis John einen eigenen Hochgebirgsservice auf die Beine gestellt hatte. Die härteste Nuss, die es dabei zu knacken galt, war das staatliche Monopol für den Bergtourismus im Nationalpark. Doch ihm gelang auch das, denn er hatte gute Argumente.

»Ich schaffe für die Menschen am Berg Arbeit: als Führer, Träger, Köche, als Arbeiter am Trail und als Reinigungskräfte. Und um die Wilderei zu bekämpfen, führte ich Kaninchen bei ihnen ein. Die sind den Klippschliefern, die sie früher gejagt haben, am ähnlichsten.«

John gab seinen Beschäftigten eine Zukunftsperspektive, baute auf seine Kosten für ihre Kinder fünf Schulen mit je zwei bis drei Klassenzimmern und engagierte Lehrer. Alles entwickelte sich bestens, und die Gäste kamen aus der ganzen Welt.

Gern erzählt John Hunwick die nicht lange zurückliegende Geschichte von Beryl Park aus den kanadischen Rockies.

»Eines Tages erhielt ich eine E-Mail dieser Frau, in der sie mir mitteilte, dass sie gern den 5109 Meter hohen Margherita Peak des Mount Stanley besteigen würde. Sie sei fit, fragte allerdings, ob ich überhaupt bereit wäre, eine Frau ihres Alters auf den Berg zu führen. Sie sei nämlich 78. Natürlich war ich bereit. Sie kam und stand nach sechstägigem Aufstieg auf dem höchsten Gipfel des Ruwenzorigebirges.«

Freundliche Kinder in Uganda: Das Bevölkerungswachstum ist hier immens, das Schulangebot recht umfassend und nahezu flächendeckend

Das Ruwenzorigebirge besitzt nach Kilimandscharo und Mount Kenya Afrikas dritthöchsten Gipfel, den Margherita Peak des Mount Stanley. Der Name der die Grenze zum Kongo markierenden Gebirgskette bedeutet in der Sprache der Bergstämme »Regenmacher«. Es gießt an dreihundert Tagen im Jahr, und oft hüllen dichte Nebel das Hochland ein. Die Gipfelregion ist zwar vergletschert, doch bis zu 4000 Metern Höhe bedecken außergewöhnlich dichte Moose, Flechten, Gräser, mächtige Senezien und Riesenlobelien die Hänge.

»Dort wachsen Pflanzen, die noch kein Wissenschaftler klassifiziert hat.«

John Hunwick sieht betrübt drein.

»Es geschah vor fünf Wochen. Wir stiegen gerade mit einer Gruppe deutscher Naturfilmer auf. Sie wollten dort oben Tieraufnahmen machen, insbesondere vom Lobeliennektarvogel.

Wir waren in 3600 Metern Höhe, als jemand ›Feuer!‹ rief.

Es war eine außergewöhnlich lange Trockenzeit gewesen. Hundertjährige Lobelien und Senezien, Moose und Flechten fielen den Flammen zum Opfer. Es war ein Inferno.

Aber zunächst sorgte ich mich um die Menschen, die Naturfilmer, Guides und Träger ... Denn es war noch eine weitere Gruppe unterwegs. Ein solcher Großbrand entzieht der Luft so viel Sauerstoff, dass man ersticken kann ... Auch die Tiere flüchteten. Dabei benutzten sie den Trail und rannten uns fast um. Vor allem die scheuen Ducker, kleine Antilopen, die man sonst nicht zu Gesicht bekommt.

Das Feuer vernichtete die Vegetation auf einer Fläche von 40 Quadratkilometern ...«

John war aufgewühlt.

»Auch einige meiner Camps im Wert von insgesamt 100 000 US-Dollar wurden zerstört ... Das lässt sich alles ersetzen ... Doch es wird noch lange dauern, bis die Riesensenezien und Straußenfederlobelien wieder so sein werden wie vor dem Großbrand.«

Damit können auch wir unsere Pläne für eine Trekkingtour im Ruwenzorigebirge begraben.

Kampalas Innenstadt war völlig verstopft, doch die Tausende wie Hornissen summenden Boda-Bodas fanden immer irgendwo einen Durchschlupf. Ich saß auf dem Gepäckträger unserer kleinen indischen Maschine und umklammerte Juliana, die sich ihrerseits an Fahrer Vincence Sunday festhielt. Historische Bauten suchte ich in der City vergeblich. Erst 1890 war die Siedlung Kampala am Rande eines Forts der British East Africa Company entstanden.

Mit heiler Haut kehrten wir zum *Red Chilli Hideaway* zurück.

Ich hatte die Horrorvision, unser Fahrzeug durch diese verkeilte Innenstadt lenken zu müssen. Dass mein Nervenkostüm geschont wurde, verdanke ich Vincence: »Fahrt ein paar Kilometer in die Richtung zurück, aus der ihr gekommen seid. Beim Nelson-Mandela-

Stadion biegt ihr auf den neuen Northern Bypass ab.« Während die Chinesen das riesige Stadion finanziert hatten, steuerte die Europäische Union das Geld für die breite und bestens ausgebaute Umgehungsstraße bei.

Sechs Uhr morgens: Ich startete noch vor den Fahrern der Overland-Trucks und lenkte Thunder zur Umgehungsstraße. Die Fahrt auf dem Northern Bypass war zu dieser frühen Stunde ein Vergnügen. Obwohl es auf der Schnellstraße gewöhnlich viele Unfälle gibt, waren die unbeaufsichtigt in der Mitte der Kreisel grasenden Kühe um diese Zeit das einzige Problem.

Rund um das in 1200 Metern Höhe liegende Kampala entstehen in rasanter Geschwindigkeit neue Siedlungen. Und so viele schicke Bungalows wie hier hatte ich bisher im ganzen Land nicht gesehen. Wie eine Fata Morgana tauchte plötzlich das brandneue Metroplex Shopping Centre auf; mit Restaurants, Woolworth-Einkaufszentrum und Shoprite Supermarket.

Wo noch vor wenigen Jahren Savanne und Wälder gewesen waren, hatte sich jetzt die Stadt ausgedehnt. Überall brannten Müllhaufen, Rauch reizte die Atemwege. Boda-Boda-Lastenradler mit meterhohen Kochbananenstauden und Holzkohlesäcken auf den Gepäckträgern waren auch schon unterwegs. Ihr Tagesverdienst würde kaum ausreichen, um sich bei Shoprite zwei Tüten Kartoffelchips leisten zu können.

Und noch immer fuhren wir an Kampala entlang.

Um 7:20 Uhr zwängte sich die Sonne durch das Gemisch von Rauch und Morgennebel. Jetzt konnten wir noch mehr erkennen.

An einem Gebäude mit Spielgeräten stand *Kindergattan* geschrieben. Auf den riesigen Schmutzfängern des Lkw vor uns las ich: *Big is Christ.*

Im Dorf Mpambire hatte man sich auf die Herstellung von Trommeln spezialisiert. Der Ort Kaboyo war ein Umschlagplatz von

Der Schutzengel flog mit: So stürzten wir uns in das Verkehrsgewühl von Kampala.

Kochbananen, die massenweise zum Abtransport bereitlagen. Im nächsten Dorf sahen wir mehr als tausend große Säcke voller Holzkohle. Hier warteten die Überreste ugandischer Wälder darauf, morgen in Kampalas Küchen verheizt zu werden.

Nirgendwo sonst hatte ich so viele Häuser gesehen, die sich in Gänze als Werbefläche darboten: Auf den Fronten der roten Häuser warb Airtel für schnelles Internet, andere wollten in leuchtendem Blau Kunden für Tecno-Handys begeistern ... Eine Bank rührte auf riesigen Tafeln die Werbetrommel für Kapitalanlagen mit 20 Prozent Zinsen. Als wir rasteten, gesellte sich ein Bursche zu uns, auf dessen orangefarbenem Hut der Schriftzug *Jägermeister* stand. Bunte und verwirrende Bilder. Allerdings werde ich später im Tagebuch notieren: Out-of-Africa-*Traumbilder suche ich vergeblich.*

Kurz vor dem Queen Elizabeth National Park fragte uns ein Mann, ob wir schon einen Stellplatz für die Nacht hätten. Er hieß Matthew und arbeitete für die nahe gelegene *Kingfisher Lodge*. »Gelegentlich übernachten dort auch Overlander«, sagte er.

»Danke für den Tipp, Matthew, bis später!«

Wir fuhren ein Stück aus dem Ort hinaus und überquerten die Nationalparkgrenze. Eben noch in dicht besiedeltem Land, bot sich uns jetzt ein völlig anderes Bild dar: Wir sahen grasende Antilopen und Warzenschweine, die durchs Gebüsch sausten.

Da wir Hunger hatten, legten wir eine Rast ein. Mitten in unserem Picknick pirschte sich ein Pavian heran, sprang blitzschnell vor und klaute Juliana die Banane aus der Hand. Nach dem ersten Schreck lachten wir: »Willkommen im ›richtigen‹ Afrika!«

Matthews Tipp war Gold wert: Von der *Kingfisher Lodge* blickten wir wie von einem Adlerhorst auf den unterhalb der Abbruchkante des Rift Valley liegenden Queen Elizabeth National Park. Und wenn es einen Grund gab, ein paar Tage später ins *Bush Camp* am Kazinga Channel umzuziehen, dann nur den, dass dort schon mal Elefanten durchziehen und ein Flusspferd regelmäßig in einem Schlammtümpel des Geländes übernachtet.

Die Hitze war drückend und der Himmel von grauem Dunst überzogen. Bis unmittelbar an den Rand des Nationalparks hatte man kontrollierte Feuer gelegt, um trockenes Gras zu verbrennen. Nach dem nächsten Regen würde das erste frische Grün auf den verbrannten Flächen sprießen. Jeder – außer uns – fieberte der Regenzeit entgegen.

Wir wollten unbedingt den Queen Elizabeth National Park besuchen. Ich überlegte sogar, dort einen Mietwagen zu nehmen, da das viel günstiger war als die Einreise mit eigenem Auto. Allein für Thunder – mit dem nichtugandischen Kennzeichen – würden wir 150 US-Dollar Eintritt pro Tag hinblättern müssen. Und da wir über keinen Dukatenesel verfügten, mussten wir scharf kalkulieren ...

Was auch das Gorillatracking betraf. Denn dies ist eine der letzten Ecken der Welt, wo man unseren größten Verwandten begegnen kann. Berggorillas leben in der Grenzregion von Uganda, Ruanda und der Demokratischen Republik Kongo. Aber allein der Tagesmarsch zu ihnen würde zusammen 1000 US-Dollar kosten. Julianas Standpunkt war da klar: »Wir sehen uns die Gorillas im hannoverschen Zoo an.«

»Wie wäre es mit Schimpansentracking?«, überlegte ich. Diese Idee gefiel mir eigentlich noch viel besser ... Zum einen sind Schimpansen mit uns biologisch näher verwandt als irgendein anderes Lebewesen. Und zum anderen lagen die Gebühren fürs Schimpansentracking deutlich unter denen für einen Gorillabesuch.

Matthews Tipp, nicht im teuren Queen Elizabeth National Park, sondern im Kalinzu Forest Reserve auf Schimpansensafari zu gehen, war dann sogar weiteres bares Geld wert. Er telefonierte mit dem zuständigen Forest-Ranger dort und nickte: »Morgen früh um acht kann's losgehen.«

Wenn es um das weltweite Engagement für Schimpansen geht, fällt stets der Name Jane Goodall. Dass ihr Lebensweg durch Primaten geprägt werden würde, war zunächst nicht abzusehen. Die Einladung eines Freundes hatte die junge Frau Ende der 1950er Jahre nach Kenia gebracht, wo sie Louis Leakey kennenlernte, den Anthropologen und Direktor des dortigen Nationalmuseums. Er wurde zum Wegbereiter ihrer Karriere als Verhaltensforscherin.

»Genau genommen fing alles mit David Greybeard an«, erzählte sie einst, »einem Schimpansen mit grauem Backenbart.« Der ließ sich eine Banane von ihr geben. Ihre Freundschaft war so dick, dass er ihr gestatte, ihn bei der Hand zu nehmen.

Jane Goodalls Forschungen und Erkenntnisse über Schimpansen sind bahnbrechend. Der Schwerpunkt ihrer Arbeit liegt in Tansania am Ufer des Lake Tanganjika, im heutigen Gombe Stream National Park. Über ihre Forschungen schrieb sie Bücher wie *Wilde Schimpansen*, die weltweit gelesen werden. Seit Jahrzehnten setzt sich Jane Goodall für die Primaten ein, mittlerweile aber auch für die Bevölkerung Afrikas und für den Naturschutz generell.

Als wir frühmorgens nach einstündiger Anfahrt am Kalinzu Forest Reserve ankamen, erwartete uns eine junge Rangerin namens Rachel. Wir schauten in den bedeckten Himmel, lächelten etwas säuerlich und gingen los.

»Ich wette, es wird gleich regnen«, brummte ich. »Schließlich bist du im Regenwald«, entgegnete Juliana.

»Wir sind hier auf der östlichen Seite des Albert Rift des Großen Afrikanischen Grabenbruchs«, erklärte Rachel, während wir ihr in den Urwald folgten. »Rund 240 Schimpansen leben in unserem 150 Quadratkilometer großen Schutzgebiet.«

Hohe Farne umschlossen uns. Vögel riefen. Wir balancierten auf umgestürzten Baumstämmen über kleine Bäche. In den Baumkronen über uns kreischten schwarz-weiße Colobusaffen, blaugraue Diademmeerkatzen und Grüne Meerkatzen mit ihren leuchtend bunten Genitalien. Aber noch immer sahen und hörten wir keine Schimpansen.

Wir ignorierten die ersten Tropfen, doch als der Regen stärker wurde, stellten wir uns unter einen mächtigen Baum und zogen unsere Regenjacken über. Zwei weitere Ranger patrouillierten im Regenwald, um Wilderer aufzuspüren. Rachel telefonierte mit ihnen. »Schade – bislang hat keiner einen Schimpansen gesehen«, sagte sie.

Dennoch – allein schon der Gang durch diesen Urwald war phantastisch.

Das Lärmen von Vögeln übertönte das millionenfache Tropfen der Wasserperlen, die von den Blättern der Baumkronen auf die Zweige in der Mitte und letztlich auf uns fielen. Von den hier lebenden 370 Vogelarten sahen wir nur wenige, denn das Leben spielte sich zumeist in den höheren Etagen des Waldes ab. Aber ich entdeckte im Wald ein paar Perlhühner, und Rachel zeigte uns bunte Natal- und Weißkopfrötel. Irgendwo musste auch der bläulich schimmernde Riesenturako mit der auffälligen Federhaube sein. Doch er versteckte sich vor uns.

»Mitte des 20. Jahrhunderts war ein Fünftel von Uganda mit Wald bedeckt. Aufgrund der starken Besiedlung blieben nur noch drei Prozent davon übrig. Das engt die Lebensräume der Tiere ein«, sagte Rachel. »Ein Forscherteam der japanischen Universität Kyoto hat herausgefunden, dass von allen Schimpansenschutzgebieten Ugandas dies die dichteste Population besitzt.«

Wir wanderten weiter. Unsere Jacken hielten zwar die Oberkörper trocken, Hosen und Schuhe aber waren längst durchgeweicht. Und noch immer hatten wir keinen Schimpansen gesehen …

Wir erfuhren, dass Wilderei und illegale Baumfällungen zur Holzkohlegewinnung die größten Probleme sind.

»Die japanischen Forscher stellten fest, dass rund 50 Prozent der Schimpansen fallenbedingte Verletzungen aufwiesen«, erklärte Rachel. »Fallen, die vor allem zum Fang anderer Tiere gedacht waren. Mit Mitteln des Disney Worldwide Conservation Fund wurden Mitarbeiter eingestellt, die die Fallen beseitigten. Wegen seiner biologischen Vielfalt steht das Westliche Rift des Afrikanischen Grabens auch für das Jane Goodall Institute auf der Liste seiner Aktivitäten.«

Wir waren bereits seit Stunden im Urwald, als wir von hoch oben einen Ruf vernahmen, der Rachel stoppen ließ: »Da ist einer!« Sie strich ihre Kapuze in den Nacken, sodass der Regen ihr ins Gesicht klatschte.

Es waren die denkbar schlechtesten Umstände für die Beobachtung von Schimpansen. Denn beim Hochschauen lief uns das Wasser vom Gesicht in den Kragen und unter die Kleidung, aber es war warm und machte uns nichts aus … Irgendwie passte der Regen zum Zauber dieses Urwaldes.

Ich legte mich auf den Boden und fotografierte, während Juliana den Schirm über mich hielt. Der große Schimpanse verharrte auf einem Ast und sah zu mir herab: Vermutlich fand er den unter einem Schirm auf dem Boden liegenden Typen urkomisch …

»Jetzt baut er zum Schutz vor Regen ein Nest«, erklärte Rachel. Noch einen Moment lang bogen sich die Zweige unter einem dicken Blätterbaldachin. Dann wurde es still. Der Schimpanse hatte sich aufs Ohr gelegt.

Am darauffolgenden Morgen setzten wir unseren Streifzug durch die Traumbilder Afrikas im Queen Elizabeth National Park fort.

Matthew sollte unser Guide sein. Pünktlich um 6:30 Uhr brachte ihn ein Boda-Boda zum Katunguru Gate. Er stieg in unseren Mietwagen, den wir tags zuvor von einem jungen Mann namens Adolf gemietet hatten.

Ich war überrascht, im Nationalpark vereinzelt Menschen zu Fuß und auf Fahrrädern zu sehen.

»Es gibt elf kleine Siedlungen im Park«, erzählte Matthew. »Die Dorfbewohner erhalten von der Parkverwaltung 20 Prozent der Eintrittsgebühren. Da sie vom Nationalpark profitieren, erhofft man sich, dass sie das Wild schützen, statt es in die Fleischtöpfe wandern zu lassen.«

»Kommt es vor, dass wilde Tiere Menschen angreifen?«

»Ja!«, sagte Matthew. Man erinnert sich hier noch sehr gut an das Jahr 1989, als eine Löwin insgesamt dreizehn Bewohner des Dorfes Kajaga tötete und damit ihre Jungen fütterte.

»Alle waren sich darin einig, solche Wiederholungstäter zu töten. Gewöhnlich bindet man eine Ziege an einen Baum und wartet, bis sich die Raubkatze anschleicht. Dann wird sie erschossen.«

Matthew war außerordentlich kundig, und wo er nicht weiterwusste, schlug er in seinen Tierbestimmungsbüchern nach.

»Das ist ein *looser male*«, erklärte er und wies auf einen betagten Kaffernbüffel. »So nennt man alte Büffel, die von den Jüngeren verdrängt wurden und jetzt als Singles durch die Savanne streifen. Wenn sie sehr alt sind, werden sie schnell zur Beute der Raubkatzen.«

Ein Warzenschwein – ein Kraftpaket auf vier Beinen. Dieser Savannenbewohner bringt schon mal 100 Kilo auf die Waage.

Weiteres Großwild sahen wir nicht, nur Gazellen, die mich an Impala-Antilopen erinnerten. Doch Matthew korrigierte mich: »Das sind Ugandakobs. Eine Antilopenart, die nur in diesem Land vorkommt.«

Gemächlich rollten wir durch trockenes Buschland, aus dem große Euphorbien aufragten. In der Ferne sahen wir Elefanten. Warzenschweine mit gefährlichen Hauern kreuzten die Fahrbahn – vor ihnen nehmen sogar Löwen Reißaus. Eine Tüpfelhyäne, erkennbar an ihrem gefleckten Fell, sah mit gesenktem Kopf zu uns herüber.

Dann erzählt Matthew aus seinem Leben:

»Ich wurde 1970 nahe den Murchison Falls in Norduganda geboren. Meine Frau lebt mit unseren drei Töchtern und dem Sohn in der Stadt Jinja, dort wo der Weiße Nil seinen Anfang nimmt.«

Da Jobs rar sind, arbeitet er weit von seiner Familie entfernt in der *Kingfisher Lodge*.

»Schon vor Jahren verließ ich meine Heimat wegen des Terrors der Lord's Resistance Army.«

Matthew erzählt von den Verbrechen des fanatischen ugandischen Rebellenführers Joseph Kony, der einen »Gottesstaat« schaffen wollte und seit mehr als einem Vierteljahrhundert mit Mord, Verstümmelungen, Plünderungen und Vergewaltigungen die Region Südsudan, Kongo, Zentralafrikanische Republik und Uganda in Angst und Schrecken versetzt.

Der Strafgerichtshof in Den Haag sucht ihn wegen Verbrechens gegen die Menschlichkeit. Der amerikanische Präsident sandte seinetwegen Militärberater nach Uganda. Auch der UN-Sicherheitsrat hat eine Truppenentsendung gebilligt. Unlängst wurden ein paar Tausend afrikanische Soldaten gegen ihn in Marsch gesetzt.

»Vielleicht«, sagt Matthew nachdenklich, »kann ich doch noch eines Tages in mein Heimatdorf zurückkehren.«

Der von den britischen Kolonialherren gegründete Queen Elizabeth National Park ist rund 2000 Quadratkilometer groß. Im Westen grenzt er an Lake Edward, im Osten an Lake George. Beide Seen sind durch den natürlichen Kazinga Channel verbunden. Als wir zur Mweya Peninsula rollten, um von dort aus an einer Bootsfahrt auf dem Kanal teilzunehmen, ahnte ich nicht, dass dies eine der beeindruckendsten Tiersafaris meines Lebens werden würde. Schon auf der Fahrt dorthin kreuzte ein Dutzend Elefanten unseren Weg. An der Anlegestelle parkten wir und stiegen auf das kleine Ausflugsschiff um.

Es war später Nachmittag. Ein Elefant nach dem anderen trat aus dem Busch, um zu trinken oder sich mit Wasser zu besprühen. Zwei Ibisse hackten mit ihren krummen Schnäbeln auf einem verendeten

Büffel nach Maden und Käfern. Vor dem Kadaver lauerte ein Krokodil.

Unser Boot trieb nur wenige Meter an Flusspferden vorbei, die im flachen Wasser ihre Köpfe auf die Hintern der Vordermänner gelegt hatten. Ein schwarz-weißer Graufischer saß bewegungslos auf einem Ast. Im Wipfel darüber schaute ein wachsamer Schreiseeadler in die Runde. Als ein Elefantenbulle vorbeistampfte, erhoben sich gleichzeitig zehn Kaffernbüffel aus dem Wasser. Wohl hundert Kormorane standen wie Zinnsoldaten nebeneinander auf einer Sandbank und trockneten ihr Gefieder.

Dort, wo der Kanal in den Lake Edward mündet, liegt das Dorf Kazinga. Fischer schoben hier schnittige Holzkanus ins Wasser und paddelten mit kraftvollen Schlägen in Richtung Lake Edward. Vitale Bilder, die ich abends mit ins Camp nahm. Die Temperatur lag auch nach Sonnenuntergang noch bei 30 Grad, und von fern drang das Grunzen der Flusspferde zu uns.

20. März: Kabale ohne Liebe

Ich träume von den kühlen Nächten in den Wüsten Ägyptens und des Sudan. Morgens um sieben sind es hier noch immer 26 Grad im Fahrzeug.

Wir brechen früh in Richtung Ruanda auf.

»Verflixte speed bumps*!«, entfährt es mir. Kaum dass wir in Fahrt gekommen sind, steige ich schon wieder in die Bremsen, weil vier Rüttelschwellen quer auf der Straße uns »entschleunigen«, jede 30 Zentimeter hoch. »Schöne Grüße an die Stoßdämpfer«, brumme ich, während Thunder wie ein Ziegenbock darüberhoppelt. Kurz darauf folgt eine halbmeterhohe Bodenwelle quer zur Fahrtrichtung. Juliana mit ihrem Hang zur Statistik zählt in nur einem Ort vierzehn Sets von jeweils vier »schlafenden Polizisten«. »Macht nach Adam Riese 56 Killerbodenwellen«, resümiert sie.*

»Wenn einer hier mit 50 Stundenkilometern durchfährt, fliegen ihm die Achsen um die Ohren«, knurre ich.

Meine Liebe zu Kabale, der letzten Stadt vor der ruandischen Grenze, hält sich also in Grenzen; die speed bumps *verlangten von mir Ganzkörpereinsatz.*

Neben dem großen Ortseingangsschild lese ich: Welcome to Gorilla Country. *Dahinter steht ein halbes Dutzend weißer* UN-*Hilfs-Lkw voller Lebensmittelcontainer. Es gibt nur zwei Gründe, Kabale zu besuchen: Lake Bunyonyi und die Gorillas im Urwald.*

Auf einmal sehe ich beklemmende Bilder: ärmlich gekleidete Männer, Frauen und Kinder vor kleinen Steinbrüchen. In ihren Händen große, mittlere und kleinere Hämmer, mit denen sie die rausgebrochenen Felsbrocken zu Straßensplit zerschlagen. Bilder, die mir immer noch nicht aus

dem Kopf gegangen sind, als wir das Bunyonyi Overland Resort erreichen, den Treffpunkt der Overlander. Dort parken zwei Lkw. Mit den beiden Fahrern kommen wir ins Gespräch.

»Unsere Gäste sind gerade beim Gorillatracking im Urwald«, sagt der
Ugander Milton. Er findet es ganz in Ordnung, dass jeder seiner Passagiere für zwei Besuchsstunden bei den Gorillas 500 US-Dollar zahlt. Und
über sein Overland-Unternehmen nörgelt er: »Das ist eine kanadische
Gesellschaft, der Profit geht nach Kanada.«

»Aber du hast durch ebendieses Unternehmen deinen Job! Das Hotel ist
gut besucht, der Staat kriegt Steuern, und der Nationalpark nimmt heute
allein durch deine fünfzehn Overlander 7500 US-Dollar ein«, entgegnet
sein Kollege, der Engländer John.

21. März: Ruanda – die Schreckensbilder sind verblasst.

Was geht mir bei dem Namen dieses kleinen Landes durch den Kopf?!

Einerseits bin ich auf Ruanda gespannt, andererseits belastet mich das
Wissen um die Gräuel des nicht allzu lange zurückliegenden Völkermords. 1994 wurden von Angehörigen der Bevölkerungsgruppe der Hutu
binnen hundert Tagen etwa eine Million Menschen ermordet – vor allem
Tutsi, aber auch gemäßigte Hutu.

Und die Welt schaute bei dem grauenvollsten Völkermord der jüngsten
Zeit einfach weg!

Der Film Hotel Ruanda, in dem ein Hotelmanager sein Hotel als Zu-
fluchtsort für Tutsi und andere Verfolgte öffnet, hatte uns stark bewegt.
Wir wussten, dass dieser Film keine Fiktion war, sondern auf brutalster
Realität basierte. Viele Hutu flohen nach dem von ihrem Stamm verübten
Genozid in den benachbarten Kongo.

Heute herrscht wieder Frieden in Ruanda, einem der bevölkerungsreichsten und ärmsten Länder Afrikas. Doch trotz Aufarbeitung der Vergangenheit sitzt das Trauma des Völkermords tief und spaltet die Gesellschaft des Landes. Vor diesem Hintergrund erstaunt es, dass Ruanda
binnen Kurzem wieder Tritt gefasst hat und als wirtschaftlich dynami-

sches Land gilt. Bei der Korruptionsbekämpfung steht es an viertbester
Stelle in Afrika.

Die Formalitäten bei der Einreise nach Ruanda sind schnell erledigt. Als
wir den kleinen Grenzort Gatuna verlassen, schüttet es wie aus Eimern.
»Aufpassen!«, warnt Juliana. »Rechts fahren!« Ruanda, ehemals deut-
sche Kolonie und später belgisches Mandatsgebiet, ist auf unserer Route
das einzige ostafrikanische Land mit Rechtsverkehr. An einer kleinen
Kneipe lese ich Power Pub Gatuna. *Auffällig ist auch hier die Vorliebe*
der Lkw-Fahrer für sinnige Slogans auf der Rückwand ihrer Fahrzeuge:
No matter what, *steht da, und* Glory to God.

Entfernungen sind hier überschaubar, denn Ruanda ist kleiner als
Brandenburg. Als die Skyline der Hauptstadt Kigali vor uns auftaucht, ist
der Himmel wolkenlos. Die größte Überraschung aber ist das Schild am
Stadtrand: Rheinland-Pfalz/Ruanda: 30 Jahre Partnerschaft, *steht da*
auf Deutsch! Seit 1982 unterhalten fünfzig rheinland-pfälzische Schulen,
Gemeinden und Landkreise partnerschaftliche Beziehungen zu Ruanda.

Alles wirkt hier sauber und geordnet. »Nirgends Müll!«, sagt Juliana.
Wir blicken auf die saubersten Straßenränder seit dem Verlassen Israels.
Angeblich achtet man bereits am Airport darauf, dass keine Plastiktüten
eingeführt werden.

Anders als in Downtown Kampala fließt der Verkehr hier ruhig und
nach Regeln. Wir staunen, dass alle Motorradtaxifahrer Helme tragen
und einen weiteren für den Passagier über dem Arm hängen haben.

Aber wir finden keinen Stellplatz für die Nacht, wo Thunder durch das
Tor passen würde …

»Lass uns weiterfahren«, schlägt Juliana vor, »auf dem Land finden wir
eher etwas!«

Für Traveller ist Ruanda ein teures Pflaster: Knapp zwei US-Dollar kos-
tet der Liter Diesel, und als wir uns unterwegs bei einem Hotel nach einer
Stellmöglichkeit erkundigen, sagt man: »Ja, auf dem Hotelparkplatz für
30 US-*Dollar die Nacht.« Das ist das Dreifache des sonst in Ostafrika*

Üblichen! Ziemlich irritierend in einem Land, in dem 57 Prozent der Bevölkerung nicht mal einen Dollar am Tag verdienen. Allerdings fällt auf, dass viele der hier geparkten Autos Hilfsorganisationen gehören. Dank ihrer Präsenz hat sich ein Preisgefüge entwickelt, das nicht mit der Preis- und Einkommensstruktur des Landes zusammenpasst.

Aber die Menschen sind freundlich und hilfsbereit. Letztlich verbringen wir die Nacht auf einer Wiese hinter dem Eastland Hotel *in Kayonza. Das Restaurant ist picobello sauber, wirkt irgendwie mitteleuropäisch. Auch der Name des ruandischen Bieres mit den Ü-Tüpfeln klingt eigentümlich vertraut: Mützig.*

22. März: von Ruanda nach Tansania

Die Weltgemeinschaft ist in Ruanda allgegenwärtig. Kein Dorf ohne Schilder, die auf Wasserversorgungs- und Hausbauprojekte von USAID — *der US-Behörde für internationale Entwicklung –, der* EU *und Japan, von* UNICEF, *Rotem Kreuz oder anderen Organisationen hinweisen. Dass auch der Landkreis Mainz-Bingen hier hilft, lesen wir nahe der Siedlung Rusumo.*

Doch in erster Linie ist unsere Reise durch Ruanda eine Fahrt durch einen blühenden Garten. Die gut ausgebaute Straße säumen rapsgelb blühende Sennasträucher, zwischen denen rote Flamboyantblüten leuchten.

Wir sehen Kinder in Schuluniformen. Auf einem Reisfeld arbeiten Frauen in gebückter Haltung. Ein »Lastenradler« schiebt sein mit Kochbananen beladenes Fahrrad bergauf, während er mit dem Handy telefoniert. Junge Männer hocken im Schatten von Bäumen und palavern.

»Das ist die beste Asphaltstraße seit Langem!«, schwärmt Juliana. Bei den Rusumo Falls des Akagera River erreichen wir die tansanische Grenze.

Durch einen Tipp von anderen Globetrottern wissen wir bereits, was uns am tansanischen Zoll bevorsteht: »90 US-Dollar road tax«, *fordert der Zöllner. »Moment mal!«, sage ich. »Der Preis gilt nur für kommerzielle Lkw!«*

*Ohne mit der Wimper zu zucken, entgegnet der Zöllner freundlich:
»Okay – dann 25 Dollar bitte!«*

*»Man kann's ja mal versuchen …«, brummelt Juliana. Aber sie sind
nett, und als wir grüßen, winken sie freundlich zurück.*

*»Unglaublich«, sage ich, »seit Äthiopien hat kein Zöllner mehr ins Auto
gesehen.«*

*Und wieder sind die Bilder jenseits der Grenze anders als die drüben.
Auf einmal Buschsavanne ohne die sich aneinanderreihenden Dörfer. Die
Landschaft Tansanias wirkt hier offener, ist nicht so stark besiedelt wie
Ruanda. Verschwunden sind aber auch die Alleen gelb blühender Sträu-
cher. Erstmals seit Langem können wir frei im Busch campieren.*

*Die Sonne ist untergegangen. Ein mir unbekannter Tropenvogel singt,
die Luftfeuchtigkeit liegt bei 60 Prozent, wir schwitzen. Da fällt aus dem
funkelnden Himmel eine Sternschnuppe. »Jetzt darfst du dir was wünschen«, sagt Juliana.*

»Ich wünsche mir, bald auf einem weiteren Berggipfel zu stehen!«

Die Regenzeit hatte an Mount Meru und Kilimandscharo bereits begonnen. In Kürze würden die Niederschläge den Jahreshöchstwert erreichen.
Wir mussten uns sputen.

Juliana favorisierte den Mount Meru. Auch ich tendierte inzwischen
dazu. Erneut auf dem Gipfel des Kili zu stehen, würde vielleicht mein Ego
befriedigen, doch für den »einsamen Wolf« in mir, der gern wochen- oder
monatelang allein oder mit Juliana durch die stille Wildnis Kanadas paddelte, ist zu viel Trubel auf dem Gipfel. Außerdem schrecken wir vor den
mindestens 3000 US-Dollar zurück, die der Aufstieg für uns beide kosten
würde. Und nach allem, was wir gehört hatten, war der Mount Meru
durchaus eine Herausforderung und vielleicht sogar interessanter als der
Kilimandscharo.

27. März: südlich des Victoriasees
    Der nachts fast zum Erliegen gekommene Lkw-Verkehr ist jetzt wieder

vernehmbar. *Wegen gelegentlicher Banditenüberfälle fahren die Lkw nicht bei Dunkelheit und auch tagsüber nur in kleinen Konvois. Auf der Horrorstraße von Eldoret waren massenweise Tanklaster von Mombasa in Richtung Uganda und Kongo gerollt, dies hier aber ist die Verbindungsstraße zwischen den Raffinerien Daressalams und Zentralafrikas.*

Die Bilder fliegen nur so an uns vorbei. Im Dorf Uyoyo sehen wir Marabus, Tiere von würdevoller Hässlichkeit, die stocksteif wie Statuen zwischen den Menschen und auf den Dächern ihrer Hütten stehen. Ins Auge springt vor allem die große Zahl Müßiggänger; ein gutes Dutzend junger Männer hockt tatenlos zusammen, während die Frauen unermüdlich vor den Häusern und auf den Feldern schuften. Dies Bild steht für viele andere: Links der Fahrbahn sitzen zehn junge Männer um einen Mann herum, der einen Reifen flickt. Gegenüber hockt ein Dutzend Männer, das den zehn Männern beim Zuschauen zuschaut ...

Immer wieder sehen wir Frauen, die mit gelben Wasserkanistern rotbraunes Wasser aus Tümpeln schöpfen. Und ungewohnte, wenngleich anmutige Bilder von Frauen auf Fahrrädern. Ihr Baby haben sie auf den Rücken gebunden, sodass über dem breiten Tuch nur ein schwarzer Krauskopf hervorlugt. Fast jede junge Frau trägt hier ein kleines Kind. Die eine an der Brust, die andere auf dem Rücken. Alte Frauen fehlen im Straßenbild. Jetzt registrieren wir Aktivität auch bei den Männern, die auf Fahrrädern fünf und mehr anderthalb Meter lange Säcke mit Holzkohle zu Sammelstellen bringen.

»Adieu, ihr Wälder Afrikas!«, kommentiert Juliana.

Ich will tanken. Aber wir finden keine Bank zum Geldwechseln. Versorgungsengpässe sind allerdings nicht zu befürchten, denn noch ist der zweite Tank unangetastet. Und genügend Bargeld haben wir auch. Im Notfall wird immer jemand zu finden sein, der zu einem für ihn vorteilhaften Kurs harte Dollars in Tansania-Schilling wechselt.

Aber so weit kommt es nicht ... in der Kleinstadt Nzega finden wir end-

lich eine Bank. Da es nicht so aussieht, als könnten wir hier ungestört über Nacht stehen, fragen wir: »Camping?« Keiner kennt den Begriff, man gibt uns aber den Tipp, zum etwas außerhalb gelegenen Ephrat Hotel *zu fahren.*

Die etwa dreißigjährige Inhaberin weiß zwar mit dem Wort »Camping« auch nichts anzufangen, versteht aber schnell, was wir wollen. Rasch einigen wir uns über den Preis und bleiben.

Wir fühlen uns in dem kleinen Hotel mit durchaus europäischem Standard herzlich willkommen. Die Wasser schöpfenden Frauen an den braunen Tümpeln, die Radler mit den großen Holzkohlesäcken, die vielen untätigen jungen Männer am Straßenrand – sie alle haben keinen Zugang zu dieser von hohen Mauern umschlossenen »anderen« Welt. Die Gegensätze sind manchmal bedrückend ...

24. März: Mount Hanang – unbekannte Schönheit

Die Würfel sind gefallen: Wir wollen nach Arusha, um den Mount Meru zu besteigen.

An diesem Tag sehen wir die ersten Massai am Straßenrand. Die Bilder meiner Erinnerung zeigen stolze Männer mit Speeren, die ihren Rindern über die Savanne folgen. Heute, 36 Jahre später, tragen hier viele grüne, blaue und weiße Gummistiefel. Einer hat sich einen Panamahut auf den Kopf gesetzt. Rot karierte Gewänder aber tragen alle, so wie auch den obligatorischen Stab, der heute weitgehend den Speer ersetzt.

Singida, der größte Ort auf der Reise nach Osten, schmiegt sich zwischen malerische Granitfelsen, die wie riesige Murmeln in der Savanne liegen. Hier beginnt die brandneue von Chinesen gebaute Asphaltstraße nach Arusha. Die Fahrt hätte also eine Freude sein können ... Aber nur bis zum nächsten Dorf, wo ein paar lokale Handwerker dabei sind, aus Beton speed bumps *zu bauen. Bis zu vierzig »schlafende Polizisten« in nur einem einzigen Dorf!*

Südlich der Serengeti wird die Landschaft spektakulärer. Erneut treffen wir auf den Afrikanischen Graben, an dessen Rand sich der perfekt ge-

formte Vulkankegel des Mount Hanang gut 3400 Meter über das Land reckt. Als ich für ein Foto stoppe, sind sofort drei Jungen zur Stelle, barfuß oder in Gummilatschen aus alten Autoreifen. Man ahnt, dass ihre schmutzigen Hemden aus einem anderen Teil der Welt stammen und als Kleiderspende nach Tansania kamen. Dance with me steht auf dem einen, Sesame Street auf dem anderen.

Abrupt endet der Asphalt, wir rumpeln durch die tiefen Löcher in einer Erdstraße. Auf der neu entstehenden Trasse sehen wir chinesische Ingenieure und Vorarbeiter.

»Karibu«, willkommen, begrüßt uns ein hilfsbereiter tansanischer Wachmann. Er gestattet uns, im Schutz eines dieser Straßenarbeitercamps die Nacht zu verbringen. Abends erscheinen zwei bewaffnete Wächter, um uns zu signalisieren, dass sie auch auf uns ein wachsames Auge werfen wollen. »Assante sana«, danke sehr, sage ich und weiß, dass ich mich morgen früh mit einem ordentlichen Trinkgeld revanchieren werde.

25. März: Ein Platz für Tiere

Ab Babati sind wir auf der Zielgeraden nach Arusha. Erstmals seit Langem fahren wir durch offene Savanne, die Siedlungen und Menschen entlang der Straße werden weniger.

So viele Safari-Land Cruiser wie hier haben wir nirgendwo zuvor in Afrika gesehen. Und so viele bazungu auch nicht ...

Dies ist das Sahnestück des Afrikatourismus. Östlich von uns liegt der Tarangire National Park, links der Straße Lake Manyara und dahinter Serengeti und Ngorongorokrater. Nirgendwo sonst in Afrika drängen sich auf so kleiner Fläche mehr Natur- und Wildschutzgebiete als hier. Auf kenianischer Seite schließen sich Amboseli und Tsavo National Park an.

Diese Arche Noah wird überragt von Kilimandscharo und Mount Meru, an deren Rändern das Östliche Rift des Ostafrikanischen Grabens liegt. Der Ol Doinyo Lengai am Natronsee ist hier der einzige noch aktive Vulkan.

Fruchtbare Vulkanasche ist die Basis für diese Savannen, die mich faszinierten, seit ich das Buch Serengeti darf nicht sterben *von Bernhard Grzimek in die Hand kriegte. Ein Geschenk meiner Eltern zu Weihnachten 1961 ... Der Titel des Buches, das auf dem gleichnamigen Film basierte, wurde zum Slogan für den Schutz der vom Bevölkerungszuwachs bedrohten Tierwelt Gesamt-Ostafrikas.*

Mit seinem Dokumentarfilm *Kein Platz für wilde Tiere* hatte der Direktor des Frankfurter Zoos, Professor Grzimek, den Blick auf die bedrohten Naturparadiese Afrikas gelenkt. Auch in seiner populären Fernsehserie *Ein Platz für Tiere* setzte er sich dafür ein.

Der Untertitel seines Serengeti-Buches lautet: 367 000 *Tiere suchen einen Staat.*

Der Konflikt zwischen den hier lebenden Massai und der damaligen britischen Kolonialverwaltung hatte schon lange geschwelt, denn die traditionellen Viehzüchter beanspruchten mehr Weideland für ihre Rinder genau dort, wo eine der größten Wildpopulationen Afrikas lebte. Das aber hätte den Lebensraum der Tiere um die Hälfte verkleinert. Als nun Serengetisteppe und Ngorongorokrater zwischen Mensch und Wild aufgeteilt werden sollten, dokumentierten Bernhard und Sohn Michael Grzimek auf eigene Kosten in ihrem einmotorigen Flugzeug die Wanderrouten und die Anzahl der Tiere dort. Sie stellten fest, dass eine Trennung – eventuell sogar durch Zäune – die uralten Wanderrouten vor allem der Gnus unterbrechen würde. Das Engagement der beiden war wegweisend für die heutigen Nationalparks. Ihr weltweit gefeierter Film *Serengeti darf nicht sterben* von 1959 erhielt als erster deutscher Film einen Oscar.

Doch der Preis dafür war hoch. Gegen Ende der Dreharbeiten kollidierte ein Gänsegeier mit Michael Grzimeks Flugzeug, die Steuerung blockierte, und die Maschine stürzte ab. Michael war sofort tot. Tags darauf wurde er am Rand des Ngorongorokraters bestattet.

Während unserer ersten Afrikadurchquerung sah ich dort ein be-

Zwei der *Big Five* im friedlichen Disput. Der Büffel gibt nach ... und trollt sich ...

wegendes Bild: Zwei Löwen lagen wie Wächter vor der Steinpyramide, die die Grabstelle markiert. Später wurde auch die Urne Bernhard Grzimeks hier beigesetzt.

Dass das Anliegen der beiden Naturschützer noch immer aktuell ist, beweisen neue Pläne, eine Durchgangsstraße durch die Serengeti zu bauen. Sollten sie umgesetzt werden, würde die Wanderroute von 1,5 Millionen Gnus und Zebras unterbrochen werden. Das empfindliche Gleichgewicht des Weltnaturerbes wäre bedroht.

Der kleine Ort Mto wa Mbu ist das Tor zum Lake Manyara National Park. Kein Ort, den man sich merken müsste – ein Souvenirstand reiht sich an den anderen. Am Nationalpark-Informationszentrum weist eine Tafel darauf hin, dass dies alles mit Mitteln der USA gebaut wurde. In den dichten Baumkronen lärmen Vögel, und auf dem Boden lauert ein Dutzend Paviane.

Das waren auch die Bilder meiner Erinnerung, die uns hierher zurückgeführt hatten.

Am 19. Januar 1976, einem Montag, hatte ich in meinem Tagebuch notiert:

Nie zuvor so viele Elefanten gesehen wie auf der Fahrt zwischen Ngorongoro und Lake Manyara.

Juliana sitzt am Steuer, während ich fotografiere, als eine Nashornmutter mit Jungem urplötzlich mit drohend gesenktem Horn auf unser Auto zustürmt. »Fahr zu!«, brülle ich. Im letzten Moment entkommt Juliana dem Rammbock des Nashorns. Kurz darauf finden wir das Skelett eines Elefanten, daneben einen hoch oben auf einem Ast ruhenden Löwen. Abends umlagern uns kecke Paviane.

So weit ein paar Reminiszenzen von unserer ersten Reise hierher.

Elizabeth, die freundliche tansanische Nationalparkbedienstete, heißt uns willkommen. »Lasst euren in Deutschland registrierten Lkw vor dem Park stehen und mietet euch hier einen Wagen«, rät sie.

Sie fährt mit dem Finger über die Gebührenliste: »Ein tansanisches Fahrzeug mit einem Tansanier am Steuer kostet pro Tag sieben US-Dollar.« Sie blickt zu Thunder: »Euer Fahrzeug kostet mit einer Person 335 US-Dollar pro Tag.«

Ein Freund ihrer Familie erklärt sich bereit, uns für 100 Dollar einen Tag lang mit seinem Auto durch den Nationalpark zu fahren.

Zwei Dinge fesseln mich in Mto wa Mbu: tausend oder mehr Nimmersattstörche, die dicht an dicht in den Bäumen hocken. Und abends der Blick von unserem Camp am Rand des Großen Grabenbruchs auf den tief unten liegenden Lake Manyara.

Dort jagte 1960 »Großwildfänger« John Wayne in halsbrecherischem Tempo hinter Nashörnern und Büffeln her, während ein überaus lässiger Hardy Krüger ihm die Position der Tiere über

Sprechfunk übermittelte. Ein Actionfilm ohne Doubles, bei dem der legendäre John Wayne seine eigenen Knochen hinhielt. Folgerichtig heißt der Hollywood-Klassiker: *Hatari! – Gefahr!*

26. März – 27. März: vom Lake Manyara nach Arusha

Der von den Wänden des Afrikanischen Grabenbruchs begrenzte Manyara National Park ist relativ klein. Doch wenn man Statistiken glaubt, weist er eine der größten Tierpopulationen Afrikas auf. Das gilt insbesondere für die Elefanten, deren Bestand allerdings während der letzten dreißig Jahre zurückgegangen ist.

Der Eigentümer unseres Mietwagens heißt Salehe; »aber alle nennen mich Sheela«, sagt er.

»Nashörner gibt es hier nicht mehr«, eröffnet er uns als Erstes. »Somalische Wilderer haben die letzten getötet. Das Horn ist in China und im Jemen sehr begehrt.«

Am Nationalparktor erwartet uns ein affiges Empfangskomitee: Mehr als dreißig Paviane hocken neben der Piste und auf der Motorhaube eines Jeeps. Sie lausen und begatten sich, Mütter säugen Babys. Ein Pavianjunges versucht mit einem Hechtsprung seine Mutter zu erreichen, knallt aber mit dem Schädel gegen einen Ast, schaut belämmert drein und lässt sich von der Mama schnell einsammeln.

Tausende Flamingos und Pelikane säumen die Ufer des Sees. Grazile Impala-Antilopen federn durchs Unterholz. Muskulöse Warzenschweine kreuzen den Pfad. Eisvögel mit blau-orangem Gefieder lauern auf Zweigen, im »Hippo Pool« reißen Flusspferde ihre riesigen Mäuler auf. Am Ufer stehen Nimmersattstörche und Diademmeerkatzen; Kronenkraniche mit ihren charakteristischen Federhauben flattern von Ast zu Ast. Unser Star des Tages ist der pechschwarze Kaffernhornrabe mit dem roten Gesicht, der mit weithin hörbaren Grunzlauten »Hooonk, hooonk!« vor uns auf und ab stolziert. Neben Giraffen und Büffeln sehen wir nur noch die Hintern dreier Elefanten.

»Die Statistik über das riesige Elefantenvorkommen können wir zwar

nicht bestätigen«, sagt Juliana, als wir tags darauf in Arusha einfahren, »aber trotzdem war's toll!«

Der Verkehr in der Allee gelb blühender Sennabäume wird immer dichter. Als ich ein großes Shoprite-Einkaufszentrum sehe, parke ich kurz entschlossen davor. Da sehe ich zwei große Expeditionsmobile auf uns zurollen: einen umgebauten Magirus-Lkw und einen Mercedes-Rundschnauzer 911. Die Kennzeichen verraten die Herkunft: Windhoek/Namibia.

Natürlich kommen wir gleich mit Vater Udo (»Bin von Berlin nach Namibia ausgewandert ...«), Mutter Jutta (»Vorfahren aus Deutschland, bin selbst dritte Generation in Namibia«), Sohn Marcel, dessen Frau Claudia und ihren zwei Kindern ins Gespräch. Vor ein paar Wochen sind sie in Windhoek aufgebrochen und wollen jetzt Ostafrika erkunden.

Aber ganz ehrlich ... uns Männer interessieren jetzt weniger die Reisedetails als die Fragen nach Reifen, Felgen, Spritverbrauch und -preisen.

Durch meinen Kopf schwirren ein paar Erinnerungsfetzen von unserem ersten Aufenthalt in Arusha. Als Pfeifenraucher, der ich damals war, kaufte ich vier in Arusha hergestellte Meerschaumpfeifen. Und ein paarmal kippten wir ein Bierchen im Safari Hotel, durch das im Film Hatari! zur Melodie des Babyelephant Walk süße Elefantenjunge gestürmt waren.

Die Meerschaumpfeifenfabrik existiert nicht mehr, ebenso wenig wie die alte Großwildjägerbar mit ihren Trophäen und den Fotos von John Wayne. Die Einwohnerzahl Arushas hat sich gegenüber 1976 verachtfacht. Aus dem 1899 gegründeten Schutztruppenfort für Deutsch-Ostafrika ist eine Stadt mit 400 000 Menschen geworden.

Inzwischen steht unser Entschluss fest: »Wir werden den Mount Meru besteigen!«

36 AUF AUGENHÖHE MIT DEM KILIMANDSCHARO: MOUNT MERU

Es muss für die 22-jährige Margarete Trappe ein großes Abenteuer gewesen sein, als sie 1906 mit ihrem Mann Ulrich nach langer Dampferfahrt in Deutsch-Ostafrika ankam und sich in tagelangen Märschen und Ochsenkarrenfahrten bis zum Fuß des Mount Meru durchschlug. Die Gutsbesitzerstochter und der Reserveoffizier hatten den Traum von einer Farm in Afrika. Aber der Anfang war schwer, und um sich über Wasser zu halten, erlegte Margarete Trappe Wild, was ihr den Namen »Weiße Jägerin« einbrachte.

Nach dem Verlust der deutschen Kolonien musste sie Tanganjika verlassen. Doch die Liebe zu Afrika war größer als alles andere: Die Trappes nahmen die britische Staatsbürgerschaft an und kehrten zum Mount Meru zurück. Margarete Trappe setzte ihre Safaris fort und festigte ihren bis heute legendären Ruf als Jägerin. Inzwischen hatte sie sich von ihrem Mann scheiden lassen. Ihr Mut, sich allein in Afrika zu behaupten, und ihr Respekt gegenüber den Stämmen brachte ihr den Spitznamen »Mutter der Massai« ein.

Margarete Trappe starb 1957. Wenige Jahre später verpachtete ihr Sohn Rolf einen Teil der Farm an Paramount Pictures. Der Rest ist Geschichte: Die Filmhaudegen von *Hatari!*, John Wayne, Hardy Krüger und die anderen, wurden in dem Farmgebäude untergebracht, viele Außenaufnahmen entstanden vor der Kulisse des Mount Meru. Wenn man im Film genau hinschaut, erkennt man auf den Türen der von Nashörnern und Büffeln lädierten Jeeps die Aufschrift *Momella* – der Name von Margarete Trappes Farm.

Nach den Dreharbeiten kaufte Hardy Krüger das Anwesen und eröffnete das legendäre Buschhotel *Momella Lodge*, das er bis Mitte

In 2500 m Höhe auf dem Mount Meru mit Nationalpark Ranger Joseph Samba

der 1970er Jahre führte. Auch heute gibt es dort Lodges, in denen sich gut betuchte Gäste beim Sundowner ihren Traum von Afrika erfüllen.

Wir fuhren an das Ngongongare Gate des Arusha National Park. Ein Mitarbeiter eilte auf uns zu und stellte sich als Oswald vor. »Aber alle nennen mich Ossi ...« Ossi war temperamentvoll, laut, leutselig, gut informiert und sehr hilfsbereit.

»Fast alle, die den Mount Meru besteigen, buchen Führer, Koch und Träger in dem jeweiligen Hotel«, sagte er.

»Wir machen das auf eigene Faust«, erwiderte ich.

Er überlegte. »Ich kenne ein paar gute Leute«. Schon begann Ossi zu telefonieren. »Kommt morgen um 10 Uhr hier ans Gate, dann werden auch der Koch und zwei Träger hier sein.«

Binnen Kurzem hatte seine zupackende Art ein paar Leuten aus seinem Bekanntenkreis einen gut bezahlten Job und uns verlässliche Träger beschert.

Am nächsten Morgen trafen wir Oscar, den Koch, sowie die Träger Amri und Lasalo. Joseph, der Ranger-Guide, würde tags darauf am Startpunkt des Trails zu uns stoßen.

Oscar sprach als Einziger der drei ein paar Worte Englisch. Wir klärten mit ihm ab, welche und wie viele Lebensmittel für die Mannschaft und uns benötigt wurden. Dann gaben wir ihm Geld für den Einkauf und quartierten uns auf dem parkartigen Gelände der nahe gelegenen *Colobus Mountain Lodge* ein, um zu packen. Es gab weder andere Gäste noch Overlander, die hier campten.

Der Mann uns gegenüber plaudert in flottestem Schwyzerdütsch.

»Ich vergaß, mich vorzustellen. Mein Name ist Josef Däppen, aber sagt ruhig Sepp zu mir. Oder besser noch Kiboko. So nennen mich hier alle. Das ist Kisuaheli und heißt Flusspferd.« Lachend klopft er auf seinen stattlichen Bauch.

»Ich bin hier der Manager«, erzählt er. Allerdings macht er auch keinen Hehl aus seinen längerfristigen Plänen: »Ich will eine eigene Lodge in den Usambarabergen bauen.«

1980 kam der aus dem Emmental stammende Sepp im Auftrag einer Schweizer Firma nach Ostafrika. »Ich war für die technischen Abläufe bei der Sisalproduktion zuständig.« Nach 23 Jahren machte er sich selbstständig und eröffnete in Tanga am Indischen Ozean einen Campingplatz mit Restaurant. »Schweizer Käseschnitte und Kartoffelbrei waren bei mir die Renner.« Später verkaufte er die Anlage und beteiligte sich an einer Lodge in den Usambarabergen.

»Ich hatte sehr viel investiert, und die Geschäfte gingen gut. Doch dann bootete mich meine Partnerin aus. Ich habe viel Geld verloren.«

Als Kind der Schweizer Berge fühlt er sich im Usambaragebirge sehr wohl. Kürzlich hat er unweit von Lushoto drei Hektar Land am Mount Mhande gekauft, wo seine *Swiss Mountain Lodge* entstehen soll.

Wer Genaueres über die Höhe des Mount Meru wissen will, erhält je nach Quelle unterschiedliche Angaben. Auf den Schildern der Parkverwaltung stand 4566 *Meter*. Daran wollten wir uns halten. Der Name des Gipfels – Socialist Peak – klingt wie ein Anachronismus und stammt aus der Zeit des sozialistisch orientierten ersten Präsidenten Julius Nyerere. Wir wussten, dass der Berg als durchaus anspruchsvoll gilt, auch wenn kein technisches Klettern erforderlich ist. Um die Kosten zu senken, hatten wir uns für eine dreitägige Trekkingtour entschieden: zwei Tage Aufstieg und am dritten Tag nach dem »Gipfelsturm« in einem langen Fußmarsch zurück.

Am nächsten Morgen sollte es losgehen.

Ein bewaffneter Ranger würde uns begleiten. Dafür gab es einen guten Grund: Am Mount Meru leben 1800 Büffel und achtzig Elefanten!

Neben der Piste grasten Zebras und Warzenschweine. In der Ferne erkannte ich zwei Büffel und eine Giraffe. Nach ein paar Kilometern Fahrt durch den Arusha National Park stoppte unser Taxi am Momella Gate.

Oscar, der Koch, und die Träger Amri und Lasalo waren schon da. Wenig später tauchten drei Amerikaner samt Begleitmannschaft auf. Sie würden sich uns anschließen.

Im Schatten eines ausladenden Afrikanischen Wacholderbaums hockten wir uns auf den Boden und warteten auf Joseph Samba, unseren Ranger. Kurz darauf erschien er und stellte sein Mauser-Gewehr, die traditionelle Waffe der Großwildjäger, an den Stamm eines Baumes.

»Das ist mein 53. Aufstieg auf den Mount Meru«, sagte er, nachdem er uns begrüßt hatte. Wir erfuhren, dass tansanische Ranger-Guides gut auf ihren Job vorbereitet werden. Innerhalb der letzten zehn Jahre war Joseph fünfmal zum Notfalltraining am Kilimandscharo gewesen.

Während der nächsten Tage lernen wir Joseph als freundlichen, zurückhaltenden und kompetenten Trailkameraden kennen.

»Let's go«, sagte er. Wir erhoben uns und passierten ein großes grünes Schild mit der Aufschrift *Momella Mountain Climbing Route*.

»Pssst«, er legte die Finger auf die Lippen. Wir hielten an und sahen über uns schwarz-weiße Colobusaffen, die sich wie Akrobaten von Liane zu Liane schwangen.

Hier im Arusha National Park leben mehr Tiere als auf jedem der beiden anderen Berge, die wir zuvor in Kenia und Uganda bestiegen hatten.

»Vierhundert Vogelarten«, erzählte uns Joseph, »darunter auch Zugvögel aus Europa. Sowie dreihundert Giraffen, 150 Zebras, siebenhundert Paviane, 250 Colobusaffen, siebzig Buschböcke ...«

An den Mayo Waterfalls kam ich mit dem Amerikaner Scott ins Plaudern. Er, seine Lebensgefährtin Lisa und deren Freundin Gail stammten aus Minnesota. Die beiden Frauen hatten sich ein Sabbatical, ein Jahr Auszeit vom Beruf, genommen, um zu reisen. Von Afrika wollten sie nach Australien fliegen. »Ich kann mir meine Auszeit nehmen, wann immer ich will«, lachte Scott, »denn ich bin selbstständiger Trucker und fahre einen 20-Tonner-Lkw.«

Wir hatten den Geländewagentrail längst hinter uns gelassen und waren auf dem Weg zu der 2500 Meter hoch gelegenen *Miriakamba*-Hütte.

»Elefanten ziehen in noch höhere Lagen«, erzählte uns Joseph, »bis zu 3000 Meter hoch.« In diesem Moment entdeckte ich neben unserem Pfad einen mächtigen Büffelschädel. Aber schon musste ich einen großen Schritt machen, um nicht Abermillionen Ameisen zu stören, die sich einen fünf Zentimeter breiten Pfad tief in den Boden gefräst hatten. Auf dem transportierten sie ihre Eier, während Millionen andere Ameisen darüber mit ihren ineinander verhakten Leibern einen lebenden Schutzbaldachin bildeten.

Die Nacht verbrachten wir in der *Miriakamba*-Hütte. Die einfachen Zimmer waren sauber und gepflegt. »Erfreulich, dass die hohen Eintrittsgelder auch in die Infrastruktur des Nationalparks zurückfließen«, sagte ich. Es gab sogar eine Solaranlage.

Am folgenden Morgen begrüßten wir die Sonne auf der Aussichtsterrasse. Gleich flüssigem Silber schimmerten tief unter uns die sieben Momellaseen unweit der einstigen Farm von Hardy Krüger. Dahinter thronte der Kilimandscharo, der zu dieser Morgenstunde noch nicht von Wolken umnebelt war. Die Sonne stach mir in die Augen, und so wendete ich mich nach Westen, wo ihre Strahlen das Massiv des Mount Meru in rotgoldenes Licht tauchten.

Der weitere Aufstieg führte durch dichten Busch. Joseph bückte sich und zeigte auf die Losung einer Hyäne. Die Gespräche verstummten, als unmittelbar vor uns ein großer Pavian auftauchte, sich auf seinen Hintern setzte und uns einen Moment lang interessiert beobachtete. Dann zog er sich gemächlich zurück in seinen Busch.

Während Gail bereits in der vergangenen Nacht Atemprobleme bekommen hatte und am Morgen zurückgegangen war, fühlten wir anderen uns bestens.

Noch waren wir im dichten Buschland mit Urwaldriesen, deren oft halbmeterdicke Äste zehn Meter weit waagerecht abstanden. An den Zweigen baumelten lange weißliche Bartflechten. Ein Zauberwald, der immer wieder den Blick auf die Momellaseen freigab. Vögel kreischten, und Affen schwangen sich durch die Baumkronen.

Noch waren wir im Bergwald, aber vor uns lagen Hochlandmoore und alpine Tundren. Die Luft war frisch, und nach wenigen Stunden hatten wir die in 3570 Metern Höhe gelegene *Saddle Hut* erreicht. Hier trafen wir auf Stephan aus Rumänien und seine Freundin Sonia aus Burundi.

»Wir mussten den Aufstieg letzte Nacht abbrechen. An einem Grat hatte Sonia eine mentale Blockade und wagte sich nicht rüber«, sagte Stephan in bestem Deutsch. Er hatte in Tübingen Geografie studiert und gerade ein Entwicklungshilfeprojekt in Burundi abgeschlossen.

»Wenn es für euch okay ist, würden wir uns gern anschließen und den Aufstieg mit euch versuchen.«

»Klar doch!«

Wir rasteten und bestiegen noch am selben Nachmittag zur Akklimatisierung den 3820 Meter hohen Gipfel des Little Meru.

Die hohen Baumheidewälder lagen jetzt hinter uns. Erika wuchs hier nur noch mannshoch – Riesensenezien und Lobelien wie am

Mount Kenya und auf dem Mount Elgon sah ich kaum. Einer der seltenen Farbtupfer war eine leuchtend gelb blühende Fackellilie.

Ohne nennenswerte Anstrengung erreichten wir den Gipfel. Von hier aus hatten wir einen phantastischen Blick auf den zur Hälfte noch intakten riesigen Kraterrand des Mount Meru. Ich lehnte mich gegen einen Fels und malte mir aus, wie wir dort kommende Nacht zum Hauptgipfel aufsteigen würden.

Um Mitternacht klingelte der Wecker. Knapp eine Stunde später brachen wir auf.

»*Pole, pole!* Langsam gehen!«, sagte Joseph auf Kisuaheli. Weiter oben am Berg blitzten die Stirnlampen von Scott und Lisa. Sie hatten ein anderes Tempo als wir und waren eine Stunde früher aufgebrochen. Ein Ziel aber hatten sich alle gesetzt: den Sonnenaufgang am Gipfel zu erleben.

Niemand spricht ein Wort. Entschlossen setzen wir einen Fuß vor den anderen. Die Nacht ist mondlos, aber Sterne funkeln. Ich könnte schneller gehen, weiß aber, dass Juliana ihren Rhythmus gefunden hat, und passe mich an.

»*Pole, pole!*«, wiederholt Joseph, der sein Gewehr in der Hütte zurückgelassen hat. Hier oben am Berg gibt es keine Büffel.

Wir passieren Felsabschnitte, die Trittsicherheit erfordern, vor allem wenn Raureif oder Eis die abschüssigen Felsen bedecken.

»Während meiner zehn Jahre beim Parkservice ist hier nur eine Person ums Leben gekommen«, hat uns Joseph erzählt. »Damals war Schnee gefallen. Ein Holländer wollte partout einen Hang mit Skiern befahren. Dabei löste sich ein Ski, er stürzte den Hang hinunter und starb.«

Nur die Lichter unserer Stirnlampen tanzen über den Boden. Steine knirschen unter den Sohlen.

Vom erloschenen Vulkan Mount Meru haben wir einen spektakulären Blick auf den Kilimandscharo.

Die Beine bewegen sich automatisch. Ich habe jedes Zeitgefühl verloren. Es gilt nur, einen Fuß vor den anderen zu setzen. Die Wahrnehmung reduziert sich auf diesen Ort, diesen Augenblick und diese Bewegung.

Der Blick auf die Uhr überrascht mich: fünf. Seit vier Stunden sind wir unterwegs! In anderthalb Stunden geht die Sonne auf. Wir sind den Lichtern von Scott und Lisa näher gekommen, haben sie schon fast eingeholt. Der Abstand zu Stephan und Sonia hat sich hingegen vergrößert. Behutsam, fast unmerklich, schiebt sich jetzt ein Hauch Violett in das Schwarz. Bald wird es sich in Rot verwandeln. Wir haben jetzt Scott und Lisa erreicht.

»Bis hierher und nicht weiter«, sagt Scott. »Probleme mit der Tritt-sicherheit und dem Kreislauf«, fügt Lisa hinzu. Die beiden wollen hier den Sonnenaufgang abwarten und dann umkehren.

»Bis später!«, sagen wir und steigen weiter bergauf. Der Gipfel ist nur noch eine halbe Stunde entfernt.

Es ist ein Morgen, den ich im Nachhinein zu den schönsten unserer gesamten Reise durch Afrika zähle: Das Rot wird immer intensiver und verdrängt das Schwarz. Schon zeigen sich am Himmel erste blaue Streifen. Noch liegt die Hochebene im Dunkel der Nacht. Darüber eine Dunstschicht, aus der nur der Gipfel des Kilimandscharo ragt.

Der kleine, als *ash cone* bezeichnete Vulkankegel im Krater des Mount Meru scheint unter uns alle Wolken anzusaugen und doch gleich wieder auszuspeien. Ich versuche gar nicht, das Phänomen rationell zu erklären, sondern genieße nur die Bilder.

Rechts vom Kilimandscharo, am Mawenzigipfel, glühen jetzt die Wolken. Blitzschnell schält sich daraus der gleißende Sonnenball hervor. Auf einmal ist der rote Zauber vorbei. Nicht aber die Faszination dieses Gipfelsturms …

»Geschafft! 4566 Meter!« Unter der eisernen Gipfelfahne mit den Farben Tansanias lege ich meinen Arm um Juliana. Anders als auf dem Point Lenana des Mount Kenya, wo uns eisiger Wind in die Gesichter blies, regt sich hier kein Lüftchen. Schon spüre ich die Wärme der Sonne. Stephan, Sonia und ihr Guide sind jetzt auch oben angekommen. Ranger Joseph trägt unsere vier Namen ins Gipfelbuch ein. Sonst ist niemand auf dem Socialist Peak des Mount Meru.

Ich habe schon mehrere Vulkane bestiegen; einige in Neuseeland und in Japan den Fudschijama. Der Mount Meru ist der wohl reizvollste: Ich schaue in den halb offenen Krater, in dem sich wiederum der perfekte Krater des *ash cone* geformt hat. Auch er erinnert daran, dass nebenan das Östliche Rift des Afrikanischen Grabenbruchs verläuft. Vor 30 Millionen Jahren trennten sich hier Kontinentalplatten und begannen langsam auseinanderzudriften. Dabei

»Gipfelstürmerin« Juliana in 4566 m Höhe auf dem Socialist Peak des Mount Meru

stieg Magma auf, und Vulkane spien Feuer und flüssiges Gestein. Dieser Prozess dauert immer noch an: In weiteren 30 Millionen Jahren wird sich die Somalische Platte von Afrika getrennt haben.

Elf Stunden nach unserem nächtlichen Aufbruch sind wir in der *Saddle Hut* zurück. Um acht Uhr abends erreichen wir das Momella Gate.

»Nach Abzug aller Pausen waren wir heute sechzehn Stunden auf den Beinen«, stellt Trail-Statistikerin Juliana fest. Wie vereinbart, bringt uns das im Voraus gebuchte Taxi durch den Arusha National Park zu Thunder zurück.

Eigentlich hätten wir müde sein müssen. Doch wir waren hellwach, saßen noch lange vor unserem Lkw und genossen die Stille der

Nacht. Wolken waren aufgezogen, zwischen denen ein paar Sterne blinzelten. Wir plauderten über die drei bestiegenen Bergriesen, konnten uns aber auf kein Ranking und keine »Nummer eins« einigen: Der wilde alpine Mount Kenya? Oder die stille, menschenleere Wunderwelt der Riesensenezien am Mount Elgon? Oder das Vulkanerlebnis Mount Meru mit dem grandiosen Blick auf den Kilimandscharo?

Auch das zweite Glas Wein half da nicht weiter.

»Die Diskussion können wir ja morgen Abend fortsetzen«, meinte Juliana. Dann würden Scott und Lisa kommen, die diese Nacht noch in der *Miriakamba*-Hütte schliefen.

Scott hatte mich gefragt, was wir vor mehr als dreißig Jahren am Kilimandscharo erlebt hätten.

Scott und Lisa hielten Wort und besuchten uns. Wir entzündeten ein Lagerfeuer und machten es uns gemütlich.

Auf unserem Campingtisch lag ein Stapel Fotokopien mit dem Hinweis *Tagebuch 3 unserer ersten Weltreise.*

»Beim Lesen der Aufzeichnungen von damals habe ich das Gefühl, als wäre es gestern gewesen...«, sagte ich zu Scott. Und dann erzählte ich die Geschichte unserer Kilimandscharobesteigung:

»Es war Ende Januar, und in Moshi herrschte brütende Hitze. Die Straßenränder der Kleinstadt säumten Millionen betörend blau leuchtender Jacarandablüten. Ich hob die Kamera, fotografierte, sah aber im selben Moment, wie ein Polizist auf mich zustürmte und mich barsch zurechtwies. Irgendwo im Hintergrund sei ein öffentliches Gebäude, behauptete er, und das dürfe nicht fotografiert werden. Ich blaffte zurück, packte aber den Apparat ein und ging zum Auto. Die Nacht verbrachten wir auf einer Grünfläche hinter dem *Marangu Hotel* direkt am Fuße des Kilimandscharo. Am nächsten Morgen würden unsere Reisefreunde Udo und Josef hier sein, mit denen wir den Berg besteigen wollten.

Sie kamen allerdings noch nicht. Was aber kein Problem war, denn ein ›Haushaltstag‹ war mal wieder dringend nötig. Juliana wusch, was sich während der letzten zweieinhalb Wochen angesammelt hatte, ich flickte zwei Reifen, deren Laufflächen Risse zeigten. Zu Hause hätte ich die Reifen entsorgt. Aber ich war ja in Afrika ...

Ich kann wohl den zweifelhaften Rekord für mich in Anspruch nehmen, mit insgesamt 22 zerfetzten Reifen der ›Plattenkönig von Afrika‹ gewesen zu sein.

Erst drei Jahre zuvor, im Jahr 1973, war der Kilimanjaro National Park geschaffen worden. Alles war neu und wirkte improvisiert. Ziemlich unbefangen fuhren wir mit unserem Bulli an den Schlagbaum, um Informationen einzuholen. Dort zerschlug sich unsere Hoffnung, allein mit dem Rucksack auf dem Buckel zum Gipfel aufsteigen zu können: ›Ihr benötigt einen Bergführer!‹, hieß es. Wir sollten zum *Kibo Hotel* fahren, dort könne man Bergsteigern weiterhelfen.

Das *Kibo Hotel* gehörte damals wie heute zu den legendären Hotels in Tansania. Schon die deutschen Schutztruppenoffiziere erholten sich hier. Hans Meyer und Ludwig Purtscheller nächtigten dort, bevor sie als Erste den Kilimandscharo bestiegen.

An der Rezeption teilte uns ein indischstämmiger Bediensteter mit, dass hier nur komplette Trekkingtouren gebucht werden konnten. Der Preis pro Person: 900 Schilling. Das war damals sehr teuer. Heute bekäme ich für 900 Tansania-Schilling nur einen halben Liter Diesel. 1976 entsprach das etwa 300 D-Mark, so viel wie wir manchmal in zwei Wochen zum Leben und Reisen brauchten.

Durch Zufall begegnete ich Bruce, einem amerikanischen Backpacker, der bereits einen Bergführer gebucht hatte. Wir teilten uns die Kosten und planten für den nächsten Tag den Aufstieg. Abends erschienen endlich unsere Freunde Udo und Josef. Wir packten.

Unser Bergführer war höchst fidel. Schließlich hatte er schon ein paar Becher vom selbst gebrauten Bananenbier getrunken. Er goss auch uns etwas von dem gelbbraunen Gesöff ein. Der Geschmack war okay, aber nicht so, dass ich nach mehr gefragt hätte. Er sagte, ein Bruder würde gern als Träger mitkommen. Gut, dann sollte er Julianas Rucksack tragen. Und so wanderten wir vier Europäer und der Amerikaner Bruce zum Gipfel des Kilimandscharo. Unser Bergführer und der Träger würden nachkommen und bei der *Mandara*-Hütte zu uns stoßen. Verglichen mit dem heutigen Personal- und Kostenaufwand kann man nur sagen: Minimalistischer geht's kaum!

Meiner Erinnerung nach gab es keine Diskussionen über die Route zum Kibo, dem Hauptgipfel des Kilimandscharomassivs. Wir folgten schlichtweg der Empfehlung vor Ort.

In jenem internetlosen Zeitalter hätten wir gewiss daheim in Bibliotheken oder Büchereien Brauchbares zusammentragen können. Aber wir waren bereits zehn Monate unterwegs, und vieles hatte sich anders entwickelt als ursprünglich gedacht. Zu Hause hatte ich geplant, unseren Bulli nach sechs Reisemonaten von Südafrika nach Australien zu verschiffen. Das wäre vor vier Monaten gewesen …

Ich fand es spannend, die Welt ohne allzu konkrete Planung und ohne enges Zeitkorsett zu ›erobern‹. Ohne die Flut von Individualreiseführern und Internetinfos war das Reisen mehr Entdeckung.

Wobei ich mir über die Ambivalenz dieser Argumentation und meiner gelegentlichen Verhaltensweisen heute durchaus im Klaren bin. Denn wenn ich auf unserer jetzigen Reise über das Dach Afrikas GPS-Koordinaten von einem ›klasse Stellplatz‹ bekam, folgte ich ihnen manchmal. Ebenso ›Insidertipps‹ aus Handbüchern für Individualreisende. Das tun die meisten … Unterwegs andere Globetrotter zu treffen, ist ein besonderes Ereignis, bei dem die Plauderstunden am Lagerfeuer immer zu kurz geraten. Doch ich bleibe dabei – sich regelmäßig dort zu bewegen, wo alle unterwegs sind, ist ein Reisen in eingefahrenen Gleisen. Bequem zwar, aber es fällt schwer, sie wieder zu verlassen. Deshalb findet man mich meist *off the beaten tracks* …

Die Maranguroute gilt heute als Standardroute. Auch damals waren wir nicht die Einzigen auf dem Trail. Nach einigen Stunden erreichten wir die *Mandara*-Hütte in 2700 Metern Höhe. Außer uns war nur noch ein Israeli da. Juliana und ich hängten uns eine Decke um unsere verschwitzten Körper. Wir waren hungrig, konnten aber nichts kochen, da der Träger mit Julianas Rucksack noch nicht eingetroffen war. Um 22 Uhr trudelte er ein; beschwipst vom Bananenbier …

Auf halber Höhe des Kilimandscharomassivs veränderten sich die Bilder. Der Regenwald lag jetzt hinter uns, und wir standen auf einer Hochebene, über die man freie Sicht auf den Mawenzi und den Hauptgipfel Kibo hatte. Doch wenig später zogen Wolken auf und hüllten die Gipfel ein.

Als wir die 3720 Meter hoch gelegene *Horombo*-Hütte erreichten, machten wir lange Gesichter: Die wenigen Betten waren bereits durch eine israelische Trekkinggruppe belegt. Wir hatten zwar Zelte mitgeschleppt, aber keine Lust, sie aufzubauen. Der nette Campverwalter wies uns eine im Bau befindliche Hütte zu, in der wir vier Platz fanden. Aus Bauholzresten entfachten wir ein kleines Lagerfeuer und kochten eine Suppe. Es war kalt. Dicht aneinandergedrängt plauderten wir mit Udo und Josef, die wir vor wenigen Wochen kennengelernt hatten. Ihren alten VW-Bulli hatten sie »Opa« getauft.

Opa hatte sie von Wiesbaden durch Algerien und über Niger nach Zentralafrika gebracht. Im Südsudan waren wir uns erstmals begegnet. Seitdem hatten sich unsere Reisewege immer wieder gekreuzt.

Was wir an diesem Abend auf dem Kilimandscharo nicht wissen konnten: Viel später, in Südafrika, würden die beiden Opa verkaufen und in unserem Bulli Tausende Kilometer durch Südwestafrika, Botswana, Sambia, Tansania zurück nach Kenia fahren. Dort würden sie in den Unimog anderer Traveller steigen, mit denen wir uns gemeinsam durch den übelsten Schlamm Äthiopiens schlagen würden.

Doch das waren Entwicklungen, von denen oben am Kili keiner etwas ahnte ...«

Scott und Lisa hörten aufmerksam zu. Ich griff nach den Fotokopien unserer Aufzeichnungen von damals und las vor.

27. Januar 1976
Heute sind wir früh auf den Beinen. Wir schicken unseren Träger voraus, um Schlafplätze für uns in der Kibo-Hütte zu belegen. Unsere

Zelte lassen wir in der Obhut des Campverwalters der Horombo-Hütte zurück.

Ein wunderbarer Wandertag zwischen 3700 und 4700 Metern Höhe: spektakulärer Blick auf den Kibo und den uns viel näher gelegenen Mawenzi. Ich fotografiere viel. Mit Udo, der ein Bündel Feuerholz auf den Schultern trägt, gehe ich voraus zur Kibo-Hütte. Die Höhe macht sich bemerkbar, auch die Israelis rasten in Abständen von einigen Hundert Metern. Als wir die Hütte erreichen, ist Udo fix und fertig. Er friert. Später kommen Josef und Juliana, sie ist mit ihren Kräften am Ende.

In der verräucherten Hütte der Träger hocken wir uns ans offene Feuer und kochen ein einfaches Essen: Reis mit Erbsen. Trotz der Höhe von 4700 Metern langen wir kräftig zu. Nebel erstickt draußen jeden Laut, es schneit. Bei Sonnenuntergang zeigt das Thermometer fünf Grad minus. Um 19 Uhr kriechen wir in die Schlafsäcke. In fünf Stunden wollen wir aufstehen!

Die Stimmen der vor uns aufbrechenden Israelis wecken mich. Ihre Träger und Führer stimmen ein Lied auf den Kilimandscharo an. Ich sehe ihnen nach, bis sie die Dunkelheit verschluckt. Der Himmel ist jetzt sternenklar, ein Sternschnuppenschauer fällt auf die Erde.

Wir steigen sehr langsam auf. Doch ich spüre, dass es Juliana nicht gut geht. »Ich bekomme keine Luft mehr!«, klagt sie. Wenig später: »Ich kehre um, geht ohne mich weiter.«

»Nein!«, sage ich. Und dann zu Udo und Josef: »Ich bringe Juliana zurück und folge euch nach.«

Es ist jetzt 2:30 Uhr; zwei Stunden nach dem ersten Start breche ich erneut an der Kibo-Hütte auf. Den Pfad kann ich nicht verfehlen, außerdem sehe ich die Lichter von Taschenlampen am Berg. Ich steige schnell auf. Wenn das so flott weitergeht, hast du gute Chancen, Udo und Josef noch vor dem Gipfel einzuholen, sage ich mir.

Ich bin fit; jahrelang habe ich mich durch Langstreckenläufe gestählt,

Links: Juliana in der Horombo-Hütte. Rechts: mit Josef und Udo (beide links im Bild) auf dem Kilimandscharo

habe intensiv Karate und andere Kampfsportarten trainiert. Im Winter habe ich mich durch halbstündige Barfußläufe im Schnee abgehärtet: mein persönliches Fitnessprogramm für diese Weltreise, von der ich schon so lange geträumt hatte.

Das kommt mir in dieser Nacht zugute.

Nach einer halben Stunde kommen mir einige Wanderer mit einem Führer entgegen: »Wir geben auf.«

Eine Viertelstunde später habe ich die Hauptgruppe der Israelis eingeholt. Sie bieten mir an, mich ihnen anzuschließen.

»Danke«, sage ich, »aber ich möchte meine Freunde einholen.« Die finde ich in gut 5200 Metern Höhe an der Hans-Meyer-Höhle, fest aneinandergeschmiegt, um möglichst wenig Körperwärme zu verlieren.

»Am liebsten würde ich bis zum Sonnenaufgang hierbleiben«, sagt Udo.

Hakuna Matata – Mach dir keine Sorgen!: Der Südafrikaner Willie Louw (rechts im Bild) wählte dieses Motto als Name für sein Camp am Lake Malawi.

Ferien vom Reiseabenteuer: Hier am Indischen Ozean sind herabfallende Kokosnüsse die einzige Gefahr.

Alltag am Malawisee: heitere Gelassenheit am Sandstrand von Cape Maclear.

Farbrausch in den Usambara-Bergen. Fast überall ist das Angebot auf den Märkten bunt und reichhaltig.

Fröhliche Kinder am Malawisee.

Vom Cockpit aus alles im Blick: nach 20 000 Kilometern Ankunft in Namibia.

Am Caprivizipfel Namibias sollte man solche Warnungen ernst nehmen.
Manchmal sieht man hier mehr Elefanten als Autos.

Elefantenfrühstück im South-Luangwa-Nationalpark in Sambia, einem der ursprünglichsten und tierreichsten auf unserer Reise.

Symphonie in Rot: Feierabend am Brandberg in Namibia.

Sambia: Zum Glück tragen diese Verkehrsteilnehmer weithin sichtbare Streifen.

Fürs Foto zeigen sich die drei von der schönsten Seite: Elefantenmutter mit unterschiedlich altem Nachwuchs am South Luangwa River.

Ein Highlight dieser Afrikareise: auf dem Gipfel des Mount Meru (4566 Meter). Hinter uns der Kilimandscharo im Morgenrot.

»Wahnsinn, ihr müsst euch bewegen, sonst erfriert ihr!«

Mittlerweile ist die Sichel des Mondes über dem Mawenzi aufgegangen. Mir ist beim Warten auf die beiden kalt geworden. »Lasst uns aufbrechen«, dränge ich. Jetzt trifft auch Bruce mit unserem Guide ein. Er ist erschöpft, erwägt, aufzugeben. Der Guide bleibt mit ihm zurück.

Udo, Josef und ich steigen weiter auf. Im Zickzack geht es über ein nicht enden wollendes Geröllfeld.

Der Sonnenaufgang auf dem Weg zum Gipfel: für mich ein bislang einmaliges Naturereignis. Wie im Rausch bediene ich meine Kameras; mit Ausnahme der Schmalfilmkamera, deren Batterien in der Kälte versagen.

Als ich am Kraterrand des Kilimandscharo stehe, denke ich: Den hatte ich mir größer vorgestellt. Allein steige ich weiter zum Uhuru Peak in 5895 Metern Höhe. Ich muss sehr vorsichtig sein, denn jetzt, im Januar, bedeckt eine dünne Schnee- und Eisschicht den Kraterrand. Als ich wenig später meinen Namen ins Gipfelbuch eintrage, weiß ich, dass ich irgendwann einmal auch andere Gipfel auf dem Dach Afrikas besteigen werde.

Ich legte die Tagebuchnotizen beiseite.

Das Feuer war heruntergebrannt. Scott legte zwei Stück Holz nach.

»Der Rest ist schnell erzählt«, sagte ich. »In der *Kibo*-Hütte trafen wir auf eine inzwischen gut erholte Juliana. ›Beim nächsten Aufstieg lassen wir uns hier einen Tag zum Akklimatisieren‹, meinte sie und konnte schon wieder lächeln. Die Strecke, für die wir beim Aufstieg drei Tage benötigt hatten, schafften wir beim Abstieg in knapp einem Tag. Es war längst dunkel, als wir unsere VW-Bullis am *Marangu Hotel* erreichten. Josef belohnte sich mit einem Bier, von dem er schon in der Hans-Meyer-Höhle geträumt hatte. Umso besser schlief er danach.«

Juliana rückte dichter ans Lagerfeuer, um besser lesen zu können. Sie nahm das Blatt mit dem Datum 28. Januar 1976: »An jenem Abend war ich die Tagebuchschreiberin«, sagte sie.

Im Gegensatz zu Udo und Josef schaffte es Dieter noch bis unter die Dusche. Danach wankte ich ins Bad. Dort zählte ich acht Blasen an meinen Füßen.

»Bereits damals war Juliana unsere Reisestatistikerin, die von der am Straßenrand gekauften Banane bis zum Spritkauf konsequent alle Ausgaben erfasste«, sagte ich zu Scott und Lisa. »So auch unsere Gesamtkosten für den Kilimandscharo-Aufstieg: 52,86 D-Mark.«

Nach Malawi hätte es eine direktere Route gegeben als die entlang der Usambara Mountains, doch wir kannten diese Berge noch nicht. Und so lenkte ich Thunder vom Mount Meru aus zunächst in Richtung Moshi. Wir blieben zwei Tage dort, auch um Idrisa, einen Bergführer und Freund unseres Mount-Kenya-Guides Mohammed, zu treffen. Doch der Traum von einer zweiten Besteigung des Kilimandscharo war endgültig ausgeträumt, als während der Nacht Starkregen fiel und tags darauf das obere Drittel des Berges tief verschneit war.

»Gut so«, meinte Juliana, »wir müssen den Absprung finden.« Bis Namibia war es noch weit. Wir beglückwünschten uns dazu, den Mount Meru bei Traumwetter bestiegen zu haben, und belohnten uns mit einem Cappuccino. Thunder spendierte ich ein gründliches Abschmieren. Das dauert oft eine Stunde, manchmal auch zwei oder drei, wenn die Fettpresse, so wie hier, bei 36 Schmiernippeln dauernd Aussetzer hat. Drei »Schmiermaxe« wuselten unter dem Auto um mich herum. Die Stirnlampe auf dem Kopf, war ich im Blaumann mittendrin, suchte und säuberte die Nippel und gab Hilfestellung. Farblich hatte ich mich hinterher den schmierigen Fettnippeln angepasst.

Wir übernachteten im *Honey Badger Camp*, wo wir ein MAN-Expeditionsfahrzeug mit deutschem Zollkennzeichen sahen. Ely und Orit, ein israelisches Paar, hatten das Fahrzeug unlängst bei einem Globetrottertreffen in Deutschland gekauft.

»Mit dem ist zuvor der Expeditionsausstatter Klaus Därr fünf Jahre um die Welt getourt«, sagte Ely. Nach zwei Jahren Afrikareise wollten er und Orit das Fahrzeug nach Südamerika verschiffen.

Anderntags trafen Markus und Petra aus Bern ein. »Das ist Balu«, stellte uns Petra ihren Land Cruiser vor. Die beiden Schweizer hatten ihn von Basel auf dem Rhein nach Rotterdam und von dort im Container nach Kapstadt verschiffen lassen. »Jetzt sind wir auf dem Weg nach Norden.«

Als wir Moshi verließen, fielen mir die Sisalplantagen hier auf. Ende des 19. Jahrhunderts von einem deutschen Agrarwissenschaftler eingeführt, hatte sich die Sisalagave unter den guten Bedingungen dieser Region schon bald zu einem bedeutenden Wirtschaftsfaktor entwickelt. Damals wurden daraus hauptsächlich Seile, Garne und Teppiche aus Sisalfasern hergestellt. Die Nachfrage war weltweit groß. Doch Nylonfäden schienen in der zweiten Hälfte des 20. Jahrhunderts das Aus für Sisal zu bedeuten. Inzwischen hat der steigende Rohölpreis die Sisalproduktion wieder in Gang gebracht; nach Brasilien gehören Tansania und Kenia zu den größten Produzenten.

Zwei Polizisten winkten mich an den Straßenrand. Ich stoppte und hörte, dass ich statt der erlaubten 30 Stundenkilometer 52 gefahren sei.

Markus und Petra hatten uns bereits vor diesen »Raubrittern« gewarnt.

Auch in Reiseführern liest man von den mit Radarkanonen auf der Lauer liegenden Polizisten. Die Höhe der Strafe sei Verhandlungssache, hänge aber auch davon ab, ob man auf eine Quittung Wert lege.

Natürlich bin ich gegen Raserei und für die Beachtung vernünftiger Verkehrsregeln. Doch in Afrika ist die Straßenverkehrsordnung oft außer Kraft gesetzt; je unübersichtlicher die Bergkuppe und je mehr Überholverbote, umso größer der Kick zu überholen. In Ortschaften kriegt man die Lkw- und Busfahrer nur durch *speed bumps* zur Vernunft. Vereinzelt gibt es zwar Schilder zur Geschwindigkeitsbeschränkung – Hinweise über deren Aufhebung sucht man jedoch vergebens. Und nun so was!

Ich machte mich auf das Schlimmste gefasst. Eine Dreißigerzone war hier völlig unsinnig. Das Ganze lief auf Wegelagerei hinaus ...

Einer der beiden Polizisten wedelte mit einem »Strafzettel«: »30 000 Tansania-Schilling.« Rund 20 US-Dollar ist der Einheitspreis, egal, ob man zehn oder 100 Stundenkilometer über dem Limit liegt.

Wir diskutierten eine Viertelstunde lang über den Sinn von Verkehrsbeschränkungen im Allgemeinen und dieser hier im Besonderen. Zwischendurch war mein Blutdruck auf 150. Zum Schluss gelobte ich Besserung, wir schüttelten den Beamten wie alten Freunden die Hände und fuhren weiter, ohne gezahlt zu haben. Aber auch mit dem Gefühl, uns für 20 Dollar Ersparnis mächtig ins Zeug gelegt zu haben ...

Wir folgten einem Fluss, dessen rotbraunes Wasser verriet, dass es in den Bergen kräftig geschüttet hatte. »Wie nach einem Herbstgewitter daheim«, meinte Juliana. Doch nach der Hitze in der Massaisteppe genossen wir die Kühle der Usambaraberge.

Außer den Veilchen, die sich meine Tanten früher zu Geburtstagen schenkten, verband ich kaum etwas mit dem Namen »Usambara«. Ich wusste nur, dass hier während des deutschen Kolonialintermezzos Plantagen angelegt worden waren und der in 1400 Metern Höhe gelegene Amtssitz Wilhelmstal hieß. Um den herum hatten sich in dem kühlen, malariafreien Klima auch Missionsgesellschaften angesiedelt. Doch das lag gut hundert Jahre zurück. Wilhelmstal heißt heute Lushoto.

Bevor wir im Ort Soni dorthin abbogen, hielten wir bei den Marktfrauen am Straßenrand. Sie hatten das üppigste und vielfältigste Angebot, sogar Äpfel und Birnen. In grünen, gelben und blauen Eimern boten sie Tomaten, Zwiebeln, Paprika und Kartoffeln an. Andere Frauen balancierten auf ihren Köpfen Tabletts mit Körben voll reifer Mangos.

Von Lushoto folgten wir einer schmalen Erdstraße hinauf in die Usambaraberge. Es wurde dunkel und regnete. Die Piste war schmierig-glatt, und ich war heilfroh, als wir endlich die *Irente Farm* erreichten.

»Offiziell heißen wir *Irente Biodiversity Reserve*«, erklärte der englische Farmmanager Peter Murless, »wegen der biologischen Vielfalt der Usambararegion. Unsere Farm gehört der evangelisch-lutherischen Kirche von Tansania, die hier auch ein Waisenhaus, eine Blindenschule und eine Schule für geistig Behinderte betreibt.«

Wir saßen in Thunder an einer Abbruchkante, von der aus wir einen weiten Blick auf dichte grüne Wälder hatten, über denen Nebel hing. Es goss in Strömen.

»Irente wurde 1896 von der Deutsch-Ostafrikanischen Plantagengesellschaft als Kaffeeplantage gegründet«, fuhr Peter fort. »Nachdem Deutschland im Ersten Weltkrieg seine ostafrikanischen Kolonien an Großbritannien verloren hatte, stieg hier ein griechischer Farmer ein, der den Betrieb um Fleisch- und Milchproduktion erweiterte. Als Tansania 1961 unabhängig wurde, verkaufte er die Farm an die lutherische Kirche.«

Der Regen schien kein Ende nehmen zu wollen.

»Rund ein Meter Niederschlag fällt hier pro Jahr!«, erzählte Peter. »Während das übrige Ostafrika im Verlauf der Jahrmillionen mehrere Trockenphasen erlebte und viele Lebensformen einbüßte, blieb es hier durch Regen und den feuchtwarmen Wind des Indischen Ozeans grün. So kamen die Usambaraberge zu ihrer extrem großen Artenvielfalt. Viele Pflanzen- und Tierarten sind endemisch, also nur bei uns zu finden.«

Noch eine Attraktion: Im Shop der *Irente Farm* gibt es das beste Müsli, den besten Tilsiter Käse und das beste Roggenbrot weit und breit!

Auch wetterfesten Norddeutschen wie uns war das, was hier an »flüssigem Sonnenschein« vom Himmel fiel, zu viel.

»Der Indische Ozean ist nur knapp eine Tagesreise entfernt«, versuchte ich Juliana zu ködern. »Bei Pangani soll es hübsche Strände geben ...« Sie zögerte, doch dann überredete ich sie, ans Meer zu fahren. Nur ein kleines Stück südöstlich liegt Sansibar, dachte ich im Stillen, sagte aber nichts. Vielleicht konnte ich Juliana auch zu einem Abstecher dorthin bewegen.

Während der Fahrt nach Pangani fielen mir die schmächtigen sechs- bis zwölfjährigen Kinder auf, die große Feuerholzbündel auf den Köpfen trugen oder auf den Feldern schufteten. Andererseits gab es unzählige junge Männer zwischen fünfzehn und 25, die nichts weiter taten, als am Straßenrand untätig zu palavern. Nachmittags beeindruckte mich ein Mann, der auf seinem Motorradgepäckträger zwei volle Coca-Cola-Kästen, eine Kiste mit Bierflaschen und obendrauf einen Sack Holzkohle transportierte. Ansonsten aber musste ich auf mich selbst aufpassen, denn überall lauerten Polizisten mit Radarpistolen. Die einheimischen Lkw-Fahrer kannten die gefährlichen Stellen und fuhren hier brav 30. Kaum aber waren sie vorbei, traten sie aufs Gaspedal und beamten sich in der Dreißigerzone auf satte 80 Stundenkilometer.

Während ich am Pangani River auf die Fähre wartete, hörte ich von einem kleinen Schiff, das zwischen hier und Sansibar verkehrte. Mein Plan reifte weiter ...

Seitdem wir vor fünf Monaten Deutschland verlassen hatten, waren wir ständig *on the road* gewesen. Ich freute mich auf ein paar Faulenzertage: »Urlaub vom Urlaub!« Worauf meine bessere Hälfte erwiderte: »Diese Reise hat rein gar nichts mit Urlaub zu tun ...« Aber auch sie hatte nichts dagegen einzuwenden, ein paar Tage die Seele baumeln zu lassen.

»Übermorgen legt die Fähre nach Sansibar ab«, berichtete ein Einheimischer. Schneller als erwartet gelang es mir, Juliana für diesen Abstecher zu begeistern. Für den nächsten Morgen bestellten wir zwei Motorradtaxis. Den Rest des Tages packten und organisierten wir, und als am anderen Morgen nur ein Motorrad vorfuhr, fragte ich: »Wieso nur eins?« Der Fahrer grinste: »Wir fahren hier immer zu dritt!«

Wir quetschten uns zusammen, sogar die Rucksäcke fanden noch Platz. Als wir nach einer Stunde Fahrt am Bootsanleger von Pangani ankamen, lag der hölzerne Kahn am Ufer auf der Seite. Man ersetzte gerade ein paar Planken und hatte die Fahrt abgesagt...

»Außer Spesen nichts gewesen«, murrte Juliana.

Vielleicht war das ein Wink des Schicksals.

Die Sansibarroute verzeichnete traurige Rekorde: Ein halbes Jahr zuvor waren bei dem Untergang der *Spice Islander* fast 3000 Menschen ertrunken. Drei Monate nach unserem Aufenthalt sollte eine weitere Fähre sinken; vierzig Menschen kamen uns Leben.

Nach ein paar Faulenzertagen verließen wir die Küste und bogen in der Stadt Chalinze nach Westen ab. Der Großraum Daressalam lag jetzt hinter uns. Mir war, als wäre hier der überall sonst in Ostafrika spürbare Bevölkerungsdruck geringer.

Der Verkehr hat zugenommen. Juliana zeigt auf ein Schild mit der Aufschrift *Tanzam Highway*; am Ende der Straße liegt Sambia.

»Endlich offenes Buschland ohne Besiedlung«, sage ich. Auch die Sisalplantagen sind weniger geworden. Wir freuen uns spitzbübisch, als wir auf dem Tanzam Highway durch den Mikumi National Park hindurchfahren. »Der einzige Nationalpark in Tansania, wo wir keine 300 Dollar für Thunder berappen müssen«, strahlt Juliana. Allerdings

Fischer zwischen Sansibar und dem Festland. Die Personenfähren hier verzeichnen allerdings traurige Rekorde: Gerade ging wieder eine unter.

warnt ein möglicherweise ernst gemeintes Schild: *Fotografieren und Wildbeobachtung verboten.*

Was man auf der Durchgangsstraße nicht bemerkt: Mikumi National Park gehört zu einem 90 000 Quadratkilometer großen Ökosystem, von dem allein das südöstlich anschließende Selous Game Reserve 50 000 Quadratkilometer ausmacht. Rechnet man das in Mosambik angrenzende 42 000 Quadratkilometer große Niassa Game Reserve hinzu, wird deutlich, dass man sich hier in einem der größten Schutzgebiete Afrikas befindet. Daher zählt Selous zum Weltnaturerbe der UNESCO.

Es ist die Heimat von 50 000 Elefanten, 140 000 Büffeln und 27 000 Flusspferden. Auch mit dem Geländewagen ist es fast unmöglich, in das unerschlossene Ökosystem zu gelangen. Allerdings gibt es ein paar Lodges, die mit Exklusivität und Luxus punkten. Dafür kassieren sie pro Nacht für zwei Personen die Summe, die ein durchschnittlicher deutscher Verkäufer im Monat verdient ... Menschen mit kleinem Geldbeutel sind im Selous Game Reserve ausgeschlossen. Nicht so die Großwildjäger: Der Abschuss eines Elefanten kostet so viel wie ein kleines Eigenheim in Deutschland.

Unmittelbar hinter dem Mikumi National Park steuern wir die Tan-*Swiss Lodge* an. Eine Wand des Restaurants ist mit einem Bild vom Matterhorn bemalt, die andere mit einer Berglandschaft, über der *Muotathal* steht.

»Mein Heimattal ...«, sagt Wirt Josef, der mit einer Tansanierin verheiratet ist, daher der Name *Tan-Swiss Lodge*. Ihre Beliebtheit liegt auch an der köstlich zubereiteten Spezialität des Hauses: Züricher Geschnetzeltes und Rösti.

Seit elf Jahren lebt Josef in Tansania. Wir plaudern mit ihm über seine Erfahrungen hier. Rund 100 000 Schilling verdient ein schwarzer Bediensteter pro Monat im Hotelgewerbe. Etwas über 60 US-Dollar ... »Zum Vergleich: Ein Tansanier, der seine Kinder auf eine internationale Schule schickt, zahlt locker 15 000 US-Dollar Schulgeld pro Kind und Jahr.«

Doch die breite Masse findet nur schwer qualifizierte Beschäftigung. Gute Jobs sind rar.

»Es kommt vor, dass sich Leute weit weg von ihrer Familie eine Arbeit suchen. Denn Familie bedeutet immer Großfamilie, in der einer mit dem anderen teilt. Und da im Clan oft sehr viele keine Arbeit haben, führt das Teilen dazu, dass derjenige mit dem Einkommen letztlich fast mit leeren Händen dasteht.«

Josef erzählt von einer beruflich erfolgreichen Afrikanerin, die den Zwängen ihrer Großfamilie zu entgehen versuchte. »Da machte sich im Dorf das Gerücht breit, ein böser Voodoozauber habe ihr geholfen, das Vermögen anzuhäufen. Es ging so weit, dass die Dorfältesten ihr Haus aufsuchten, um die bösen Geister zu sehen. Als man keine fand, hieß es, sie habe solche Macht über die dunklen Kräfte, dass sie sie unsichtbar machen könnte.«

Das »alte Afrika« ist in der heutigen Gesellschaft noch sehr präsent.

Später warnen uns vier von Süden kommende Südafrikaner: »Es gibt keinen Sprit in Malawi. Der Verkehr ist zum Erliegen gekommen.« Die vier mussten auf den Schwarzmarkt zurückgreifen: »Drei US-Dollar pro Liter Diesel!«

»Was ist der Grund?«

»Präsident Mutharika hatte sich mit der internationalen Gebergemeinschaft überworfen, worauf die den Geldhahn zudrehte. Jetzt hat Malawi keine Devisen mehr, um auf dem internationalen Markt Treibstoff kaufen zu können. Der Präsident verstarb zwar vor wenigen Tagen, aber an den Zuständen hat sich nichts geändert.«

»Reizende Aussichten«, meint Juliana.

Tags darauf schrieb sie in unser Tagebuch:

Die Zahl der Lkw-Unfälle auf der Schreckenspiste von Eldoret wird von der auf der Fahrt in Richtung Malawi übertroffen. Ein großer Bus liegt auf dem Dach, ein umgestürzter 30-Tonner-Lkw blockiert die Fahrbahn, ein zerschmetterter Lkw ist links der Straße gestrandet, ein anderer ist rechts einen Hang hinabgestürzt. Wie tröstlich, dass ein tansanischer Lkw mit der Aufschrift Thank you Jesus *vor uns fährt!*

Wir registrieren die höchste Polizeipräsenz seit Langem – nur nicht an den Unfallorten.

Wenn die Uniformierten uns stoppen, fragen sie höflich, ob wir einen Feuerlöscher dabeihätten, und lassen sich das Warndreieck zeigen. Meist sehen sie hinten in den Camper und freuen sich: »Oh... home on wheels!«

Es war wieder Freitag, der Dreizehnte ... Aber dass es für mich dumm lief, sollte ich nicht dem Datum, sondern mir selbst zuschreiben. Denn eigentlich weiß ich ja, dass es leichtsinnig ist, allein auf der Straße mit ein paar Fremden Geld zu tauschen.

Dabei war zuvor an der Grenze von Tansania nach Malawi alles glattgelaufen. Ein zuvorkommender Bediensteter hatte uns an der langen Lkw-Schlange vorbei nach vorn gewunken, wo ich hinter einem Overland-Truck parkte und ausstieg.

»Wir sind auf einem 54-tägigen Trip von Nairobi nach Kapstadt«, erzählte mir Larry, der australische Fahrer, während ich uns die aufdringlichen Geldwechsler vom Hals hielt. Noch kannte ich den Wechselkurs in Malawi nicht, aber sicherlich gab es auf der anderen Seite der Grenze eine Bank.

Doch da täuschte ich mich ... Und ohne ein wenig Bargeld in der Tasche fühle ich mich nicht wohl.

Unsere Tanks und Reservekanister waren zwar randvoll mit 465 Litern Diesel; damit würden wir zweieinhalbtausend Kilometer weit kommen. Das reichte für das kleine Malawi. Aber mit US-Dollars bekam ich bei den Marktfrauen am Straßenrand nicht mal eine Banane.

»Larry, weißt du, wie der Wechselkurs ist?«, fragte ich daher.

»Für einen US-Dollar bekommst du auf der Bank 170 Malawi-Kwacha und auf dem Schwarzmarkt 260.«

Das sind Tageskurse, die morgen schon anders aussehen können. In den folgenden Monaten sollte der Wert des Dollars gegenüber dem Kwacha aufs Doppelte ansteigen.

Inzwischen hatte ich die aufdringlichen *money changer* abgewim-

Nichts Ungewöhnliches in Ostafrika. Richtig spannend wird es, wenn der Spritlaster vor der unübersichtlichen Bergkuppe zum Überholen ansetzt ...

melt. Jetzt bückte ich mich neben einem Lkw, um mir dessen Reflektorstreifen anzusehen. »Ganz wichtig in Malawi!«, hatten mir andere gesagt. »Ohne die schickt dich die Polizei zurück!«

An Thunder sind so viele reflektierende Katzenaugen, dass es dem TÜV-Prüfer daheim stets ein zufriedenes Lächeln ins Gesicht gezaubert hatte. Aber hier galten wohl andere Spielregeln ...!

Da man als Weißer immer aufmerksam beobachtet wird, stand schon 30 Sekunden später ein Mann neben mir und fragte, ob er mir bei der Beschaffung von Reflektorstreifen behilflich sein könne.

Ich überlegte kurz, nickte und folgte ihm. Wir gingen am malawischen Zollgebäude vorbei einen halben Kilometer zurück auf tansanisches Gebiet. Mir war nicht wohl dabei. Mein Pass lag bei Juliana in Thunder, auf der malawischen Seite ...

»*No passport* ...«, sagte ich zu meinem neuen »Freund«.

»*No problems!*«, entgegnete der. Bei einem Inder kaufte ich graues *reflector tape* und gab meinem Helfer einen Dollar Trinkgeld. »*Goodbye*«, sagte ich und ging allein zurück.

Es passiert genau an der Grenzlinie. Ich höre, wie sie mir zurufen: »*Change money? Change money?*« Irgendwie reitet mich da der Teufel.

»Wie viel?«, frage ich.

»250 Malawi-Kwacha für einen Dollar.«

»275 Kwacha, und ich will 50 Dollar tauschen!«, sage ich.

»Okay.« Wir stoppen. Mein Gegenüber rechnet den Betrag auf dem Handy aus: »Macht 13750 Kwacha.«

Ich habe nur einen überschaubaren Dollarbetrag bei mir, ziehe das Geld raus, zähle ab. Mein Gegenüber blättert einen dicken Stapel Geldscheine durch, immerhin muss er auf stolze 13750 Kwacha kommen.

»Okay«, sagt er. Ich nicke. Zug um Zug tauschen wir die Geldbündel aus, meine 50-Dollar-Note gegen seinen Batzen.

Wie aus dem Boden gewachsen stehen plötzlich zehn junge Männer um mich herum. Alle reden gleichzeitig auf mich ein, alle wedeln mit Geldbündeln. Einer schiebt mir einen weiteren Packen blauer Scheine in die Hand. Moment... wieso der? Meinen Geldwechsler sehe ich nicht mehr. Die zehn Burschen rücken mir jetzt dicht auf die Pelle. »Stopp!«, rufe ich. Eine innere Stimme sagt mir, dass ich gelinkt worden bin!

Nichts wie weg hier, denke ich und dränge mich zur Seite. Die zehn bleiben mit scheinbar enttäuschten Gesichtern zurück. Doch ich weiß, dass sie gleich in schallendes Gelächter ausbrechen werden... Und später werden sie mit den ergaunerten Dollar beim Bier darauf anstoßen, dass ihnen morgen wieder so ein blauäugiger *muzungu* über den Weg läuft...

Im Auto stelle ich fest, dass der Packen Papier in meiner Hand im Wesentlichen aus 50ern anstatt der erwarteten 500-Kwacha-Scheine besteht. Die verlorenen 25 Dollar buche ich auf dem Konto »Eigene Dummheit« ab. Und insgeheim zolle ich den Gaunern sogar Respekt: Das war ein perfekt abgestimmtes Rollenspiel.

Während unserer ersten Afrikadurchquerung hatten wir Malawi bewusst ausgeklammert. Das war die Zeit des autoritär regierenden Präsidenten Hastings Banda, dessen konservativer Dresscode viele abschreckte: Langhaarige mussten sich an der Grenze die Haare oder den Bart schneiden lassen, ein Einreiseverbot für Hippies bestand sowieso. Und Frauen durften in der Öffentlichkeit keine Hosen tragen. Es gab unter Banda allerdings auch gravierende Menschenrechtsverletzungen.

Doch in einem Punkt waren sich damals wie heute alle einig: Die Malawier sind ein freundliches Volk.

Morgens bei der Anfahrt durch das Hochland am erloschenen Vulkan Mount Rungwe war es kalt und regnerisch gewesen. Jetzt, sechs Stunden später, schien die Sonne, und die Luft war mild. Wir folgten dem Westufer des Lake Malawi, dessen tansanische Hälfte Lake Nyasa heißt. Auf der Straße waren wegen des Spritmangels zwar keine Autos unterwegs, aber es wimmelte von Menschen. Ein paarmal stoppte uns die Polizei, um einen Blick auf die Versicherungskarte zu werfen. Schließlich sank die Sonne und tauchte das Land in goldenes Licht. Larry, der Australier, hatte uns ein paar Camps genannt, die von den Overlandern bevorzugt werden. Darunter war auch *Hakuna Matata*, eine einfache, aber wunderschön am Malawisee gelegene Anlage, die dem Südafrikaner Willie Louw gehört.

»Ich bin zwar glücklich verheiratet«, schmunzelt Willie, »aber vor zehn Jahren verliebte ich mich noch einmal – und zwar in dieses

Grundstück.« Er und seine Frau verkauften ihren Besitz in Südafrika, um genügend Startkapital zu haben.

»Aber es war der falsche Zeitpunkt«, meint Willie bedauernd. »Wirtschaftlich geht es mit Malawi bergab. Das Land ist arm, 30 Prozent des Staatshaushalts werden von einigen wenigen Geberländern finanziert.«

Deutschland ist neben den USA, Großbritannien und Norwegen einer der größten Geldgeber. »Weitere Gelder kommen von der Weltbank und der EU. Währungsreserven hat das Land praktisch nicht«, weiß Willie.

Malawi steht für das afrikanische Dilemma: 80 Prozent der Bevölkerung arbeiten für den Eigenbedarf in der Landwirtschaft; fast ebenso hoch ist die Zahl der Analphabeten. Die Exporte sind gering, und ausländische Güter, die für Malawi bestimmt sind, landen im tansanischen Hafen Daressalam. Von dort müssen sie 2000 Kilometer auf dem Landweg transportiert werden. Das verteuert alles. Und das ungebremste Bevölkerungswachstum von knapp drei Prozent eliminiert nicht nur jeden wirtschaftlichen Erfolg, sondern führt zur Verknappung der eigenen Ressourcen. »Schon jetzt sind die meisten Wälder zu Holzkohle verarbeitet worden«, sagt Willie.

»Malawi zählt zu den am dichtesten bevölkerten Ländern Afrikas. In 25 Jahren wird sich die Einwohnerzahl von derzeit 14 Millionen auf knapp 30 Millionen verdoppelt haben. 1950 hatte Malawi allerdings nur zweieinhalb Millionen Einwohner ...«

Das Licht des Mondes funkelt auf der stillen Oberfläche des Malawisees. »Als dann vor einem Jahr die Geberländer wegen Menschenrechtsverletzungen ihre Hilfszahlungen einstellten und auch kein Sprit mehr hereinkam, war das ein schwerer Schlag. Doch nach dem Tod von Präsident Mutharika hoffen alle auf Reformen durch seine Nachfolgerin«, fährt Willie fort. »Es soll wieder internationales Geld fließen, und erste tansanische Tanklaster sind auch schon auf dem Weg.«

Willie ist ein Typ nach meinem Geschmack, denn er hat die Welt gesehen. Nachdem er vor dreißig Jahren in einem israelischen Kibbuz gearbeitet hatte, fuhr er auf einer Europareise auch mit einem Zug von Hannover nach Berlin. »Die eisige Behandlung durch die DDR-Zöllner werde ich nie vergessen«, sagt er. »Stundenlang hielten sie mich fest, weil mein Bart länger war als auf dem Passfoto.«

Als Mechaniker arbeitete Willie in Mosambik, dann suchte er nach Diamanten und betreute zehn Jahre lang den Lkw-Fuhrpark einer Forschungsfirma in Namibia. »Deswegen gefällt mir auch dein Lkw so gut!«, lacht er.

Am Ende dieses Tages sage ich zu Juliana: »Eigentlich war Freitag, der Dreizehnte, doch gar nicht so schlimm ...«

Wir bleiben ein paar Tage bei Willie Louw. Auf ein kühles Bad verzichten wir, da der Lake Malawi nur teilweise frei von Bilharziose ist. Nach Victoria- und Tanganjikasee ist der 560 Kilometer lange und 80 Kilometer breite Lake Malawi der drittgrößte See im Ostafrikanischen Grabenbruch. Man glaubt, auf ein Meer zu blicken.

Entlang dem Seeufer rollen wir nach Süden. Juliana notiert während der Fahrt:

Das Angebot auf den Märkten ist besser als erwartet: Es gibt reichlich Tomaten, süße Kartoffeln und Apfelsinen. Und die Menschen sind nicht so ärmlich gekleidet wie in anderen Regionen Ostafrikas. Ihre Ortschaften wirken gepflegt.

Die Straße ist schmal, die Fahrbahnränder durch überwuchernde hohe Gräser sehr unübersichtlich. Als uns der erste und einzige Bus in Malawi überholt, touchiert sein Außenspiegel uns; Glas splittert.

Dann eine blutjunge Familie: der Mann zwanzig, seine Frau achtzehn. Sie hat ein Kind auf dem Rücken, eins an der Brust, eins an der Hand.

Ein anderer Mann ist auf dem Weg zum Markt; er trägt ein großes

Schwein auf den Schultern, seine Hände halten die Hinter- und Vorder-
beine umklammert. Ein Lastenradler transportiert eine Ziege auf seinem
Gepäckträger. Radelnde Frauen stillen während der Fahrt Säuglinge.
  Bei den Straßensperren winken uns die Polizisten durch, sobald sie uns
als Fremde erkennen.

In der Stadt Mzuzu staunen wir über die kilometerlange Auto-
schlange vor der Tankstelle. Vor allem aber begeistern uns die Abstecher an den Malawisee, dessen felsige Ufer an Traumbilder von
den Seychellen oder an malerische Sandstrände im australischen
Queensland erinnern.

Wir erreichen Cape Maclear im Süden des Lake Malawi. Während
der 1990er Jahre soll es für Afrikareisende das gewesen sein, was
Kathmandu und Goa zwanzig Jahre zuvor für die Indienfahrer war:
ein Fleck zum Chillen oder zur Selbstfindung. Eins aber muss man
all den Suchenden von damals lassen; sie hatten Geschmack …
  An dem Kap, das Afrikaforscher David Livingstone nach seinem
Freund Sir Thomas Maclear benannt hat, befinden sich heute eine
Handvoll kleiner Lodges; man kann hier Kajak fahren, tauchen oder
Bootsausflüge machen. Fast alle Gäste in unserem *Fat Monkeys Camp*
sind Mitarbeiter von Hilfsorganisationen, die ein paar Tage Urlaub
machen. Faszinierend aber ist der Strandbummel entlang dem sich
anschließenden Dorf Chembe.

Alles wuselte hier durcheinander; die Gänse trippelten zwischen
den Wäsche waschenden Frauen, neben denen ein Fünfjähriger
Kochtöpfe putzte, während ein dreijähriges Mädchen gedanken-
verloren im Sand spielte. Kleine Kinder waren überall. Im Hintergrund zogen Fischer einen Einbaum auf ein großes Motorboot.
Netze wurden zusammengelegt, auf Bambusgestellen trockneten
Tausende fingerlange Fische für die Märkte von Lilongwe und Blantyre. Niemand belästigte uns. Die *beach boys*, die anderswo Touris-

ten mit ihrer Aufdringlichkeit verscheuchen, blieben freundlich, auch wenn wir ihre Tauch-, Kajak- oder Souvenirangebote dankend ablehnten. Einer hatte kurze Rastalöckchen und trug ein weißes T-Shirt mit der Aufschrift *Deutschland ein Wintermärchen*.

»Wir sind hier neun Guides«, sagte er, »früher gab es unter uns einen starken Wettbewerb, bei dem einer den anderen zu unterbieten versuchte, um an Aufträge ranzukommen. Dann gründeten wir einen Verband: Was heute einer verdient, wird unter allen geteilt.« Entsprechend entspannt ging es dann ja auch zu …

Eine Schar fünf- oder sechsjähriger Jungen bat mich, sie zu fotografieren. Sie nahmen Juliana in die Mitte, posierten und hatten großes Vergnügen dabei.

Solche heiteren, friedlichen Bilder zurückzulassen, fiel uns nicht leicht.

Eine knappe Tagesreise später erreichen wir den Liwonde National Park. Im Unterschied zu Amboseli oder Serengeti ist er völlig unbekannt, und gerade deshalb reizt er uns …

Am Tor empfängt uns ein uniformierter Nationalparkranger namens Ernest.

»Ihr könnt reinfahren«, sagt er. »Aber nach 20 Kilometern ist Schluss, denn während der Regenzeit wurden zwei Brücken zerstört.«

Wir lassen betrübt die Ohren hängen.

»Keine Sorge«, tröstet Ernest, »Elefanten gibt's schon gleich hinter dem Tor.« Nach einem kurzen Telefonat sagt er: »Mein Chef gestattet, dass ihr die Nacht im Park verbringt. Das ist eine Ausnahme!« Ernest freut sich, dass er uns helfen kann.

Wir folgen ihm in sein Büro, wo er mit dem Finger auf eine Landkarte tippt: »Der Shire River ist das Herzstück unseres Parks. Er fließt aus dem Lake Malawi in den Lake Malombe und von dort mitten durch den Nationalpark.«

Der Shire River zog von jeher die Tiere an. Doch schon bald nach Ankunft der Weißen führte die zügellose Jagd auf Elfenbein zu einem dramatischen Absinken der Elefantenpopulation. Die den Großwildjägern folgenden Siedler schossen wegen des Fleisches Antilopen und Gazellen. Einige Tierarten wie das Eland wurden gänzlich ausgerottet. Gleichzeitig nahm der Druck der wachsenden malawischen Bevölkerung auf den Tierbestand zu. Zum Schutz vor Elefanten zog man Zäune, deren Draht die Menschen dafür verwandten, Fallen zu bauen und zu wildern.

Seit der Schaffung des Nationalparks nimmt die Tierpopulation zu. »Wir haben heute etwa fünfhundert Elefanten«, schätzt Ernest. »Doch die letzten Löwen wurden vergiftet oder erschossen ...«

Bei der Anfahrt hatte ich beobachtet, dass sich Siedlungs- und Farmgebiete bis direkt an den Parkrand drängen. Die Einwohnerzahlen des Ortes Liwonde bringen das Problem auf den Punkt: 9000 Menschen lebten dort vor 25 Jahren, heute sind es mehr als 30 000.

Doch wieder war es, als hätte jemand für uns das *Dschungelbuch* aufgeschlagen. Am grünen Ufer des Shire River äste ein Dutzend Kudus, zwischen denen Warzenschweine liefen und Reiher pickten. Aber schon waren wir in der Buschsavanne mit ausladenden Schirmakazien und Mopanebäumen. Am zahlreichsten waren hier die Impalas, deren Warnlaute wie heiseres Bellen klangen. Ein majestätischer weiß-brauner Schreiseeadler beäugte uns von einer Palme.

Kurz vor Sonnenaufgang entdeckten wir 100 Meter vor uns die ersten Elefanten. Nach und nach traten immer mehr aus dem hohen Busch ins Grasland; wir zählten 62 Dickhäuter, viele davon Junge.

»Die größte Elefantenherde, die wir je gesehen haben!«, wisperte Juliana. »Bilder, wie ich sie lange vermisst habe«, flüsterte ich zurück. Die Sonne sank, wir blieben und beobachteten, wie die Herde ganz langsam in Richtung Shire River zog.

Liwonde National Park: Ranger Ernest besucht uns mit seiner Familie in Thunder.

Wir verbrachten auch den nächsten Tag im Liwonde National Park. Neben dem Datum 20. *April* steht im Tagebuch: *Der Tag der Elefanten.*

Gleich zum Sonnenaufgang querten zehn fotogene Dickhäuter unseren Pfad. Wir belauschten unzählige Impala-Antilopen und Warzenschweine. Eins mit besonders mächtigen Hauern tauften wir Pumbaa, wie in *König der Löwen.* Dass wir wegen der unpassierbaren Brücke nur einen eingeschränkten Aktionsradius hatten, störte uns längst nicht mehr. Hier war ein ständiges Kommen und Gehen: Wasserböcke, Paviane, Impalas. Dennoch sahen wir den ganzen Tag nur ein einziges Safarifahrzeug mit drei jungen weißen Frauen.

Während der Abenddämmerung wurde die Parkpiste zum *elephant walk:* Wenige Meter von uns kreuzten vier Jungbullen den staubigen Pfad. Einem schienen wir nicht ganz geheuer: Er stoppte, wiegte den Kopf, flappte mit den riesigen Ohren und stampfte mit den Vorderfüßen. Wir waren erleichtert, als er weiterzog.

Die Nacht verbrachten wir im Park an einem Schullandheim für Kinder aus der Hauptstadt Lilongwe. Schüler waren nicht dort, aber fünf Elefanten, die wenige Meter neben uns Zweige aus den Bäumen brachen.

Willie Louw vom *Hakuna Matata Camp* verdanken wir den Hinweis auf den Golfklub in Lilongwe. »Overlander sind auf dem parkartigen Gelände willkommen«, hatte er uns verraten. »Und die T-Bone-Steaks dort sind die besten weit und breit.« Ein Klub der oberen Zehntausend ist natürlich eine »Insel« in einer sich ausdehnenden Stadt mit viel Armut. Aber auch die zahllosen Lodges in und an Nationalparks sind solche Refugien, wo das Elend der armen Massen durch die von *watchmen* verriegelten Tore ausgeblendet wird. Ich finde es schwierig, mich innerhalb dieser extremen Kontraste zurechtzufinden, bin aber in großen Städten dankbar für solche Rückzugsgebiete.

Fast alle Gäste im Golfklub waren gut betuchte schwarze Malawier.

Man käme zunächst nicht auf die Idee, Lilongwe für die Hauptstadt Malawis zu halten. Zumindest nicht, wenn man wie wir zunächst die Old Town erreicht. Da es hier keine markanten Gebäude gibt, erinnert die Altstadt an eine beliebige Kleinstadt irgendwo im südlichen Afrika. Genau das war sie im frühen 20. Jahrhundert, nachdem die britische Kolonialregierung hier einen Verwaltungssitz gegründet hatte. Bedeutungsmäßig lag Lilongwe weit abgeschlagen hinter Zomba, der Hauptstadt des britischen Protektorats Zentralafrika, des späteren Nyasaland. Auch mit dem in Südmalawi gelegenen Handelszentrum Blantyre konnte Lilongwe nicht mithalten.

Doch die Dinge änderten sich, als Präsident Banda in den 1970er

Jahren den Regierungssitz von Zomba in den Norden verlegte und Lilongwe Hauptstadt wurde. Während der letzten achtzig Jahre wuchs die Einwohnerzahl ums 150-Fache! Zum Glück haben die Planer die Dreiviertelmillion-Einwohner-Stadt großflächig konzipiert. Und es gibt sogar ein Wildlife Centre mit Antilopen.

Die erste funktionierende Ampel seit Langem!, vermerkte Juliana in ihren Notizen. Und anders als auf dem Land fuhren hier trotz der Spritprobleme jede Menge Autos. Nachdem ich den üblichen Routinecheck bei Thunder erledigt hatte, schauten wir in den drei Supermärkten Spar, Shoprite und Metro Cash & Carry vorbei. Die Preise waren sehr hoch, und ich staunte, dass trotz bisher andersartiger Eindrücke viele Malawier offenbar über eine größere Kaufkraft verfügen.

Der nächste Tag war ein Sonntag. Zum Glück hatten wir nicht vorgehabt, auszuschlafen ...

Die über zahlreiche Lautsprecher ausgestrahlten Kirchengesänge begannen um 8 Uhr und dauerten ohne Unterbrechung zwei Stunden. Ein musikalisches Feuerwerk! Die Lieder hatten rein gar nichts mit den getragenen Kirchengesängen einer deutschen Gemeinde zu tun. Dies war Emotion pur, Begeisterung und mitreißender Rhythmus.

Ab 10 Uhr schoss der Prediger mit der rauchigen Stimme eines Louis Armstrong sein feuriges Wortstakkato ab, das er ständig mit einem donnernden »Amen!« unterbrach. Worauf die Gemeinde in Stadionlautstärke jauchzte: »Halleluja!«

Beim Verlassen Lilongwes sah ich in der Mitte eines Verkehrskreisels ein großes Kreuz mit der Aufschrift: *Jesus – He Is Risen Alive.*

Wir folgten der von gelb blühenden Bäumen gesäumten Ausfallstraße nach Sambia. Auffallend war das schicke Gebäude des Gentlemen's Club in einem parkartigen Gelände, ein Relikt der britischen Kolonialzeit. In diesem Umfeld stachen die schwer bepackten

Lastenradler, die Fahrradkulis Afrikas, besonders ins Auge. Auf ihren Gepäckträgern stapelten sich breite Holzscheite zwei Meter hoch.

Mehrfach stoppten uns Polizisten. Einer sprang fröhlich grinsend auf mein Trittbrett und meinte in bestem Englisch: »Meine Kollegen und ich sind durstig. Habt ihr was für uns zu trinken?!«

»No!«, sagte ich. Er grüßte, sprang ab, und wir fuhren weiter. Das war das einzige Vorkommnis dieser Art.

Anders als früher in Westafrika, wo uns nicht selten zwanzigmal am Tag Polizisten wie Wegelagerer Geld abknöpfen wollten, waren die Erfahrungen dieser Reise gut. Willie Louw vom *Hakuna Matata Camp* hat mir allerdings erzählt, dass er als Weißer mit südafrikanischem Kfz-Kennzeichen oft von Polizisten unberechtigt zur Kasse gebeten werde.

»Ein besonders korrupter Polizist wollte mir nach der Routinekontrolle meinen Führerschein nur gegen 20 Dollar zurückgeben«, erzählte er. »Da sagte ich ihm: ›Tust du jetzt Gutes, widerfährt dir Gutes in der Dunkelheit. Tust du jetzt Unrechtes, werden dich die bösen Mächte in der Dunkelheit heimsuchen.‹ Im Nu hatte ich meinen Führerschein zurück. Egal, wie modern sie leben oder wie aufgeklärt sie sind, im Leben vieler Afrikaner spielen übernatürliche Kräfte eine große Rolle.«

Seit jenem Freitag, dem Dreizehnten, habe ich eine Allergie gegen Geldwechsler. Ich ignorierte die *money changer*, die uns an der malawisch-sambischen Grenze wie Hornissen umschwärmten, und tauschte Geld in einer kleinen Wechselstube. Mit der Bemerkung »So schnell wird man hier Millionär« schob mir die junge Angestellte für 400 US-Dollar zwei Millionen Sambia-Kwacha über den Tisch. Doch nach dem Tanken war es mit dem Millionärsdasein vorbei.

Wir waren jetzt in Sambia.

»Flusspferde sind unsere Rasenmäher, und dank der Elefanten brauchen wir nicht mal die Bäume zu schneiden«, witzelte der weiße Südafrikaner Shawn. Er sah auf den Campingtisch neben unserem Lkw. »Lasst nachts nichts Essbares auf dem Tisch stehen …«, meinte er und zeigte dabei wie beiläufig auf den breiten, braunen Luangwa River. »Hier gibt's auch Krokodile!« Er grinste: »Deshalb heißt unsere Anlage ja auch *Croc Valley Camp*.«

Wir blickten auf einen der letzten großen, wilden und ungebändigten Flüsse Afrikas. Wenn im November die Regenzeit einsetzt, werden die Rinnsale zu reißenden Bächen, und der Luangwa River formt sein Bett neu.

Neben Sambesi und Kafue ist der Luangwa einer der längsten Flüsse Sambias. Er entspringt im Nordosten nahe Malawi und folgt dem Östlichen Rift des Afrikanischen Grabenbruchs. Nach rund 800 Kilometern mischt sein Wasser sich mit dem des Sambesi. Der Luangwa River ist der weltgrößte Pool für Flusspferde, und so erklärt sich auch, dass entlang seiner Ufer zwei Nationalparks entstanden sind.

Ich hatte Thunder unter der weit ausladenden Krone eines Baumriesen geparkt, von der wie dünne Elefantenrüssel Lianen herabhingen. Alles war sattgrün. Die Regenzeit war vorüber, und der 200 Meter breite Fluss strömte wieder ruhig dahin. Wir befanden uns außerhalb des Nationalparks, aber auch hier zeigte sich Afrika von seiner schönsten Seite; auf den Sandbänken und den seichten Flussabschnitten dösten und rekelten sich vierzig Flusspferde. Die sinkende Sonne wirkte wie ein Signal: Viele rissen die riesigen Ra-

Tonnenschweres Großmaul: Flusspferd unterhalb unserer Campsite am
South Luangwa River

chen mit den gefährlichen Hauern auf und schienen miteinander zu
schnäbeln. In Wirklichkeit maßen die Jungbullen ihre Kräfte. Ihr
permanentes Grunzen, Knören, Röhren und Rülpsen drang zu uns.

»Sambia hat mit etwa 40 000 Hippos die größte Flusspferdkon-
zentration auf Erden«, sagte Shawn, der für das *Croc Valley Camp* als
Guide tätig ist.

»Aber auch für die Flusspferde wird es eng in Afrika. Ihre Be-
stände gehen zurück, insgesamt gelten sie als gefährdet.«

Uns gegenüber lag der in den 1970er Jahren gegründete South
Luangwa National Park mit einer Fläche, die halb so groß wie Sachsen ist. Seine Lage abseits der Verkehrsströme hatte uns gereizt, und
so waren wir von Lilongwe kommend zur sambischen Stadt Chipata
gefahren. Dort folgten wir einer Nebenstraße, die später in eine üble
Erdpiste überging. Von Kilometer zu Kilometer wurde die Besiedlung

geringer. »Afrikagefühl« kam auf. Das Gefühl von Wildheit, Unberührtheit. Mfuwe ist der einzige Ort hier, ein kleines Straßendorf mit Hütten rechts und links. Nur ganz wenige Besucher kommen wie wir über die Piste hierher. Fast alle fliegen zu dem kleinen Airport.

South Luangwa ist weit vom Massentourismus entfernt. Man wohnt hier in ein paar feinen und teuren Lodges und lässt sich im Safarijeep durch den Park fahren.

Die Preisgestaltung der sambischen Nationalparkverwaltung gab uns die Chance, uns hier auf eigene Faust umzusehen: 100 US-Dollar für Fahrzeug und uns beide pro Tag waren akzeptabel.

Pünktlich um sechs Uhr morgens sind wir am Parktor.

Das Paradies neu entdeckt…, schreibt Juliana kurz darauf in ihre Trailnotizen.

Wir sehen nur wenige Büffel, aber Hunderte Impalas federn in hohen Sätzen neben uns durch die Savanne. Unmittelbar vor uns ziehen jetzt zwei Elefanten über die Piste. Rechts reckt sich ein Dickhäuter und versucht mit seiner Rüsselspitze einen frischen Trieb zu umklammern. Er schafft es, packt ihn, reißt ihn herunter und futtert genüsslich. In einem von blühenden Seerosen bedeckten Tümpel suhlt sich ein Flusspferd, auf dessen breitem Rücken zwei Vögel picken. Ein schwarz-weißer Sattelstorch mit rot-schwarz-gelbem Schnabel rupft daneben Gräser.

Schon muss ich erneut stoppen, um Dickhäutern den Vortritt zu lassen. Einer ist nervös, schwenkt den Kopf, schlenkert mit dem Rüssel und wedelt mit den riesigen Ohren. Als er kapiert, dass wir ihn mehr fürchten müssen als er uns, zieht er weiter.

Man sagt, morgens und abends seien die besten Zeiten für Tiersafaris. Also legen wir gegen 11 Uhr eine Pause ein. Ich folge einer Seitenpiste, die zu einer weiten, offenen Ebene führt, und halte. Eigentlich wollte ich hier unser Tagebuch aktualisieren, doch daraus wird nichts.

Der Monster-Baobab-Baum am Luangwa River stellt unseren Siebeneinhalbtonner buchstäblich in den Schatten.

Wir sitzen auf Thunders Dach und genießen den Traumblick: Es
ist einer der schönsten Momente unserer Reise. Im Tagebuch nenne
ich den Platz später *Paradise Point*. Ich werde seine GPS-Koordinaten erfassen, sie aber wie ein persönliches Geheimnis hüten.

Im Nachhinein wundere ich mich, wie selten ich die Kamera zur
Hand genommen habe. Nicht bei den Impalaböcken, die mit heise-
rem Bellen und hoch aufgestellten buschigen weißen Schwänzen vor
uns Luftsprünge machen, nicht bei den Zebras, die friedlich neben
uns grasen, nicht bei den Warzenschweinen und nicht bei den Kro-
nenkranichen. Erst als sich vier Giraffen wie bei einer Mutprobe
Schritt für Schritt an uns herantasten, klickt mein Kameraverschluss.

Nie zuvor sah ich so viele Elefantenjunge wie an diesem Tag.

Als wir Punkt 18 Uhr durch das Parktor rausfahren, murmelte
Juliana versonnen: »... der Traum von Afrika ...!«

Während der Tage im *Croc Valley Camp* lernen wir Norbert und Heidi kennen, die ihren Land Rover im Container von Deutschland nach Walvis Bay in Namibia verschifft hatten. Nach ein paar Reisemonaten in Afrika werden sie ihn auf dem gleichen Weg wieder zurückschicken.

»Wir trafen Landsleute«, berichten sie, »deren Jeep von den Stoßzähnen eines aggressiven Elefantenbullen förmlich aufgespießt wurde. Zum Glück ist ihnen selbst nichts passiert.«

Wir sehen uns ein Loch in Norberts Reifen an: »Vielleicht war's ein Löwenzahn«, meint er. Aber da hatten wir schon zwei Biere getrunken ...

Dass mit den Raubkatzen in der Tat nicht zu spaßen ist, erfahren wir von Shawn: »Vor längerer Zeit tötete ein Löwe hier im Dorf ein paar Menschen. Man nannte ihn den ›Menschenfresser von Mfuwe‹.«

Tags darauf treffen wir Roland aus Süddeutschland. Vor ein paar Jahren hat er Afrika mit seiner Honda Dominator durchquert. Vom Afrikabazillus befallen, ließ er das Bike bei Freunden in Johannesburg. Seitdem kommt er immer wieder zurück. »Ich bin Installateur«, erzählt er. »Nach Weihnachten, wenn die Kunden in ihre Neubauten eingezogen sind, nehme ich meinen sechswöchigen Urlaub. Mein Chef ist einverstanden, dass ich so die im Laufe des Jahres angefallenen Überstunden ausgleiche. Mit zusammen drei Monaten Auszeit komme ich gut in Afrika zurecht. Morgen fahre ich nach Mosambik, um von dort nach Südafrika zurückzureisen. Und in drei Wochen verlege ich am Bodensee schon wieder Heizungsrohre ...«

Am Abend dieses Tages notiere ich im Tagebuch: *Seit unserem Aufbruch in Deutschland sind wir 19 000 Kilometer gefahren.*

29. April: Lusaka im Aufwind

Wir rollen nach Westen, von Tag zu Tag wird es früher dunkel. In Lusaka, Sambias Hauptstadt, werden wir in Richtung Victoriafälle abbiegen …

Hastig schalte ich herunter und bremse: Ein umgestürzter Lkw blockiert die Fahrbahn. Männer versuchen ihn mit einem Bergefahrzeug aufzurichten. Abends wird mir ein Südafrikaner erzählen, dass genau hier, quasi nicht sichtbar, ein Schleppseil quer über die Straße gespannt war. Unmöglich für ihn, zu reagieren … Ein heftiger Schlag gegen sein Auto, Blechteile splitterten, es gab Beulen, aber er kam mit heiler Haut davon.

An einer unübersichtlichen Bergkuppe überholt uns ein Bus mit der Aufschrift We try, others cry. *Noch faszinierender aber finde ich die Frau, die auf dem Kopf einen vier Meter langen Baumstamm balanciert. Auf ihrem blauen T-Shirt prangt in weißen Buchstaben* SV Mösbach.

Schon wechseln die Bilder: Auf 20 Kilometern Länge warten in Abständen von 150 Metern je fünfzig und mehr Holzkohlesäcke auf den Abtransport. Wo gestern Urwald war, kokeln heute Kohlenmeiler.

Hunderte Gläubige gehen entlang der Straße zum Gottesdienst in Kirchen, die irgendwo versteckt im Busch liegen. Die Männer in dunklen Anzügen, oft mit weißen Hemden und dunklen Krawatten, die Frauen farbenfroh gekleidet. Himmelschreiende Armut erkenne ich auf den ersten Blick nicht. Sambia ist politisch stabil und reich an Bodenschätzen und fruchtbaren Ackerflächen. Die wirtschaftlichen Erfolge dringen allerdings längst nicht bis zu allen Bevölkerungsschichten durch; bei einer Arbeitslosenquote von 50 Prozent muss ein Großteil der Menschen mit weniger als einem US-Dollar pro Tag auskommen.

Auf dem Trans-Caprivi-Highway im Norden Namibias haben Elefanten
»Vorfahrt«.

*Davon ist in Lusaka zunächst überhaupt nichts zu spüren. Ein Schild
weist zur Universität:* Smart people invest in education. *Gleich darauf
begegnet uns ein Konvoi mit hupenden Hochzeitsautos. Wir parken am
supermodernen Arcades Shopping Centre und schlendern über den sonn-
tags autofreien Parkplatz, auf dem Hunderte Händler Handarbeiten an-
bieten. Sambische Holzschnitzereien zählen zu den schönsten in Afrika.*

*Bei unserem letzten Lusaka-Bummel war das Land mit der früheren
Bezeichnung Nordrhodesien erst zwölf Jahre unabhängig. Die einst gut
gefüllten Supermärkte waren leer, die Kühltruhen ausgeschaltet, und
über allem lag der düstere Schatten der Vergangenheit.*

Und heute …

*Im Spar-Markt gibt's sogar ofenfrisches Baguette sowie deutsche But-
ter und Käse. Überraschungen wie zu Weihnachten, notiert Juliana.*

30. April: Mosi-oa-Tunya – donnernder Rauch

Lange Gesichter an den Victoriafällen: Unsere geplante Wildwasser-tour auf dem Sambesi fällt wegen zu hoher Pegelstände ins Wasser. »Das wäre ein Highlight unseres dritten Besuchs gewesen«, *sage ich zu Juliana. 1976 flogen wir mit einer einmotorigen Cessna über die Fälle. Beim letzten Mal stand ich neben Bungee-Springern, die sich von der Sambesi River Bridge kopfüber 110 Meter tief hinabstürzten. Nichts für mich – stattdes-sen machten wir eine* sunset cruise. *Paragliding, Rafting und Jetboot-trips durch die Strudel des Sambesi ergänzen das Adrenalinangebot.*

Das hier lebende Kololo-Volk hatte die vom Forscher Livingstone »ent-deckten« *Fälle Mosi-oa-Tunya, donnernder Rauch, genannt.*

Schon von Weitem hatten wir die Gischtwolke über den Victoriafällen gesehen und das Trommeln der Wassermassen gehört. Der Sambesi trennt hier Sambia von Simbabwe, das ehemalige Nord- von Südrhodesien. Hier das schnell expandierende Touristenzentrum Livingstone, drüben der überschaubare simbabwische Touristenort Victoria Falls.

Mit »Hier reich, dort arm« *lässt sich die Sache am schnellsten auf den Punkt bringen.*

Bei unserem letzten Simbabwe-Besuch hatte die Inflation dort bereits Fahrt aufgenommen. Während die Inflation im Jahr 2000 noch bei 50 Prozent gelegen hatte, war sie acht Jahre später auf 100 000 und im Jahr 2009 auf 230 Millionen Prozent geklettert. 100-Millionen-Dollarnoten waren bereits Stunden nach der Auslieferung kaum noch das Papier wert, auf dem sie gedruckt worden waren. 2009 machte die simbabwische Regierung einen Schnitt: Sie strich beim »Vierten Simbabwe-Dollar« *ein-fach zwölf Nullen. So einfach geht Geldpolitik … Durchgesetzt hat sich inzwischen der US-Dollar, den man auch aus Geldautomaten ziehen kann. Milliarden- und Trillionen-Geldscheine gibt's nur noch bei Souvenirver-käufern …*

Finanzprobleme, gewaltsame Übergriffe auf weiße Farmer, Menschen-rechtsverletzungen und 80-prozentige Arbeitslosigkeit haben aus dem noch vor drei Jahrzehnten reichen Land mit hohem Bildungsniveau ein

Armenhaus gemacht. So fristet das simbabwische Vic Falls ein Mauer-
blümchendasein, während das sambische Livingstone expandiert.

1. Mai: Namibia!
Das Durchzählen unseres restlichen sambischen Barbestands ergibt
585 000 Kwacha. 77 Liter Diesel sind der Gegenwert.
Auf den folgenden 200 Kilometern sehen wir fast kein Dorf! »Endlich
Savanne«, schwärme ich, drossele die Geschwindigkeit und lasse das of-
fene Buschland wie einen Film vorbeiziehen. Fünfeinhalb Monate nach
unserem Aufbruch passieren wir die letzte Grenze. Ich lege meinen Arm
um Juliana: »Willkommen in Namibia!«

2. Mai: Caprivi
Rote Weiten, filigrane Dünenkämme, gezogen wie der Federstrich eines
Künstlers. Elefantenherden umlagern die Wasserlöcher der Etoshapfanne,
Adler schweben regungslos in der Luft, und grazile Springböcke federn
wie schwerelos über das Grasland. Und über dieser fast menschenleeren
Endlosigkeit wölbt sich der riesige blaue Himmel Namibias.
So ist mir dieser »Diamant im Südwesten Afrikas« von vielen Reisen in
Erinnerung. Wir besuchten das Land erstmals, als es noch South-West
Africa hieß, und nach der Unabhängigkeit gehörte ich zu den Ersten, die
das neue Namibia bereisten. Abgesehen von den Ländern des hohen Nor-
dens gibt es nur wenige Flecken auf Erden, zu denen ich mich dermaßen
hingezogen fühle. Ähnlich empfinden auch andere, denn Namibia wurde
eins der beliebtesten Reiseziele in Afrika.

Die erste Nacht verbringen wir am Rand der Grenzstadt Katima
Mulilo am Ufer des Sambesi. Noch lange liegt das Abendrot über
dem Strom, bis es mit dem Blaugrau der Dämmerung zum Schwarz
der Nacht verschmilzt.

Einige Jahre bin ich nicht mehr in Katima Mulilo gewesen und
registriere eine positive Entwicklung: Früher habe ich noch auf ein-

fachen Märkten eingekauft, jetzt gehe ich in den modernen Shoprite-Supermarket. An der Kasse reihe ich mich in die Schlange der dort wartenden schwarzen Namibier mit vollen Einkaufswagen ein. Das sind ganz offensichtlich nicht die Privilegierten, nicht die extrem Reichen, sondern gut verdienende Durchschnittsbürger. Wobei die Unterschiede in Namibia groß sind, denn das Volkseinkommen ist ungleich verteilt. Die Hälfte der schwarzen Bevölkerung lebt unter der Armutsgrenze, besonders im Nordwesten, dem ehemaligen »Ovamboland«, wo fast drei Viertel aller Namibier wohnen. Aufgrund seiner besonderen historischen Verantwortung für die ehemalige Kolonie Deutsch-Südwestafrika erhält Namibia von Deutschland die höchste Pro-Kopf-Unterstützung aller deutschen Partnerländer.

Wir sind jetzt in Caprivi – Namibias tropischem Nordostzipfel. Ein eigentümlicher Wurmfortsatz mit spannender Geschichte, dessen Geburtsplatz ein Pokertisch der Weltgeschichte war. An dem nämlich klopften sich 1890 England und Deutschland gegenseitig auf ihre kolonialen Ambitionen hin ab. Das Ergebnis war der Helgoland-Sansibar-Vertrag: Sansibar fiel den Engländern zu, im Gegenzug erhielt das Deutsche Reich Helgoland und einen 32 Kilometer breiten Landstreifen im Nordosten von »Deutsch-Südwest«, der fast bis an die Victoriafälle reicht. Des Kaisers Vertreter bei den Gesprächen war Reichskanzler Leo Graf von Caprivi.

Die Fakten des Politpokers haben bis heute Bestand, so wie der Name. Noch immer ragt der *Caprivi Strip* wie ein ausgestreckter Finger nach Osten.

Fast pfeilgerade führt der 2004 fertiggestellte Trans-Caprivi-Highway von Rundu und Katima Mulilo über die neue Sambesibrücke in Richtung Lusaka. Die Schnellverbindung vom Atlantik zum Indischen Ozean, von der Graf Caprivi und Kaiser Wilhelm geträumt hatten, ist Realität. Und der Aufschwung in den Städten entlang dieser Strecke ist unübersehbar. Caprivis Zukunft hat begonnen.

Die Spitze dieses Landkorridors gehört zu den tierreichsten Regionen im südwestlichen Afrika. Chobe National Park und Moremi Wildlife Reserve begrenzen den »Zipfel« im Süden. Da wir gern jenseits der ausgetretenen Pfade reisen, verlassen wir den Trans-Caprivi-Highway und folgen auf gut ausgebauten Pisten dem Chobe und später dem Linyanti River. Die Nacht verbringen wir im Mamili National Park. Abends notiere ich im Tagebuch:

Es ist kühl und still. Millionen Sterne funkeln. Kein Laut. Da dringt durch die Stille das Brüllen eines Löwen.

3. bis 5. Mai: Go West!

Ich stelle den Tempomat auf 70 Stundenkilometer, schiebe On the Road Again *in den* CD-Player *und rolle auf fast schnurgerader Straße gen Westen.*

Elefanten auf den nächsten 20 Kilometern, *warnt das Verkehrsschild am Straßenrand. Hier auf dem Trans-Caprivi-Highway haben Elefanten nun mal Vorfahrt. An manchen Tagen zählt man auf der Strecke mehr Dickhäuter als Autos. Beim Bau der Straße, die aus Mitteln der Bundesrepublik Deutschland mitfinanziert wurde, hatte man offenbar auch die Bedürfnisse künftiger Touristen im Auge, wie sich an den zahlreichen hübschen Rastplätzen unter den Schirmen ausladender Akazien erkennen lässt.*

Es ist das Wasser, das Caprivi zu einer der außergewöhnlichsten Reisedestinationen Namibias macht. Von fünf ganzjährig wasserführenden Flüssen Namibias befinden sich drei hier: Okavango, Kwando und Sambesi River. In regenreichen Jahren überfluten sie große Landesteile und bilden den Liambezi Lake.

Nahe der Ortschaft Divundu steuere ich südwärts und folge dem Verlauf des Okavango River, der hier über die unspektakuläre Felskante der Popa Falls stürzt. Am Ende seiner Reise wird der Fluss sich im Kalaharibecken Nordwestbotswanas wie ein Fächer ausbreiten. Mit dem Oka-

vangodelta hat er eines der arten- und tierreichsten Feuchtgebiete Afrikas geschaffen.

Die Nacht verbringen wir im Ngepi Camp am Ufer des Okavango.

»Ihr könnt hier auch schwimmen«, sagt der junge Manager und zeigt auf einen etwa 20 Quadratmeter großen, nach allen Seiten hin geschlossenen Gitterkäfig im reißenden Wasser des Okavango, in dem zwei junge Burschen planschen.

»Aber bitte nur dort!«, fügt er hinzu. »Im Okavango gibt's jede Menge hungriger Krokodile.« Auch ansonsten zeigt man Humor: Nicht in den Pool pinkeln – sonst wirst du es später in deinem Kaffee trinken!, *steht auf einer Tafel am Käfig.*

»Die Welt ist doch klein«, sagen wir und schütteln Marcel, seinem Vater Udo, den Frauen und Kindern die Hände. Vor zwei Monaten hatten wir uns in Arusha getroffen. Hier auf diesem entlegenen Fleck hatten sich unsere Wege erneut gekreuzt.

»Darauf gebe ich einen aus«, sagt Marcel und holt ein paar eiskalte Dosen Windhoek Draught raus.

Wir setzen uns und trinken. Neben mir parkt Marcels 911er Rundschnauzer.

»Wie bist du zu dem Expeditionsfahrzeug gekommen?«, frage ich.

»Ich kaufte den Lkw vor 2002 in Deutschland, zu einer Zeit also, als man noch links gesteuerte Wagen nach Namibia einführen durfte. Um das Teileproblem ein für alle Mal zu lösen, erstand ich noch einen zweiten als ›Ersatzteillager‹.« Sein Blick streichelt seinen bildschönen Truck mit dem modernen GFK-Aufbau.

»Als Hubschraubermechaniker wurde ich eines Tages zu einem Privatmann gerufen, dessen Helikopter ich reparieren sollte. Auf seinem Grundstück stand ein komplett ausgebauter Aufbau, der für mein Fahrzeug passte – glücklicherweise hatte er keine Verwendung mehr dafür! Der Preis war gut, dann aber begannen die Probleme«, erzählt Marcel. »Anpassen, modifizieren, umbauen. Nach 860 Arbeitsstunden habe ich aufgehört zu zählen!«

Die Nachbarn auf unserer campsite *heißen Millie und Kuni und stammen aus Südafrika.*

»Ich sehe ein großes GP *auf eurem Kfz-Zeichen. Wo genau kommt ihr her?«, frage ich.*

»GP steht bei uns für Gangster's Paradise*«, lacht Kuni. »Aber Galgenhumor beiseite ... das sind die Kürzel für Gauteng Province, also das Gebiet rund um Johannesburg.«*

Wir sitzen am Lagerfeuer und kommen ins Plaudern. »Johannesburg ist eine der gefährlichsten Städte der Welt mit der höchsten Zahl von Gewaltdelikten«, klagt Kuni.

»Meine beiden Schwestern sind deswegen mit ihren Familien nach Kanada ausgewandert. Sie wollten ihren Kindern eine sichere und sorgenfreie Zukunft ermöglichen«, sagt Millie.

Die folgenden Bilder Namibias waren so ganz anders als all das, was wir während der letzten Monate in Afrika gesehen hatten: schnurgerader Highway, menschenleer, fast kein Autoverkehr, alle 15 Kilometer gab es schattige Rastplätze. Die einzig wirkliche Gefahr waren hier Elefanten, vor denen riesige Schilder warnten.

Wir übernachteten am Kwando River, dem Grenzfluss zu Angola.

Eben noch spielten Kinder mit aus Draht geformten Autos, die sie an Stöcken befestigt die Straße entlangschoben. Doch nach Passieren des Seuchenzauns, der die Maul- und Klauenseuche der Tropen vom Farmgürtel fernhalten soll, tauchten wir wieder einmal in eine andere Welt ein, die zu einem anderen Kontinent zu gehören schien. Statt Siedlungen mit Rundhütten gab es hier hohe Zäune und Einfahrten, die zu großen Farmen mit Namen wie Dornhügel *und* Kalkfontein *führten.*

»Ist dir aufgefallen, dass wir seit Sambia keine Marktfrauen mehr am Straßenrand gesehen haben?«, sagt Juliana. Sie hat recht. Auch das ist anders hier. Aber diese Bilder von dort werden mir hier fehlen.

22 000 Kilometer nach unserem Aufbruch erreichen wir zwei Tage später die Etoshapfanne.

So kannte ich den Himmel über der Etoshapfanne: makellos blau und wolkenlos. Und gegen dieses Blau hob sich das ebenso makellose Weiß der Mauern und Türme des alten Schutztruppenforts Namutoni ab. Die grünen Wedel zweier Palmen bildeten einen reizvollen Kontrast zu der geometrischen Strenge der Architektur. Entlang leuchtender Bougainvilleen schlenderten wir zu der Tafel, die an jenen Januartag 1904 erinnert, als fünfhundert Ovambo die Station Namutoni überfielen: *Sieben tapfere deutsche Reiter schlugen den Angriff siegreich ab*, steht da. Das war die Sichtweise der Kolonialherren. Mittlerweile erinnert eine andere Tafel an die 68 gefallenen Ovambo.

Das alte Schutztruppenfort ist längst ein Touristenmagnet, und das vom Gouverneur Lindequist 1907 gegründete Tierschutzgebiet avancierte zum größten Naturhighlight in diesem Teil der Welt.

Die Camps *Namutoni* und *Okaukuejo* sind die Pole, zwischen denen alles sich um die Bedürfnisse von Löwen, Giraffen, Elefanten, Zebras und Antilopen dreht.

Mit einer Fläche von rund 22 000 Quadratkilometern ist dieser Nationalpark etwa so groß wie Hessen, und wenn die Visionäre Erfolg haben, könnte er durch Erweiterung und Zusammenschluss mit anderen Parks wieder jene Fläche erreichen, die er bei seiner Gründung 1907 hatte: 100 000 Quadratkilometer, so groß wie Österreich und Slowenien zusammen.

Es war kaum Betrieb, und der Park schien uns allein zu gehören. Auf der Fahrt zur Fisher's Pan sahen wir kein anderes Auto. Nachdem in der zweiten Hälfte des 19. Jahrhunderts ein Amerikaner namens McKiernan diesen Teil der Etoshapfanne bereist hatte, schwärmte er: »... auch wenn alle Menagerien der Welt ihre Pforten öffneten, das Bild dort käme dem hier nicht gleich.«

Doch dann kamen Großwild- und Elfenbeinjäger ...

Einer der hier tätigen Wildhüter erzählte uns: »Der erste Wildwart, ein Oberleutnant Fischer, berichtete, dass 1881 die letzte Elefantenherde in den Sümpfen bei Namutoni niedergemetzelt wurde. Die Gründung des Nationalparks ersparte anderen Tierarten dasselbe Schicksal. Zum Glück gab es um 1950 durch Zuwanderung wieder 26 Elefanten. Um sie vor dem drohenden Abschuss auf den umliegenden Farmen zu retten, bohrte man Wasserlöcher. Die Dickhäuter nahmen das großzügige Nationalparkangebot an. Dreißig Jahre später hatte Etosha wieder 3000 Elefanten. Zu viele, denn der Park war unter der Apartheidpolitik der damals regierenden Südafrikaner auf seine heutige Größe reduziert worden. Das übrige Land wurde in Homelands für Damara, Ovambo und die Bewohner des Kaokoveld aufgeteilt.«

Das waren dramatische Veränderungen, denn es wurde ein 850 Kilometer langer Parkzaun errichtet, um die Tiere vor Wilderern zu schützen. Der Zaun aber unterbrach uralte Wanderrouten, insbesondere jene der Gnus, die zuvor bei Dürre zu Tausenden in Richtung Angola gezogen waren. Da der Weg nach Norden nun versperrt war, bohrte man weitere Wasserlöcher. Das Wild blieb jetzt hier. Das aber führte zur Versteppung und zog Milzbrand nach sich. Innerhalb von drei Jahrzehnten verendeten 90 Prozent der Gnus und viele Elefanten.

Wir verdanken es der Weitsicht und den regulierenden Maßnahmen des Parkmanagements, dass wir hier heute wieder Ähnliches erleben können wie Afrikareisende zur Zeit Livingstones. 50 000 Tiere sind der Stolz Etoshas, davon 2500 Elefanten, 13 000 Zebras und 15 000 Springböcke.

Wir folgten der Piste entlang der flimmernden Etoshapfanne, dem Herzstück des Parks. Etosha heißt »Großer weißer Platz«. Jetzt war der Salzsee trocken und glänzte weiß, doch wenn nach starken Regenfällen die Wasser von Ekuma River und Omuramba Ovambo hier hineingurgeln, beginnt die »tote Wüste« zu leben. Die flache, aufgeheizte Pfanne, angereichert mit einer Fülle von Mineralien und Mikroorganismen, wird für kurze Zeit zu einem fruchtbaren Garten Eden. Dann geht ein geheimnisvoller Ruf durch Afrika, dem Hunderttausende Flamingos folgen. Wo vorgestern noch gleißendes Weiß ins Auge stach, färbt jetzt eine Million Flamingos den Salzsee rosa.

Ich steuerte das Wasserloch Rietfontein an, als ich ihn erblickte.

Der mächtige Mähnenlöwe hier war wie eine Krönung unserer langen Reise durch Afrika. Ein muskulöser, satt gefressener Macho, der uns ignorierte. Umso wachsamer waren die 130 Springböcke. Der *Lion King* erhob sich, gähnte, streckte und trollte sich. Jetzt wurde es lebendig am Wasserloch. Zögerlich kamen etwa hundert Zebras näher, denn noch galt höchste Alarmstufe, vor allem bei den Giraffen. Die mutigste wagte sich ans Wasserloch, spreizte umständlich die Vorderbeine, senkte den Kopf. Sie unterbrach die schwerfällig wirkende Prozedur ein paarmal, als durchzucke sie jedes Mal ein Schreck. »Die süßesten Früchte fressen nur die großen Tiere«, doch beim Saufen weiß die Giraffe, dass ihre staksigen langen Beine ein Handicap sind. Endlich hatte sie alle viere auseinandergestreckt und trank. Das war das Signal für alle anderen: Nach und nach wagten sich auch Oryx- und Kuhantilopen ans Wasser.

»Spätestens in einer Stunde müssen wir am Tor von Okaukuejo sein«, erinnerte mich Juliana. Pünktlich auf die Minute würden bei Sonnenuntergang die großen Flügeltüren zugeklappt.

Als wir bei der Nationalparkmitarbeiterin eintrafen, hatte sie sich längst auf den Feierabend eingestellt. Nur sehr gemächlich wandte sie sich mir zu und fragte, was ich wolle, während sie mit einem Zahnstocher in ihrem Gebiss stocherte.

»Eine *campsite!*«

Für die Buchung reichte ihre Energie gerade noch.

Wir fuhren auf die großflächige *campsite* für Traveller und fühlten uns sofort zu Hause. Hier saßen vor allem Südafrikaner vor ihren phantasievoll ausgetüftelten Allrad-Campmobilen mit Dachzelten. Viele waren schon beim Bier angelangt, manche verzehrten Braai, Grillfleisch.

Ein halbes Dutzend Erdhörnchen begrüßte uns mit zackigen Bewegungen, ließ sich aber ansonsten beim slapstickhaften Zupfen und Mampfen von Grassamen nicht aus der Ruhe bringen.

»Solange es nur diese putzigen Tierchen sind ...«, sagte ich und dachte daran, dass vor zwei Jahrzehnten im *Okaukuejo Camp* nachts ein junger Deutscher von Löwen getötet worden war.

Es war die gleiche Spannung, die mir von früheren Besuchen vertraut war: Wir saßen am legenderen Wasserloch von Okaukuejo auf einer Bank hinter der nur durch Drähte gesicherten Mauer, die jeder sportliche Löwe im Handstreich nehmen konnte. Ein Leopard sowieso. Aber gerade diese unmittelbare Nähe gibt den richtigen Kick. Gleich würde sich der Vorhang für die große Gala der Tiere heben.

Fast unmerklich wich der Tag der Nacht. Nur zwei Schakale waren am Wasserloch, im letzten Licht der Dämmerung stellte sich ein Spitzmaulnashorn ein.

Eine Handvoll Besucher saß mit uns hinter der hüfthohen, steinernen Mauer, über die man auf das Wasser blickte. Wir warteten auf den Beginn des Naturschauspiels in Cinemascope, als die hinter uns installierten Scheinwerfer angingen und eine gespenstisch-geheimnisvolle Szenerie beleuchteten.

Nach und nach gesellten sich immer mehr Besucher zu uns, die meisten davon Chinesen, die mit den besten Kameras und teuersten Objektiven im Anschlag standen. Solche Bilder waren neu für mich ... Kameraverschlüsse klickten, als im Hintergrund eine achtköpfige Elefantenherde zum Wasserloch zog und trank. Springböcke, Schakale und Warzenschweine schoben sich dazwischen. Und auf einmal waren da drei Nashörner!

Ich weiß, dass Rhinozerosse stark bedroht sind, insbesondere die Spitzmaulnashörner. Ich weiß aber auch, dass gerade Namibia eins der letzten Refugien dieser *black rhinos* ist. Und das trotz zunehmender Wilderei! Im benachbarten Südafrika waren im Vorjahr vierhundert Nashörner getötet worden.

Die Wilderer sind Profis mit Strukturen bandenmäßiger Kriminalität. Sie haben Nachtsichtgeräte, Gewehre mit Schalldämpfern, Geländewagen, kommen aber auch mit Helikoptern und verfügen über Insiderwissen. Bis zu 50 000 US-Dollar bringt ein Kilo des Horns auf dem Schwarzmarkt. Und die Nachfrage ist groß im Jemen, wo traditionell der Krummdolch der Männer aus dem Horn des Rhinozerosses gefertigt wird. In China und Südostasien gilt das pulverisierte Horn als Medizin und – entgegen allen wissenschaftlichen Erkenntnissen – als Potenzmittel.

Die Naturschützer machen ihrerseits mobil. Vom Hubschrauber aus werden Nashörner mit Narkosegewehren betäubt. »Liegt das Tier«, hatte mir ein Tierarzt hier verraten, »bleiben uns maximal 20 Minuten Zeit: Während zwei Tierärzte die Gesundheit des Tieres überwachen, wird das Horn angebohrt, ein Sender eingeführt und die Stelle sofort wieder verschlossen.«

So erhofft man sich eine bessere Überwachung, aber auch Abschreckung, denn der Weg des Horns lässt sich nun nachverfolgen.

An diesem Abend sah ich so viele Nashörner wie nie zuvor. Sowohl das riesige Breitmaul- als auch das fast anderthalb Tonnen schwere und dreieinhalb Meter lange »kleine« Spitzmaulnashorn. Die Tiere standen genüsslich bis zum Bauch im Wasser. Gesellte sich ein weiterer Artgenosse dazu, schleckte man sich mit der Zunge durchs Gesicht. Dann und wann krachten Hörner aufeinander, wenn der Stärkste klarmachte, wo der Hammer hängt.

Das war einer der aufregendsten Momente unserer Reise. So wie der darauffolgende Morgen, als »Reisestatistikerin« Juliana 156 Zebras und sechzehn Gnus gleichzeitig am Okaukuejo-Wasserloch zählte. Doch anders als in der vergangenen Nacht war es jetzt »richtig gefährlich«, denn unsere Sitzbank stand unter einem von mehr als fünfzig Vögeln bewohnten Webervogelnest, aus dem es gelegentlich auf unsere Köpfe kleckerte.

Die frühen Bilder dieses Tages wiederholten sich später am Nebrownii-Wasserloch, wo wir frühstücken wollten. »Park so ein, dass wir durch die Campertür auf die Wasserstelle sehen können«, schlug Juliana vor und war schon dabei, Eier in die Pfanne zu schlagen.

Dank 1200 Metern Höhe war es noch kühl. Wir genossen den heißen Kaffee und den Traumblick aus unserem »rollenden Hotel«. Unsere Notiz im Tagebuch: *Springböcke und jede Menge Oryxantilopen. Von überall her ziehen Zebras heran, zwischen denen ausgelassene Fohlen springen.*

Namibia ist großenteils ein Hochland. Und wenn man am Rand des Great Escarpment, der Großen Abbruchkante, nach Westen über die Namibwüste schaut, hat man auch hier das Gefühl, auf dem Dach Afrikas zu stehen.

Die Hauptstadt Windhoek liegt 1600 Meter hoch, und die Auasberge und das Erongogebirge überschreiten deutlich die 2000-Meter-Marke. Der Königstein im Brandbergmassiv ist mit 2573 Metern der höchste Gipfel. Er war unser nächstes Ziel.

Wir fuhren südwärts nach Outjo, wo ich über das Schild mit der deutschen Aufschrift *Outjo Bäckerei* schmunzelte. Allerdings besuchten wir das gegenüberliegende FARMhouse, ein Lokal, das von der Namibierin Anastasia und dem Schweizer Urs geführt wird. Dort lockten uns Bienenstich, Apfelkuchen und eine Torte mit dem Namen »Die Himmlische«. Während wir schlemmten, las ich am Schwarzen Brett: *Suche alten deutschen Trecker.* Draußen sahen wir Herero-Frauen in weiten Kleidern im wilhelminischen Stil und barbusige Himba-Frauen mit ockerfarbenen, geflochtenen Haaren.

Unspektakulär wie der Buckel einer Schildkröte erhebt sich der Brandberg über den Westen Namibias. Für die Herero war er der Berg der Götter. Doch lange bevor sie nach Namibia einwanderten, malten unbekannte Künstler hier 50 000 Felsbilder, die wir heute Buschmannkunst nennen. Die »weiße Geschichte« hier ist nicht mal zweihundert Jahre alt, die Felsbilder Namibias jedoch reichen 27 000 Jahre weit zurück und erzählen die »schwarze Geschichte«. Unschätzbare Dokumente einer ansonsten nicht rekonstruierbaren Vergangenheit.

Wir näherten uns dem Brandberg. Die einsame Piste war steinig, alles im Camper wurde polternd durchgerüttelt. Der Pfad verzweigte sich, bis nur noch zwei schmale Fahrspuren im Sand übrig waren. Solch ein weites, offenes, wüstenartiges Land hatten wir seit dem Sudan nicht mehr gesehen; ein Gemälde in zarten Pastellfarben. Aus der sandigen Hochebene wuchsen Hügel aus Hunderten roter, rund geschliffener Felskugeln. Hier schlugen wir unser Camp auf; zwölf Strauße waren unsere einzigen Nachbarn. Nachts funkelten Millionen Diamanten aus dem schwarzen Himmel über dem Brandberg.

Man reist ja nicht, um anzukommen,
sondern um zu reisen.

Johann Wolfgang von Goethe

An diesem frühen Morgen stiegen wir Afrika noch einmal »aufs Dach«. Es war kühl, und die Strahlen der Sonne verweilten an der Spitze des Massivs, die in feurigem Rot glühte.

Schon bald versperrte uns eine Felswand den Weg, es roch hier nach brackigem Wasser. Vögel pickten, Grashüpfer sprangen. In einem Felspool stand noch etwas Wasser der zurückliegenden Regenzeit. Dank solcher Plätze überlebte jenes unbekannte Volk, das den Brandberg vor Jahrtausenden zu einer der bedeutendsten Kunstgalerien der Menschheit gemacht hatte.

Es dauerte eine Weile, bis wir das Hindernis umgangen hatten. Dornenbüsche kratzten an unseren Beinen, rotbraun-violette Felsagamen huschten über die Steine oder gönnten sich ein morgendliches Sonnenbad. Jetzt folgten wir einem trockenen Bachbett, das Bergzebras als Pfad diente. Irgendwo lauerten hier gewiss auch Leoparden und Hyänen ... An unübersichtlichen Stellen trat ich hart mit dem Fuß auf – der Schlangen wegen.

Gegen Mittag war das Tiefrot der Felsen zu Violett verblasst. Die wenigen kleinen Bäume hatten wir längst hinter uns gelassen. Hier bedeckte nur noch silbern glänzendes Gras den steinigen Boden.

Am Rande eines Felshangs ließen wir den Blick über die tief unter uns liegende Ebene streifen. »Die Spitzkoppe!« Juliana deutete auf das in der Ferne erkennbare markante Felsmassiv mit dem Spitznamen »Matterhorn Namibias«.

Zwei Stunden später waren wir am Ziel: In der vor uns liegenden Höhle hatten Menschen, an die kein geschriebenes Wort erinnert, zur Zeit der Pharaonen modern anmutende Kunstwerke an den Fels gemalt.

Die Kühle in der Höhle tat gut. Wir setzten uns an den Rand eines flachen Felsens, der den frühen Künstlern als Balkon mit traumhafter Aussicht gedient haben mochte. Hier sangen sie, tanzten und beschworen die Götter, ihnen Regen und die Rückkehr der Springböcke zu schenken.

Unser Abstieg dauerte sehr lange. Es war bereits dämmrig, als wir zu Thunder zurückkehrten.

22 700 Kilometer nach unserem Aufbruch in Norddeutschland erreichten wir Windhoek. An der Christuskirche, einem neoromanischen Bau mit Jugendstilelementen, überfuhren wir unsere Ziellinie. Die Hauptstraße, an der bei unserem ersten Besuch 1976 noch das Schild *Kaiserstraße* stand, heißt schon lange Independence Avenue, Straße der Unabhängigkeit. Früher bezeichnete man Windhoek als »unaufregendste Hauptstadt in Afrika«, heute ist sie eine Stadt im Aufwind.

Wir campierten außerhalb der City auf dem weitläufigen Gelände einer Gästefarm. Es war Mitte Mai, die Nächte im Hochland waren kühl, aber nicht so kalt, dass es uns nach jenem Glühwein verlangt hätte, den wir im Supermarkt der Maerua Mall gesehen hatten. Wir feierten die erfolgreiche Durchquerung Afrikas mit einer Flasche Rotwein.

»Auf unseren Schutzengel!«, rief Juliana fröhlich. Wir ließen die Gläser aneinanderklingen.

Ein paar Bilder huschten mir durch den Kopf: Als wir im Frühjahr 1976 die damals gemütliche Kleinstadt Windhoek erreichten, hatte unser Bulli bereits drei Rahmenbrüche, einen defekten Motor und mehr als dreißig Reifenpannen gehabt. In Windhoek wechselte ich Radlager und brachte die Bremsen in Ordnung.

Ich blickte jetzt zu Thunder, über dessen Weltkarte der rote Schein unseres Lagerfeuers huschte. Du hast dich fabelhaft gehalten!, dachte ich. Nur ein Stoßdämpfer musste ersetzt werden. Die einzige Reifenpanne war längst behoben.

»45 Jahre ist ja auch kein Alter!«, sagte ich wie zu mir selbst.

Ich mag dieses Gefühl, frei zu sein, sagen zu können: »Was kostet die Welt? Du kannst nach Norden, Süden, Osten oder Westen fahren ...«

Acht Jahre lang hatten wir diese Freiheit während unserer ersten Weltreise ausgekostet. Dann noch einmal vier Jahre lang mit unserer kleinen Tochter Bettina auf der zweiten Weltreise. Jetzt hatten wir uns die gleiche Freiheit genommen.

Und schon schmiedeten wir neue Reisepläne. Nach dieser Afrikadurchquerung wollten wir mit Thunder nach Südamerika.

»Eigentlich sind wir doch schon auf dem Weg nach Patagonien!«, erinnerte ich Juliana schmunzelnd.

»Ja«, meinte sie, »aber zwischen hier und dort gibt's jede Menge Wasser.«

Mir gingen ein paar Alternativen durch den Kopf.

»Wir könnten Thunder von Südafrika nach Südamerika verschiffen lassen«, überlegte ich. »Oder wir fahren an der Westküste hoch in den Senegal. Von Dakar gehen auch Schiffe nach Argentinien.«

Diese Variante klang nach Abenteuer und war ganz nach meinem Geschmack. Aber ich vertiefte das nicht, denn die Westroute über Angola und Kongo ist ein heißes Pflaster. Juliana würde nicht begeistert sein ...

Ich griff nach der Flasche und goss noch mal funkelnden Wein in unsere Gläser.

»Weißt du noch, damals in Johannesburg?«

Nach 22 700 km die Ziellinie erreicht: Thunder vor der Christuskirche in Windhoek

Sie lächelte.

Die Situation dort war ähnlich gewesen.

Am Ende unserer ersten Afrikadurchquerung wollten wir uns samt Bulli per Schiff von Durban nach Australien übersetzen lassen. Wir feierten unsere geglückten Abenteuer bei Freunden in Johannesburg, becherten Nederburg-Rotwein und schwelgten bei Dias und Schmalfilmen in der Erinnerung an Zentralafrika.

Juliana hatte sich um ein Uhr morgens aufs Ohr gelegt. Ich zog mich mit einem Stapel Landkarten und einer Flasche Kapwein zurück und träumte mit offenen Augen … Um vier Uhr morgens wusste ich, was ich tun musste. Ich ging zu unserem Bulli und klopfte.

Juliana sah mich verschlafen an.

Die Worte müssen nur so aus mir herausgesprudelt sein: »Statt das Schiff nach Australien zu nehmen, könnten wir auf der Ostroute durch Afrika bis zum Mittelmeer und von dort nach Indien fahren. Dann müssten wir nur noch sehen, wie wir durch Südostasien kommen, und schon sind wir in Australien.«

Sie sagte nur: »Ja, ja – mach man!«

Und so machten wir es! Es war ein Umweg von mehr als 40 000 Kilometern, der uns mit einjähriger Verspätung nach Australien brachte.

Gab es vielleicht Parallelen zwischen damals und heute?

Ich legte noch ein Stück Holz aufs Feuer und sah zu, wie die Flammen züngelten. Dann stieß ich noch einmal mit Juliana an.

»Mit Nederburg Cabernet Sauvignon, so wie damals?!«, rief sie überrascht, als sie das Etikett erkannte.

»Auf unsere Träume!«, prostete ich ihr zu.

»Nur im Vorwärtsgehen gelangt man ans Ende der Reise«, heißt es bei den Ovambo im Norden Namibias. Ich sah in die Dunkelheit. Irgendwo dort hinten verlief der Pfad zu unserem nächsten Ziel.

Wir mussten ihn nur noch finden …

Unvorbereitetes Wegeilen
bringt unglückliche Wiederkehr.

Johann Wolfgang von Goethe in
Wilhelm Meisters Wanderjahre

Diese Tipps sind Mosaiksteinchen meiner eigenen Erfahrung, sollen als Anregung dienen und erheben keinen Anspruch auf Vollständigkeit.

Ostafrikaroute

Nach dem Verlassen Europas führte uns die Reise durch Israel, Jordanien, Sinaihalbinsel, Ägypten, Sudan, Äthiopien, Kenia, Uganda, Ruanda, Tansania, Malawi und Sambia nach Namibia.

Gefahrene Strecke: 22 700 Kilometer in sechseinhalb Monaten.

Die Straßen in Afrika werden von Jahr zu Jahr besser. Bis auf einen mehrere Hundert Kilometer langen üblen Pistenabschnitt südlich der äthiopisch-kenianischen Grenze ist die gesamte Ostafrikaroute (mehr oder weniger gut) befestigt. Im Jahr 2016 soll die Strecke »Nordkap–Kapstadt« durchgängig asphaltiert sein.

Wegen der politisch brisanten Situation in Nordafrika und dem Nahen Osten, vor allem in Syrien, benutzten wir zwischen Monfalcone/Italien und Ashdod/Israel ein RoRo-Schiff der Grimaldi Lines.

Diese *Roll on Roll off*-Transportschiffe sind beispielsweise auf Pkw- und Lkw-Transporte spezialisiert.

Monatlich kamen wir im Schnitt auf Gesamtausgaben von gut 3000 Euro. Das mag auf den ersten Blick viel erscheinen. Allerdings sind darin auch sämtliche Schiffspassagen (Monfalcone–Ashdod, Akaba–Nuweiba, Assuan–Whadi Halfa) enthalten. Ebenso die Dieselkosten für 22 700 Kilometer, die nicht unerheblichen Ausgaben für drei große Trekkingtouren sowie die hohen Nationalparkgebühren.

Dies sind persönliche Erfahrungswerte, die allenfalls als »Messlatte« dienen können. Die Kosten variieren je nach individueller Vorliebe und Intensität des Reisens.

Das liebe Geld ...

Harte Währungen in bar mitzuführen, ist ratsam! Tipp: Tresor zur Aufbewahrung im Fahrzeug verankern.

Der US-Dollar wird entlang der Ostafrikaroute deutlich stärker nachgefragt als der Euro. Travellerschecks sind eine aussterbende Spezies. Während früher Reiseschecks als sicher galten und überall akzeptiert wurden, werden sie heute nur noch von sehr wenigen großen Banken eingelöst. Der weltweite Siegeszug des »Plastikgeldes« hat auch vor Afrika nicht haltgemacht. Geldautomaten mit den Logos von Visa-, Master- und auch Maestro-Card sind verbreitet. Unsere diesbezüglichen Erfahrungen waren gut. Abgerechnet wird nach Tageskurs. Allerdings werden für jede Auszahlung Gebühren kassiert, über deren Höhe man sich vorher bei der heimischen Hausbank informieren sollte.

Eine gute Kreditkartenmischung ist ratsam. Generell ist in Afrika die Visa-Card stärker als die Master-Card verbreitet. Wir empfehlen, die Karten beider Anbieter mitzuführen. So besteht auch bei einem

Magnetstreifendefekt der einen Karte eine hilfreiche Alternative. Allein mit der Maestro-Card zu reisen, ist nicht ratsam. Trotz entsprechender Logos wurde diese Karte von etwa der Hälfte der Automaten nicht akzeptiert.

Grenzübertritte

Bei uns grundsätzlich unproblematisch und – von wenigen Ausnahmen abgesehen – recht zügig. Die Behandlung war korrekt und freundlich. Schmiergelder wurden nicht gefordert. Die in Rechnung gestellten Gebühren schienen uns meist akzeptabel, wenn auch die Höhe nicht immer völlig nachvollziehbar war. Auf den Rattenschwanz von Kosten bei der Einreise nach Ägypten hatten wir uns vorab eingestellt.

In Ostafrika erfolgt auch die Visaerteilung an der Grenze. Oft muss dafür in US-Dollar gezahlt werden. Es ist ratsam, bare US-Dollar unterschiedlicher Stückelung mitzuführen.

Visabeschaffung

Unser Tipp: Man sollte sich rechtzeitig über die Gültigkeitsdauer des Visums bis zur Einreise und die maximale Aufenthaltsdauer im Land informieren. Dabei ist es ratsam, gedanklich alle Risiken des Reiseverlaufs durchzuspielen. Was ist wo zu tun, falls es bei der Anreise zu Verspätungen kommt? Irgendwo wird das bestimmt passieren ... Vom Ausstellungsdatum bis zur Einreise sind Visa in der Regel nur wenige Monate gültig!

Auch uns war es nicht immer möglich, rechtzeitig einzureisen. Verlängerungen beziehungsweise Neuausstellungen erhielten wir in Assuan für den Sudan und in Khartoum für Äthiopien.

Auf der Ostafrikaroute kann es für nordwärts Reisende, je nach Nationalität, Probleme bei der Visabeschaffung geben – etwa für Sudan und Äthiopien. Gelegentlich wird verlangt, das Visum bei der Botschaft im Heimatland zu beantragen. Wir trafen Traveller, die ihre Pässe per Kurierdienst an die jeweilige Botschaft in der Hauptstadt ihres Heimatlandes schicken mussten. Das ist teuer und mit Warterei verbunden.

Generell halten wir es für sinnvoll, eine der in den Hauptstädten angesiedelten Agenturen für Visabeschaffungen mit der Durchführung zu beauftragen.

Reisepass

Wegen unserer Reise durch das politische Spannungsfeld Israel und arabische Welt wurde uns vorab von unserer Stadtverwaltung unbürokratisch ein zweiter Reisepass ausgestellt. Mit einem Pass, der den Stempel von Israel trägt, wäre beispielsweise die Einreise in den Sudan unmöglich.

Fahrzeugdokumente

Das Carnet de Passages ist der »Reisepass des Fahrzeugs«. Dieses Grenzdokument zur vorübergehenden zollfreien Einfuhr wird von den meisten Ländern Afrikas verlangt.

Gegen eine Bankbürgschaft wird es vom ADAC für die Dauer eines Jahres ausgestellt. Die Summe ist abhängig vom Kfz-Wert und von den Bestimmungen der zu bereisenden Länder. Weitere Infos: www.adac.de; Stichwort »Carnet de Passages«.

Sehr häufig wird bei Straßenkontrollen in Afrika der Führerschein verlangt. Man gab sich bei uns mit dem deutschen Führerschein zufrieden. Nach der International Driver's Licence, dem Internationalen Führerschein, hat nie jemand gefragt. Gleichwohl empfehle ich, sich diesen beim Straßenverkehrsamt ausstellen zu lassen.

Autoversicherung

Thunder war während der gesamten Afrikareise in Deutschland zugelassen und hatte demzufolge auch die in Deutschland gültige Kfz-Versicherung. Spätestens ab Jordanien oder Ägypten bietet diese allerdings keinen Schutz mehr. Kulanterweise gewähren manche deutsche Kfz-Versicherer nach Wiedereinreise ins Heimatland eine Prämienrückerstattung. Dabei ist allerdings nachzuweisen (etwa anhand des Carnet de Passages), dass sich das Fahrzeug im außereuropäischen Ausland befunden hat.

Wir halten eine durchgängige Zulassung des Fahrzeugs für richtig, weil andernfalls dem Carnet de Passages die rechtliche Grundlage entzogen wäre.

An vielen Grenzen wird der Abschluss einer im Lande gültigen Kfz-Versicherung gefordert. Die Prämien für diese temporär gültige Versicherung sind meist gering. Entsprechendes gilt auch für die Versicherungsleistungen im Schadensfall. Der Maximalbetrag liegt oft unter 10 000 US-Dollar. Das kann viel zu wenig sein ...

Im östlichen Afrika ist die Kfz-Versicherung länderübergreifend geregelt, und zwar in Form der COMESA Yellow Card. COMESA steht für Common Market for Eastern and Southern Africa.

Beim erstmaligen Abschluss der Versicherung wird angegeben, welche Länder bereist werden sollen. Für diese wird die Karte gültig erklärt. Maximal sind dies: Burundi, Demokratische Republik Kongo, Eritrea, Äthiopien, Kenia, Malawi, Ruanda, Uganda, Tansania, Sambia und Simbabwe. Auch hier gilt, dass die Versicherungsleistung schlimmstenfalls den Schaden nicht vollständig abdeckt. Zudem gibt es immer wieder Grenzen, an denen keine Versicherung zum Kauf angeboten wird. Dann ist man gänzlich ohne Schutz!

Daher haben wir uns für den zusätzlichen Abschluss einer europäischen Kfz-Versicherung (AXA: www.axa.de) entschlossen, die bei deutlich höheren Schadensfallsummen für ganz Afrika gilt.

Gesundheit

Vorsorge für den Krankheitsfall: Bei Ärzten und Krankenhäusern ist man Selbstzahler. Der Abschluss einer Auslandsreisekrankenversicherung wird unbedingt empfohlen. Wer länger als die übliche Urlaubszeit unterwegs ist, muss einen Vertrag über »Langzeitschutz« abschließen (etwa beim ADAC). Privat Krankenversicherte sollten sich im Falle eines längeren Auslandsaufenthalts vorab schriftlich die Kostenübernahme bestätigen lassen.

Reiseapotheke

Es ist ratsam, mithilfe des Hausarztes und des Zahnarztes die Reiseapotheke zusammenzustellen. Man sollte unbedingt diverse Spritzen und Injektionskanülen – auch unterschiedlichen Durchmessers – mitnehmen. So werden im Krankheitsfall die oft nicht sterilen Injektionsnadeln von lokalen Ärzten und Krankenhäusern vermieden.

Impfungen und Insektenschutz

Siehe: »Merkblätter des Gesundheitsdienstes« beim Auswärtigen Amt: (www.auswaertiges-amt.de) und die Impfempfehlungen des Robert-Koch-Institutes (www.rki.de).

Unabhängig davon empfiehlt sich Beratung und Impfung durch den Haus- oder Facharzt, beispielsweise gegen Gelbfieber, Tollwut, Typhus, Meningitis, Tetanus, Diphtherie, Polio, Pertussis, Hepatitis A und B, eventuell auch gegen Cholera.

Auch im Hinblick auf die Malariaprophylaxe sollte man sich rechtzeitig und umfassend durch einen Arzt beraten lassen. Wir nahmen auf unserer Reise ab Khartoum südwärts Lariam ein.

Im Camper sollte unter einem imprägnierten Moskitonetz geschlafen werden. Das Gleiche gilt für Zelt und Hotel. Ein hochwirksames Insektenschutzmittel ist zwingend erforderlich.

Medizinische Dokumente

Impfausweis, Blutgruppenpass und eventuell Notfallausweis (etwa für Allergiker) sind obligatorisch.

Wasseraufbereitung

Leitungs-, Pumpen- oder Brunnenwasser darf man nicht unbehandelt trinken. Auch sollte man nie Eiswürfel in Getränken akzeptieren. Wir empfehlen, im Auto oder auch im Rucksack einen Katadynfilter mitzuführen. Im Lkw nutzen wir den fest eingebauten Katadynfilter. Bei Rucksackreisen oder Trekkingtouren ist der Katadyn-Taschenfilter unser ständiger Begleiter.

Sehr gute Erfahrungen haben wir mit Micropur-Tabletten zur Wasserentkeimung gemacht.

Da jedoch nicht eine Maßnahme allein vollständige Sicherheit bietet, empfehlen wir zweifachen Schutz; etwa zusätzlich zur Filterung die Anwendung von Micropur-Tabletten. Falls kein Filter zur Hand ist, gilt Omas alte Hausfrauenregel: Wasser mindestens drei Minuten sprudelnd kochen lassen.

Industriell abgefülltes Trinkwasser in Plastikflaschen war auf unserer Reise fast überall erhältlich.

Vorsicht beim Essen! Man sollte auf die Rahmenbedingungen schauen und gegebenenfalls einen Blick in die Küche werfen. Rohe Salate oder Tomaten sind zu meiden, wenn man sie nicht selbst gründlich mit einwandfrei desinfiziertem Wasser gewaschen hat. Im Zweifelsfall gilt das alte englische Motto: *Peel it, cook it or leave it* (schäl es, koch es oder lass es sein).

Sehr nützliche Adressen bei Gesundheitsfragen: Bernhard-Nocht-Institut für Tropenmedizin, Hamburg: www.bni-hamburg.de. Dort bekommt man gegen Gebühr auch kompetente telefonische Beratung.

Das Auswärtige Amt bietet unter den Suchbegriffen »Reise und Gesundheit« und weiter unter »Reisemedizinische Vorsorge« sehr gute Tipps und Verhaltenshinweise.

Kommunikation

Für eventuelle Hilferufe führen wir auf Reisen einen *Spot Satellite Messenger* mit uns (www.findmespot.com). Mit ihm geben wir Bettina und Philip zudem täglich durch Knopfdruck unsere GPS-Daten durch. Wir wissen, dass das zusätzliche Drücken des »911-Alarmknopfs« in Nordamerika sofortige Hilfe garantiert. In Afrika habe ich da allerdings ernste Zweifel …

Die Abdeckung durch den *Spot Messenger*-Satelliten ist jedoch nicht weltweit gewährleistet. In Afrika endet sie unterhalb des Äquators.

Wir waren über die afrikaweit gute Anbindung ans Handynetz verblüfft. Selbst in entlegenen Wüstenregionen des Sudan und auch auf den Bergen Ostafrikas besteht Handyempfang. Es ist sinnvoll, die Telefonkarte eines Anbieters im jeweiligen Reiseland zu kaufen.

Achtung: Kostenfalle bei Verwendung des Vertragshandys von daheim! Die Konditionen variieren von Land zu Land, und ebenso unterschiedlich sind die Minutenpreise. Wir durften auch schon mal fünf Euro pro Gesprächsminute bezahlen ...

Empfehlenswert für Reisen nach Afrika und in andere entlegene Teile der Welt ist das Navigationssystem von Garmin. Die dafür entwickelte Software ist am umfassendsten. Das gilt sowohl für die (teure) von Garmin entwickelte Software als auch für die frei erhältliche *Open Street Map*. Gut ist zudem die in Südafrika produzierte kommerzielle Software *Tracks4Africa,* die ebenfalls den ganzen Kontinent abdeckt.

Trekking

Die Trekkingtouren auf Mount Kenya, Mount Elgon und Mount Meru gehörten zu den Highlights unserer Afrikareise. Der Vorteil dieser eher unbekannten Bergriesen ist, dass man auf ihnen ein ursprünglicheres und vitaleres Gipfelerlebnis hat als am stark frequentierten Kilimandscharo.

Bergabenteuer für Individualisten also!

Mount Kenya Trekking

Unser Bergführer Mohammed: www.mohakinclimbers.com
Kenia Wildlife Service, www.kws.org
Unsere Route: Sirimonroute, Pt. Lenana, Chigoriaroute
1. Tag: Nanyuki – Sirimon Gate – *Moses Hut*
2. Tag: *Moses Hut – Shipton's Camp*
3. Tag: Akklimatisierung; Tageswanderung von *Shipton's Camp* aus
4. Tag: *Shipton's Camp* – Point Lenana (4985 Meter) – Lake Michaelson
5. Tag: Lake Michaelson – Mt. Kenya Banda
6. Tag: Mt. Kenya Banda – Chigoria, weiter über Meru und Timau mit Bussen zurück nach Nanyuki

Mount Elgon Trekking

Uganda Wildlife Authority (Nationalparks), www.ugandawildlife.org
Unsere Route (in Begleitung zweier bewaffneter Ranger):
1. Tag Budadiri – *Mude Camp*
2. Tag *Mude Camp* – Wagagaigipfel (4321 Meter) – *Mude Camp*
3. Tag *Mude Camp* – Budadiri

Ruwenzori Trekking

www.rwenzoritrekking.com
9-tägige Tour zum Margherita Peak (5109 Meter)
6-tägige Tour zum Weismanns Peak (4620 Meter)
3-tägige Tour Kyalavula Loop (3515 Meter)

Tanzania National Parks, www.tanzaniaparks.com
Unsere Route (in Begleitung eines bewaffneten Rangers):
1. Tag: Momella Gate – *Mirikamba Hut*
2. Tag: *Mirikamba Hut – Saddle Hut* – zur Akklimatisierung auf den Little Meru (3820 Meter)
3. Tag: *Saddle Hut* – Gipfel (Socialist Peak 4566 Meter) – *Saddle Hut – Mirikamba Hut* – Momella Gate

Thunder – unser rollendes Zuhause

1967 gebaut, wurde er die ersten 23 Jahre als Großraumkrankenwagen für Katastropheneinsätze vorgehalten. Als wir ihn 1990 ersteigerten, hatte er garantierte 13 000 Kilometer gelaufen und war makellos. Sein jetziger Kilometerstand beim Eintreffen in Windhoek war: 89 687.

Mit einem zulässigen Maximalgewicht von 7,5 Tonnen kann er mit dem »alten Führerschein 3«, heute C1/C1E, gefahren werden.

Als Erstes entfernten wir damals die Spezialeinbauten für den Krankenwagenbetrieb und ließen den Innenraum zum Camper umbauen. Neben Funktionalität legten wir Wert auf einen gewissen Komfort und Gemütlichkeit. Wir wählten Kiefernholz, bauten ein kleines Bad/WC ein und installierten sogar einen Backofen.

Noch vor der ersten großen Fahrt in die Zentralsahara wurden die ursprünglichen kleinen Reifen mit dem Segen des TÜV gegen die großen 11.00R20 ausgewechselt.

Die professionelle Modifikation der Dieselpumpe durch ein führendes Fachunternehmen brachte eine Leistungssteigerung von 110 auf 130 PS. Das erscheint zunächst wenig, reicht aber auf ebener Straße für (per GPS gemessene) 97 Stundenkilometer.

Als Allradfahrzeug verfügt Thunder über ausgezeichnete Geländeeigenschaften. Aus Südamerika bezogene und nachträglich eingebaute Freilaufnaben verschaffen auf Asphalt größtmögliche Laufruhe und deutliche Dieselersparnis.

Im Laufe der Jahre spendierten wir Thunder einige Verbesserungen beziehungsweise Modernisierungen; allen voran eine Servolenkung. Der frühere kleine Tank wurde gegen zwei Tanks mit je 200 Litern Kapazität ausgetauscht. Für alle Fälle führen wir mehrere 20-Liter-Reservekanister mit uns.

Vor dem Beginn dieser Afrikareise wurde unser Expeditionsfahrzeug weiter »aufgerüstet«. Der bisherige Kompressorkühlschrank wurde gegen einen großen Kompressorkühlschrank von Dometic/ Waeco mit 140 Liter Kapazität ausgetauscht. Auch bei Temperaturen von über 30 Grad bleibt alles im Eisfach gefroren. Die übrigen Lebensmittel sind gut gekühlt. Das allerdings setzt voraus, dass die Elektroversorgung stimmig und ausreichend dimensioniert ist!

Dies in einem vollständig ausgebauten Fahrzeug technisch umzusetzen, war eine Herausforderung, die auch fähigen Kfz-Meistern Kopfzerbrechen bereitete. So mussten etwa sämtliche Hauptkabel gegen solche mit größerem Querschnitt ausgetauscht werden.

Generell ist die Stromversorgung unseres 24-Volt-Fahrzeugs zwischen »vorn« und »hinten« getrennt. Zwei Zwölf-Volt-Starterbatterien sorgen im Führerhaus ausschließlich für das Starten des Motors. Vier Zwölf-Volt/80-Ampere-Camperbatterien sind das Speicherzentrum im Camperaufbau. Ein groß dimensionierter Sinus-Wechselrichter von Waeco erzeugt aus diesen 24-Volt-Batterien eine Spitzenleistung von 4000 Watt bei 230 Volt.

Da bei Hitze und einem üppig dimensionierten Kühlschrank auch große Batterien schon mal ihre Leistungsgrenze erreichen, setzten wir auf solare Unterstützung. Eine leistungsstarke Solaranlage von Büttner-Elektronik (MT 280) mit zwei 140-Watt-Solarmodulen verstärkt unsere Stromversorgung aufs Optimalste.

Über die Frage »Klimaanlage ja oder nein?« kann man lange diskutieren. Wir hatten nie zuvor eine Klimaanlage. Doch da wir wissen, wie es sich anfühlt, wenn man nachts im Camper bei 35 Grad Hitze im eigenen Saft schmort, entschieden wir uns letztlich für den nachträglichen Einbau einer Staukasten-Klimaanlage. Ihr Strombedarf ist immens! Das zog den Einbau einer 24-Volt/100-Ampere-Lichtmaschine und zusätzlicher Keilriemen nach sich. Die Modifikation am Motor und das Aufeinanderabstimmen der Komponenten war auch für Fachleute eine Herkulesaufgabe.

Die Klimaanlage kann sowohl während der Fahrt über die Lichtmaschine als auch über eine externe 230-Volt-Versorgung betrieben werden. Vorübergehend läuft sie mithilfe unseres äußerst leistungsfähigen 230-Volt-Spannungswandlers auch über die vier Camperbatterien. Um Engpässe bei der Stromversorgung auszuschließen, ließen wir zusätzlich einen sehr starken Generator einbauen. Unser »Kraftwerk« funktioniert hervorragend – aber der Weg zum Ziel war kein leichter!

Es besteht eine komplette räumliche Trennung zwischen Fahrerhaus und Camperaufbau. Aus Sicherheitsgründen wurde der Durchstieg zwischen »vorn« und »hinten« mit einem soliden elektronisch betriebenen und verriegelbaren Rollladen versehen.

Motor und Fahrwerk waren vor Reiseantritt in Topzustand. Vorsorglich wechselten wir dennoch bei allen Rädern das Wälzlagerfett und belegten die Bremsen neu. Auch alle Stoßdämpfer wurden erneuert. Mit einem tiefen Griff in die Geldbörse verstärkten wir alle Blattfedern um eine Lage und gönnten unserem Expeditionsfahrzeug auf fünf neuen Felgen robuste und 40 Zentimeter breite Reifen: 385/65 R 22,5.

Thunder zeigte sich dankbar. 22 700 Kilometer rollte er ohne Probleme durch Afrika!